빛과 자각의
연금술로 당신을 초대합니다.

빛과 자각의 연금술

가슴을 깨워 내면의 신성에 이르는 길

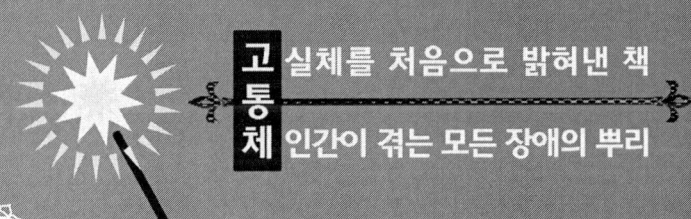

고통체 실체를 처음으로 밝혀낸 책
인간이 겪는 모든 장애의 뿌리

자각 김광우 지음
SNS 타임즈 엮음

삶과 신성을 여는 마스터키

도서출판 정신과학

지금의 이 자리로 이끌어 주신 신, 당신께

그리고 가족의 소중한 인연으로 함께하고 있는
아내와 두 아들에게 이 책을 바칩니다.

차례

들어가는 글   8
프롤로그: 빛과 자각의 여행 속으로   14

Part 1 깨어남의 시대

1장 자유의 문으로 들어선 사람들 (사례)   30
2장 과거와 미래의 신비체험   70
3장 무지는 의식의 바이러스   92
4장 잘못된 환상과 개념   102

Part 2 지혜의 시대

5장 고통체의 베일을 벗기다   147
6장 자각의 메커니즘   171
7장 신성의 빛   194
8장 천부경의 지혜   212

Part 3 수행의 시대

9장 수행 방편과 로드맵	221
10장 자각선사와 신나이 수행	226
11장 가슴, 삶과 신성을 여는 마스터키	241
12장 우주의 언어 영언	257
13장 문자 밖의 진리 천부경 수행	282
14장 빛의 힐링	303
15장 내면의 신성 깨우기	330

에필로그: 비전과 수행 공동체	358
신나이 독자들이 뽑은 Best 10	362
자각을 일깨우는 책들	379

들어가는 글

사람은 누구나 행복을 추구한다. 자신이 바라고 원하는 것을 이루며 살아가고 싶어 하는 존재다. 이러한 원초적이며 신성한 권리를 누리고 사는 데 있어서 부정성이야말로 대표적인 걸림돌이라고 생각한다. 그런데 과연, 수십 년 이상 자신과 남을 괴롭혀 온 한 인간의 부정적인 성향을 바꿀 수 있을까? 의외로 우리 주변에는 상식의 수준을 넘어 남을 불편하게 하는 데 선수인 사람들이 많다. 짜증, 분노, 비이성적인 행동들, 그리고 폭력적 언행 등등으로 말이다. 대부분은 죽을 때까지 자신의 고질적인 습을 달고 살아간다. 그러나 너무 회의적으로 생각할 필요는 없다. 왜냐하면 내가 그런 부류의 사람이었지만 180도 환골탈태한 산 증인이기 때문이다.

어린 시절의 나는 혼자만의 세계에 빠져 살았고, 학창 시절에는 내가 당하면 끝까지 상대를 쫓아가 분풀이해야만 직성이 풀리는 성격이었다. 성인이 되면서는 조급한 성격의 소유자로 짜증과 분노가 심해 욕을 습관적으로 달고 살기도 했다. 지금 와서 돌아보면 어떻게 저럴 수 있었나 싶을 정도로 이해하기 힘든 삶을 살아왔다고 해도 과언이 아니다. 그런 내가 이제는 마음과 몸, 그리고 정신으로 고통받는 사람들을 치유하고 있다. 더 나아가 인간의 고귀한 신성을 깨우는 일을 하고 있다.

과연 나에게 어떤 일이 일어났길래 이전과는 완전히 다른 삶을 살게 되었을까? 그것은 마치 잘 짜인 각본처럼 아주 소중한 인연을 만나면서부터였다. 바로, 이 책에서 밝히고 있듯이 신과 나눈 이야기(이하 신나이)와 천부경이 그 주인공이다. 누군가가 나에게 억만금을 준다 해도 바꾸지 않을 것이 무엇이냐고 묻는다면, 나는 주저 없이 영적 성장과 그것의 나눔이라고 말할 수 있다. 신나이와 천부경은 이러한 영적 성장 과정에 큰 동력이 되어준 양 날개라고 할 수 있다.

이 걸출한 두 스타는 모두 새 천 년 이전에 큰 반향을 일으켰던 장본인들이다. 특히, 신나이는 전 세계 37개국에서 베스트셀러와 스테디셀러의 자리를 지키며 화제를 불러일으켰던 책이다. 나는 신나이가 인간의 역사 이래로 굳건하게 아성을 지켜온 신관과 세상관, 그리고 사람관을 크게 흔들어 놓았다고 평가한다. 그리고 우리의 가치관과 통념, 관점과 인식의 틀을 깨어 부수는 역할을 하며 조금이나마 제정신을 차리게 했다는 생각이다

지금 우리의 현실을 돌아보면 반목과 갈등, 갈라 치기가 판을 치고 돈이 힘이자 만능인 세상이 되어 버렸다. 그러면서 수많은 부작용이 현실의 카르마처럼 드러나기 시작한 것 같다. 이러한 현실 속에서 나 자신을 포함해 물질의 환영만을 쫓던 많은 사람이 정신적, 육체적, 물질적 고통으로 신음해 오는 것을 지켜보아 왔다. 우리 주변을 둘러보면

누구나 할 것 없이 모두 몸과 마음의 병으로 시달리는 환자들로 가득 차 보이는 세상이다.

나 또한 그러한 세상의 피해자 중 한 사람이었다. 가까운 친구에게 잘못 서 준 빚보증으로 돈과 인간관계에서 모든 것을 탈탈 털려버린 나는 어느 순간 몸과 마음의 병고에 시달리는 신세로 전락해 버렸다. 더욱이 나를 지배하고 있던 기본 성향인 분노의 감정은 주체할 수 없을 정도로 커져만 갔다. 그렇게 극에 달한 울분과 배신감으로 좀 먹어 버린 나 자신을 살리고, 그 수렁에서 벗어나기 위해 시작한 수행의 길은 이제 나의 모든 것이 되어 버렸다. 덤으로 이번 생에서 나의 사명과 역할을 깨닫게 해주었다. 그러면서 나는 스스로를 치유하고 내면의 신성을 깨우는 과정에서 이전에 누구도 알려주지 않았던 큰 진실들을 마주하게 되었다.

내가 깨달은 진실은 우리가 지금처럼 물질적, 정신적 고통에 찌들어 살 수밖에 없는 가장 근본적인 원인은 인간의 무지라는 사실이다. 이 무지는 근본 뿌리가 되어 각종 왜곡된 문화와 종교, 가치관, 지식 체계를 낳았다. 이러한 것들에서 비롯된 잘못된 인식 체계는 세상을 갈등과 반목, 투쟁이라는 소용돌이로 몰아가기에 충분했다. 자연히 인간은 고통 속에서 신음하는 역사를 이어왔다. 이는 고스란히 사람에게 고통체라는 물리적 실체로 흔적을 남기고 있다.

고통체는 이 책의 중요한 키워드 중 하나로 우리가 살아오며 쌓아온 부정적인 에너지가 물질화되어 몸에 물리적으로 적체된 실체를 의미한다. 나는 처음으로 이 고통체의 실체를 밝혔다. 고통체는 대표적으로 우리의 몸속에 점액질 형태로 존재하며 배출되는 색과 종류에 따라 다양한 양상을 보인다. 이 존재의 해체 없이는 부도, 건강도, 관계도, 요즘 누구나 입에 올리는 시크릿은 물론, 영적 성장도 기대할 수 없다고 해도 과언이 아니다. 또, 이 고통체를 정화하기 위해서는 가슴을 깨우고 확장해야 한다는 중요한 진실 또한 간과해서는 안 된다.

다행히 나는 천부경과 신나이를 탐독하면서 무지와 고통체를 극복하고 가슴을 깨울 수 있는 지혜를 발견해 냈다. 바로 빛과 자각이라는 신성의 도구, 신이 선사한 지혜의 마스터키가 그것이다. 이 책은 이러한 지혜들을 소개하는 내용을 담고 있다. 물론, 지구라는 3차원 시공간은 상대 세계로 모든 것이 주관적이다. 나의 경험과 체험, 지혜라고 내가 소개하는 사실들조차도 주관적일 수 있다. 그렇기에 나는 내 경험과 방법론을 절대적이라고 주장하지도 강요하지도 않는다. 다만, 나의 체험과 경험을 거울삼아 시행착오를 줄여 자신만의 길을 찾아가면 좋겠다는 생각에서 이 책을 세상에 내놓게 되었다.

나는 나 자신을 치유하고 신성을 깨어가는 과정 중에, 이토록 소중한 경험을 이전에 나와 같은 고통 속에 허덕이고 있는 사람들과 공유하였으면 좋겠다는 생각을 해 왔다. 그래서 틈틈이 과정을 기록하고 정리를 하게 되었다. 그러면서 내면의 신성과 창조의 근원인 절대 신에게 이러한 내용을 책으로 나눌 수 있게 해달라고 기도하며 교감해 왔다. 신과 나눈 이야기의 저자인 닐과 같은 방식은 아니었지만, 나는 신과의 소통을 통해 책의 출판과 도움에 대한 영감을 받기도 했다. 이에 용기를 내어 책을 쓰기 시작했다.

이 책은 깨어남과 지혜, 그리고 수행을 주제로 크게 3 Part로 구성되어 있다. 우리 인류는 아직 깨어난 상태는 아니지만, 깨어남의 가속도가 무척이나 빨라졌다. 스마트폰과 유튜브 등을 통해 세상의 거의 모든 정보가 공유되기 때문이다. 그러나 무분별한 정보를 걸러내고 우리를 무지 속에 갇히게 한 최면상태로부터 벗어나기 위해서는 깨어남의 토대가 필요하다. Part 1 깨어남의 시대 편에서는 그동안 우리의 잘못된 지식과 고정관념을 깨고 이 책을 읽어 나가는 데 필요한 사전 지식과 개념을 소화할 수 있도록 새로운 관점을 제시한다.

지혜를 키워드로 하는 Part 2는 새로운 시대에 우리가 다르게 인식하면서도 기본적으로 갖추어야 할 개념들이 담겨있다. 특히 이 책에서 핵심으로 제시하는 사상과 지혜들이다. 여기에는 신성의 빛과 자각, 천부경, 고통체 등이 포함되며 나의 경험과 내면의 통찰을 바탕으로 풀어나간다.

Part 3는 part 2에서 강조한 핵심 지혜를 어떻게 실현할지에 대해 수행이라는 방편을 통해 제시한다. 특히 구체적인 사례를 소개함으로써 이론과 실제 사이의 모호함과 차이를 메우고자 노력했다. 자각선원의 수행 방편은 크게 10단계로 나뉜다. 이를 수단으로 가슴을 깨워 고통체를 해체하고 궁극에는 내면의 신성에 이르는 길을 제시한다. 여기에는 빛이라는 부분과 영언이라는 새로운 도구가 소개된다.

또, 부록에는 내가 현대판 경전으로 비유하고 있는 신나이의 주요한 글들을 소개한다. 타인의 사례와 체험만큼 우리 영혼의 기억을 되살리기에 좋은 도구도 없다. 이를 위해 신나이 전 세계 독자들이 가장 많이 밑줄을 그은 부분을 살펴보고, 우리와의 정서적 차이를 확인해 보는 것도 필요하다는 생각이다. 다만, 한국에서는 사례를 찾을 만한 플랫폼이 존재하지 않아 아마존 킨들 영문판 독자들의 구절들을 참고했다.

그리고 이 책의 내용에서 자각의 불교 사상, 신나이의 기독교 사상, 천부경의 선도 사상이 연상되지만, 특정 종교와는 전혀 관련이 없음을 밝힌다. 특히나 이 책 내용에 등장하는 신이나 신성, 창조주는 기성 종교에서 지칭하는 그것과 동일함을 의미하는 것은 아니다. 근원에서는 같을 수 있지만, 사상적으로는 다를 수 있다. 이 부분에 대해서는 독자의 판단에 맡기기로 한다.

끝으로, 책 내용에 대한 다른 관점과 견해, 그리고 오류에 대한 바로잡음 또한 언제나 환영한다. 따끔한 충고 역시, 더욱 성장하고 발전하기 위한 지표로 삼을 준비가 되어있다. 오늘 나의 이러한 노력이 앞으로 정신세계의 발전과 치유와 영적 성장을 추구하는 분들에게 조금이나마 도움이 되었으면 하는 바람이다.

2022년 10월 청주에서 자각 김광우 씀.

프롤로그
빛과 자각의 여행 속으로

　나는 지금 한 명의 수행자이자 사람들 내면의 신성을 깨우고 안내하는 사자(使者)로서의 삶을 살고 있다. 지난 30여 년간 많은 시행착오를 거치며 이 자리에 오게 됐다. 빛과 자각이라는 우주의 섭리, 신이 주신 두 가지 도구를 활용해 사람들을 치유하고 영적인 진화를 돕고 있다. 나는 신이 안내하고 이끄신 이 길을 너무도 사랑하고 내 영혼의 여정이라고 생각하고 있다. 누구는 나를 스승으로 부르기도 하지만, 나는 신이 나에게 사명으로 부여한 영혼의 안내자일 뿐이다.
　나에게는 현재의 여정을 깨닫고 기억해 내기까지 수많은 역경이 있어 왔다. 몇 년 전 나와 인터뷰를 했던 한 기자가 예전에 나의 성격과 성향을 듣고서는 지금의 내 모습과 비교해 도저히 상상조차 할 수 없다는 말을 했던 기억이 난다. 나는 어려서부터 말이 별로 없고 나만의 세계에 갇혀 살아왔지만, 성장을 해서는 유전적인 특성인지 화를 무척 잘 내고 짜증도 심하게 부리는 성격이 드러났다. 노여움과 분노가 많았고, 고집과 아집 또한 대단했다. 그러다 보니 가슴이 많이도 닫힌 부류의 사람이었다. 지금은 사람들의 가슴을 열어주는 안내자로 살고 있으니 좀 의아해 보일 수도 있다.

그동안 수행을 해 오면서도 내 전생의 실체를 확인하기 전까지, 나는 관습과 DNA 속에 유전되어 내려온 생물학적 성향에 지배된 채로 관성적인 삶을 살아왔다. 수많은 영적 체험과 수행에도 불구하고 에고적인 삶의 한계를 넘지 못하고 있었던 것이다. 그런 나에게 지금 현재의 내 모습으로, 또 지금과 같이 신과 타인을 위한 구도자로 살아가게끔 깨어나게 해 준 큰 사건이 일어났다. 정말 환골탈태의 계기가 되어준 소중한 순간이라고 말할 수 있다. 지금 이 책을 쓰고 있는 저자로 현생의 삶에 가장 큰 영향을 주고, 이번 삶을 있게 한 인연을 먼저 여러분과 공유하는 것이 좋겠다는 생각이다.

전생의 나는 티베트 밀교 수행자

20대 중반을 지나 건강상의 이유로 수행의 길로 접어든 나는 많은 사람들을 만났지만, 그 중에서도 스님들과의 인연이 가장 컸던 것 같다. 어린 시절에는 부모님의 손에 이끌려, 대학 때는 학교 근처의 절로, 한창 수행을 할 때는 이런저런 관계로 스님들과 함께할 때가 많았다.

2005년경 무렵, 평소 지인 관계인 용인 용각사의 주지 스님과 몇 차례 기도를 할 기회가 있었다. 그분은 법화경을 위주로 기도를 많이 하시는 스님이었고, 나는 한창 천부경 수련에 빠져있을 당시였다.

어느 날 법당에서 약 3시간 정도 천부경을 계속 암송하던 중이었다. 천부경은 잘 알려진 것처럼 81자로 된 우주 순환 질서의 깊은 철학을 담고 있는 우리의 고유 경전이다. 그런데 천부경을 천천히 독송하게 되면 나에게는 독특한 현상이 발생하곤 한다. 바로 우주의 볼텍스 에너지가 나선형으로 소용돌이치며 머리의 백회로 쏟아져 들어오는 현상이다. 이때 백회에는 엄청난 압력감과 함께 뇌의 송과체와 시상, 시상하부, 뇌하수체를 강력하게 원심분리기처럼 돌리는 것 같은 느낌이 일어난다. 이러한 과정이 일정 수준을 넘어 임계점에 도달하게 되면 유체이탈이나 전생 체험 같은 여러 영적 체험과 마주하게 된다.

그 날은 흰빛의 에너지 소용돌이가 백회로 강력하게 쏟아져 들어와서는 척추 중심을 따라 회음부까지 관통하는 것이었다. 이 빛은 7개의 차크라를 순차적으로 통과하면서 빨 주 노 초 파 남 보의 역순으로 일곱 색깔이 착착 깨어나는 모습이 선명하게 보였다. 내 차크라 중심선을 투과한 빛은 지구 중심까지 이어져 볼텍스 방향으로 빙글빙글 회전을 하는데 내 몸도 그에 따라 점점 강하게 도는 듯한 느낌을 받았다. 볼텍스의 빛 에너지가 지구 중심까지 하나로 이어져 회전 강도가 세어지는가 싶더니, 원심분리기처럼 어느 순간 핵 하나가 돌출되어 튀어 나가는 느낌의 현상이 일어났다. 내 몸에서 영혼의 초의식이 분리된 것이다.

응축된 에너지가 폭발하는 느낌과 함께 영혼과 몸이 분리되어 일종의 유체이탈 상태에서 펼쳐진 장면은 내가 어느 석탑 주변에서 사람들에게 법문하는 모습이었다. 그곳에는 내가 세운 오행을 상징하는 5개의 석탑이 있었고, 그중 한 석탑 앞에 마련된 좌단에 앉아 신도들에게 무엇인가를 가르치고 있는 내 전생의 모습을 보게 되었다.

그런데 이 석탑들은 오행을 상징해 건축되었지만, 세월이 가며 변질되어 나의 재산과 재물을 보관하는 탐욕의 장소로 변질된 곳이었다. 신자들의 자발적인 공양과 치료 대가로 바쳐진 곡물이나 귀한 물건을 보관하고 있는 장소였던 것이다.

나는 당시 나무니아 무시라는 이름을 가진 티베트 밀교 수행자로 삶을 살고 있었다. 당시 살던 그곳은 티베트의 돌들이 많은 어느 산간 마을로 시대적으로는 1870년경이었다. 아래에는 마을이 있고 위로는 돌산, 그리고 그 중간에 내가 세운 일종의 돌탑 아쉬람이 있는 3단 구조였다. 초기에는 몇 가구가 없었지만, 내가 이곳에서 티베트 밀교 수행자로 사람들에게 치유와 주문 수련법을 가르치면서 300여 가구가 모여 사는 번성한 마을이 되었다.

내 영혼의 에너지체가 석탑 좌단에서 법문하는 광경을 지켜본 후에는 장면이 바뀌며 아쉬람 위 돌산 바위틈에 갇힌 내 모습이 나타났다. 나는 몸이 묶인 채 옴짝달싹할 수 없는 상태에서 바위틈을 막아놓은 돌들 사이로 고래고래 소리를 지르면서 발악하는 모습을 보았다. 제자 7명이 내가 축적한 재물을 탐하여 모반을 일으켜 가두어 버린 것이다. 어찌 보면 자업자득의 결과였지만, 배신감과 노여움에 7일 동안을 울부짖으며 온갖 욕설과 저주를 퍼부어 댔다.

그렇게 7일 낮 밤을 저항하며 지쳐 쓰러지고를 반복하다, 탈진한 상태에서 문득 뭔가를 깨우치며 나 자신을 돌아보게 됐다. 그동안 내 자신의 탐욕과 자만심, 우월감, 독선, 아집, 교만 등이 이런 결과를 초래하게 되었다는 사실을 깨닫는 성찰의 순간이 온 것이다.

당시 나는 독재자라고 해도 과언이 아닐 정도로 자기중심적인 인물이었다. 당초 밀교 수행자로 주문 수행을 하며 신비한 능력을 터득했는데, 그 생애에서 나의 삶은 그만한 그릇을 키우지 못했던 것이다. 전생에 부모님은 호구지책으로 7살 정도의 어린 나를 밀교 수행자에게 출가를 시켰고, 나는 온갖 고생과 고행을 감내하며 자랐다. 가난과 결핍에 대한 한 맺힌 마음이 큰 감정의 응어리와 깊은 상처를 남기며 베풀지는 못하고 움켜 지기만 하는 수전노로 전락해 버렸다.

재물이 들어오면 탑 안에 쌓아 놓고 아침저녁으로 곳간의 재물을 보는 낙으로 살아가는 가련한 인생살이는 3년 동안 모반을 꾀해온 제자들에 의해 막을 내리게 되었다. 밀교 수행을 하면서 하늘의 이치를 알고자 그렇게 노력 했지만, 정작 내 마음은 보지 못하고 있었다는 것을 반추하는 순간이었다.

나는 사리사욕과 이기심으로 탐욕만을 채우다가 결국은 배신의 화를 당해 처참한 최후를 맞이했지만, 제자들로부터 그러한 값진 이원성의 교훈을 경험하지 못했더라면 오히려 나 자신을 깨우지 못했을 것이다. 그랬더라면 이번 생과 같이 거룩한 신성과 함께하는 기회를 얻지도 못했을 것이다. 7일간의 발악 후 얻은 소중한 참회의 순간은 깊은 내면 탐구의 시간으로 이어졌다.

7일간의 처참한 시간은 나에게 또 다른 인연의 씨앗을 심기도 했다. 모든 악에 맺힌 감정을 쏟아내고 남김없이 에너지를 한껏 분출했으니 얼마나 기진맥진했겠는가? 하루는 달빛이 훤한 밤에 인기척과 함께 돌

틈 사이로 어슴푸레 사람의 그림자가 보였다. 마을 사람들이 이곳을 찾지 못하도록 제자들과 수하들이 멀리에서부터 차단 하고 있었기 때문에 누구도 쉽게 접근하지 못하는 삼엄한 상태였다. 돌 틈 사이로 누군가의 얼굴이 보이고 말을 거는데, 제자의 난이 있기 며칠 전 나의 시녀로 들어왔던 13세의 어린 여자아이였다. 몰래 숨어든 그녀가 돌 틈 사이로 물 몇 모금을 주면서 "스승님 힘드시죠, 잡수세요!" 하는 것 이었다. 아무것도 주지 않고 굶겨 죽이려 했으니 얼마나 허기지고 목이 말랐겠는지 상상이 가능할 것이다. 물 몇 모금을 마시자, 정신이 번쩍 들었고 그 이후로 깊은 명상 상태를 이어가게 됐다. 이때 내 자신을 진심으로 뒤돌아보고 새로운 원을 세우면서, 이번 삶의 여정을 걷는 직접적인 계기로 작용하게 됐다.

이번 생에서 지금과 같은 구도의 과정에 가장 큰 영향을 준 전생의 삶은 바로 티베트 나무니아 무시 밀교 수행자의 삶이었다. 전생의 교훈은 돈과 명예, 권력과 집착 같은 과욕의 장이었다. 밀교 수행자로서 치부에 성공하고 욕망을 실현하는 듯했지만, 목숨과 함께 모두를 송두리째 잃는 체험을 통해 상처받은 영혼의 무의식을 자각하는 소중한 순간도 맛보게 됐다. 나는 바위틈에서 나 자신에 대한 온갖 참회와 다음 생에 대한 영혼의 목표를 세우며 서서히 죽어갔다. '밀교 수행의 참뜻을 잊고 하늘의 영적인 능력을 이용해 사리사욕으로 욕심만 채운 채 아집과 아상만 키운 것'을 후회하며, '다음 생에는 자만과 우월감, 교만과 아집을 버리고 우주적인 참다운 진리를 깨우치리라' 하면서 62세의 나이로 죽음을 맞이했다.

한국에서 만난 전생의 제자들

나의 전생 체험이 무척 흥미롭고 차별되는 점은 전생의 그 장소를 직접 찾을 수 있었을 뿐 아니라, 현지에서 밀교 수행자의 이름과 행적이 확인 가능했다는 점이다. 또 다른 특이한 사실은 지금의 아내는 그 전생과 아주 깊은 인연이 있다는 사실이다. 그리고 나를 배반했던 7명 중 2명의 제자 또한, 전생 체험 후 직접 만날 기회가 주어졌다.

나는 결혼 후에도 절이나 각종 수행 단체를 찾아다니며 수행에 대단한 집착을 보여 왔다. 한번 결심 하면 무슨 일이 있어도 꼭 가서 확인을 해야만 성미가 풀리는 성격 때문이었다. 출가를 결심하고 집을 떠난 적도 있었고, 몇 달씩 수행을 위해 집을 비운 적이 많았다. 한마디로 가장으로서의 직무 유기는 물론, 도를 넘은 처사로 집사람의 속을 부단히도 많이 썩었다. 그래도 아내는 묵묵히 배우자로, 아이들의 어머니로 자신의 자리를 지켜오며 내 구도의 과정을 묵묵히 감내해 준 감사한 인연이다. 상황이 이렇다 보니, 아내와의 인연이 궁금해질 수밖에 없었다. 그래서 티베트 수행자로의 전생 체험 이후 아내와의 인연을 찾아보고자 몇 날 며칠을 명상에 집중하게 된 적이 있었다.

그런데 다름이 아닌, 티베트 바위틈에 갇혀 사투를 벌일 당시 전생의 나에게 생명과도 같았던 값진 물을 선사한 그 소녀가 바로 지금의 내 아내였다. 그런 귀중한 인연이 있었기에 철없던 시절 내 구도의 여정을 묵묵히 받아주며 뒷바라지를 해주고 있었던 것이다. 언젠가 내가 흔들림 없는 구도의 길로 들어섰음을 확신했을 때, 제일 먼저 아내에게 감사의 4배를 한 적이 있다. 그 순간이 있기까지 나를 있게 해 준 일등공신이었기 때문이다.

나는 비교적 많은 영적 체험들을 겪어 왔지만, 티베트 전생 체험만큼 감정적 충격으로 다가온 경우는 없었다. 이번 삶을 있게 한 밑그림의 실체를 너무도 확연히 깨달을 수 있었기에 기쁜 마음도 있었지만, 한편으로는 지금과 같은 구도자의 삶을 사는 입장에서 나무니아 무시의 탐욕과 아집, 무지의 삶이 너무도 측은하고 부끄럽기까지 했다. 또 기고만장하게 살다 배반의 귀결을 맞고 회한의 눈물을 흘리면서 생을 마감한 내 자신이 너무도 불쌍해서 울음이 복받쳐 올라왔다.

그때는 정말 4~5시간을 하염없이 울었는데, 슬픔의 앙금이 풀려나가자, 이제는 제대로 살아야겠다는 생각이 마음에 크게 자리를 잡았다. 자만심과 우월감, 교만과 아집을 부려 깨닫지 못했으니 어떻게 하면 이런 것들을 내려놓을 수 있을지 고민하기 시작했다. 이때가 내 30여 년의 구도의 길을 돌아봤을 때 가장 큰 전환점이자 분수령이 된 순간이었다. 새로 태어난 느낌이 들며 몸과 마음이 그렇게 가볍게 느껴질 수가 없었다. 이제야 제대로 된, 본격적인 수행의 길에 들어섰다는 확신이 들었다.

나는 전생의 해소되지 못한 습들을 어떻게 내려놓을 수 있을지 고민만 할 것이 아니라 온전히 내어 맡기기로 했다. 집착이 아닌, 내 안의 신성에 맡기고 교감을 통해 그 흐름을 따라가기로 했다. 나는 스스로에게, 어찌 보면 내 안의 신성을 향해 '어떻게 하면 제 자만심과 우월감, 고집과 아집을 내려놓을 수 있겠습니까?' 하며 자문자답을 구했다. 구하면 얻고, 두드리면 열린다고 했다. 내 진실한 기도가 계속되면서 신과 나눈 이야기 시리즈 중, '신과의 우정'이라는 책이 우연히 손에 잡혔다.

이 책에는 신과의 관계에 있어서, 잘못된 오해와 이해를 바로잡기 위해 마음의 변화와 가슴의 변화, 그리고 용기가 필요하다는 대목이 나온다. 우리의 잘못된 오해 중 하나는 신과는 진정한 우정을 나눌 수 없다는 뿌리 깊은 통념이다. 이 책에서 신은 직접 신에 이르는 일곱 단계를 소개하고 있다. 즉, '신을 바르게 알고, 신을 바르게 믿고, 신을 바르게 사랑하고, 신을 바르게 받아들이고, 신을 바르게 활용하고, 신을 바르게 돕고, 신에게 바르게 감사하라'는 것이다.

나는 신이 직접, 신의 음성으로 이야기한 신에 이르는 7단계를 보고 시선이 꽂히지 않을 수 없었다. 우리가 수행 하는 이유는 결국, 신의 섭리를 깨닫고 내 안의 신성을 깨워 신에게 도달하려는 큰 목적에 있지 않은가? 그때 나는 '이대로 하면 신성의 문에 이를 수 있다, 왜? 신이 직접 말씀을 하셨고, 나는 그것을 믿고 확신하니까!' 라는 생각이 들었다.

이날부터 한동안, 나는 이 일곱 단계를 화두로 삼아 주문처럼, 만트라처럼 행주좌와 어묵동정 진심으로 입과 마음에 달고 살았다. 또 '자만심과 우월감, 아집을 어떻게 하면 내려놓을 수 있는지'에 대한 자문자답도 이어갔다. 그러면서 서서히 가슴에서 뭉클한 감정적인 앙금이 올라올 때마다 눈물이 그렇게나 많이 흘러나올 수 없었다. 가슴이 열리며 나타나는 전형적인 자기 정화 현상의 일종이었다. 가슴이 열리면 자신의 무의식 속에 한과 집착으로 쌓아 놓은 아픔의 상처들이 감정적인 느낌으로 올라온다. 서러움, 슬픔, 좌절, 우울, 분노, 두려움 등의 경험 정보들이 느낌으로 북받쳐 올라오면서 하염없는 눈물과 담음과 같은 감정화 물질들(5장 고통체에서 설명)이 배출되기 시작했다.

나는 이러한 감정의 물질화 된 소산물들을 이후에도 수년 동안 끊임없이 뱉어냈다. 무수한 전생과 우주 순환의 쳇바퀴를 돌며, 사람의 세포 하나하나에 이렇게 많은 감정적 고통이 깊이 각인되어 있다는 사실에 놀랄 수밖에 없었다. 이러한 감정적 고통들은 우리의 무의식과 연결되어 각종 심신의 병을 유발하고, 또 우리의 창조적 신성을 가로막고 있는 주요 원인이라는 것을 다시 한번 절실히 느끼게 됐다.

전생 체험 이후 본격적인 제2의 구도 과정이 약 7년 동안 계속되며 나 자신도 놀랄 만큼 정말 많은 고통의 감정체들을 쏟아냈다. 부정적 감정과 에너지체들이 정리가 되면서 나는 자연스럽게 또 다른 인연들로 이끌렸다.

당시 가끔 왕래하며 친하게 지내는 합기도 관장이 있었다. 그는 사업상 중국 제품을 구매해 한국에 판매하는 바이어이기도 했다. 나는 기질적으로 수행자의 삶을 살고 있었고, 한창 제2의 구도의 길에 헌신을 하고 있던 터라 다른 곳에 눈길을 돌릴 여유가 없었다. 그런데 그가 갑자기 사업상 티베트에 가는데 함께 놀러 가지 않겠느냐는 제안을 해왔다. 그날따라 별다른 생각이 없이 날짜를 묻고, 시간을 맞추어 갈 수 있겠다고 답을 했다.

2012년 9월경 상하이를 거쳐 도착한 방문지는 티베트 라싸 공가 공항이었다. 그 관장이 조달하기로 한 물건의 집결지가 라싸 부근이라는 것이다. 우리는 조달 물품 구매 외에는 특별히 할 일이 없어 주변의 관광지를 방문하고 별미 음식을 찾아 여행하는 것이 주된 일정이었다. 처음 여행지로 추천을 받은 곳은 숙박지에서 약 3시간 반 정도의 거리에 있다는 한 마을이었다. 큰 바위와 탑들이 있고 돈육 요리가 유명한 곳이었다. 당시만 해도 돌산과 탑들의 의미가 크게 와닿지는 않았고 정말 우연히 소개 받아 여행하게 된 곳이었다.

별생각 없이 도착한 곳은 여느 티베트 마을과 다르지 않은 곳이었다. 그곳의 대표 요리를 먹으며 경치 감상과 담소를 나누고 있는데, 아래로 펼쳐진 경치에 문득 눈길이 갔다. 그런데 다섯 개의 돌탑이 제일 먼저 시야에 포착되며 너무나 낯이 익다는 느낌으로 뭔가 미묘함과 친숙함이 전해져 왔다. 무의식적 끌림에 한동안 음식도 잊은 체 침묵 속에 골똘히 그곳을 바라보고 있자, 관장은 무슨 일이 있느냐고 물어 왔다.

나는 이곳에 설명하기 어려운 느낌과 끌림이 있다고 설명하며 잠시 주변을 둘러보겠다고 양해를 구했다. 탑들 주변으로 가자 에너지가 고양되는 듯 하면서 소용돌이치는 에너지장 같은 것이 감지됐다. 몸마저도 붕붕 뜨는 그런 느낌이랄까! 다섯 개의 탑들은 아직도 보존이 잘 된 상태였다. 탑들 중앙에 위치한 돌로 된 좌탁 앞에 잠시 앉아 보았다. 에너지장의 공명 외에, 설레는 느낌이 아닌 가슴이 확장되며 형용하기 어려운 감흥이 전해져 왔다. 잠시 눈을 감고 그 느낌에 주의를 기울이고 있었다, 유체이탈과는 다른 의식의 전이 같은 변성 상태에서 갑자기 필름처럼 장면들이 펼쳐지기 시작했다. 바로 전생에서 보았던 그곳, 나무니아 무시 밀교 수행자의 아쉬람에서 밀교 주문을 가르치고 있는 법문 장면이 나타났다. '아무쉬 아무쉬'라는 주문을 참석한 신도들이 소리를 내며 외우는 모습이 계속됐다. 아무쉬는 '수호신이여 강림하소서'라는 주문이다.

전생의 터전을 현생에서 우연스럽고도 갑작스럽게 마주하게 된 나는 놀랍기도, 당황스럽기도 했다. 사실인지, 아니면 환영인지 꼭 확인해봐야겠다고 생각해 이곳에 대해 잘 알고 있는 토착민을 찾아 나섰다. 내가 체험한 전생의 진위 여부 또한 확인해 볼 수 있는 좋은 기회였다. 수소문 끝에 마을 촌장 노인을 만날 수 있었다. 이곳에서 돌탑을 짓고 밀교 수행을 하던 나무니아 무시라는 이름의 종교 지도자가 있었느냐는 물음에, 자신의 할아버지가 이곳의 종탑 지기였고, 그런 이름의 수행자가 역사적으로 이곳에서 수행을 했었다는 사실을 그로부터 확인 할 수 있었다.

나무니아 무시는 1870년대 인물이었기 때문에 150여 년이라는 세월의 흔적 속에 돌탑들과 당시의 일부 흔적들 외에는 전생에서 내가 보았던 그곳의 현장감과는 차이가 있었다. 마을 촌로에 따르면, 자신의 할아버지 세대부터 이곳에 살며 종탑지기와 마을의 시설들을 관리해 왔기 때문에 이곳의 내력을 잘 안다는 것이었다.

우연히 시작된 티베트 여행은 내 과거 생의 흔적과 역사적 사실을 확인시켜 주며 보기 드문 사례의 경험을 선사했다. 그리고 지금은 물론, 과거에서부터 내가 얼마나 수행과 인연이 깊은지, 또 진리를 찾아 헤매 온 영혼인가를 다시 한번 깨닫게 해주었다.

나무니아 무시에게 7명의 배반 제자들이 있었다는 사실은 전생체험을 통해 이미 이야기한 바 있다. 그렇지만 이들을 현생에서, 그것도 대한민국에서 만날 수 있으리라고는 정말 꿈에서조차 생각하지 못했다.

한번은 스물두 살의 젊은 스님이 불교신문을 보고 내 수행법과 공부를 해보겠다고 찾아왔다. 그런데 연락을 받고부터 가슴이 예사롭지 않게 아파왔다. 보통의 경우처럼, 내방인이나 치유 방문자들과의 일반적인 공명 상태일 것이라고 단순히 생각했다. 그런데 방문 상담과 수행을 한 이후 며칠이 지나서도 통증이 가라앉지를 않았다. 일반적인 교감이 아닌 다른 이유가 있을 것이라는 직감이 들기 시작했다. 기시감이나 특별한 인연의 공명 신호였다.

바로 그날 저녁, 인연을 염두에 둔 명상에 들어갔는데 얼마 지나지 않아 티베트에서 내가 갇혔던 동굴 장면이 나타났다. 그곳에서 둘이 들어야 할 만큼 큰 돌을 쌓는 그 스님의 모습을 확인할 수 있었다. 이 스님은 내 7명의 제자 중 제일 장자였다.

두 명 중 다른 한 제자도 현시대의 스님이다. 어느 종단의 종정 위치에 계신 분이지만, 오히려 이 분은 내 전생 7명의 제자 중 막내였다. 나는 수행을 하며 한때 빙의 환자나 조상의 영가천도를 생계 수단의 한 방편으로 삼았던 적이 있다.

이 스님은 무속 신병을 크게 앓고 있는 신도 치유를 위해 방문 했다. 신병이 너무 심해 본인으로서도 어쩔 수 없어 나를 찾아왔다. 이 분과는 감정적이나 물리적으로 특별한 공명 현상이 있었던 기억보다는 기시감과 관련된 경우였다. 그는 내가 수행 도량을 구하고 있다는 사실을 알고, 지인 스님이 내놓은 암자 터를 소개해 주겠다고 했다.

그곳은 대전과 공주 사이에 있던 모 암자였는데, 함께한 방문 답사 중 암자 터에 있던 석탑에서 낯익은 친근감을 떨칠 수가 없었다. 일종의 기시감을 느끼며, 돌아오는 내내 낯이 익은 근원지를 곰곰이 생각해 보았지만 특별하게 기억이 연결되지는 않았다.

명상을 통해 알아보자는 생각에 늦은 밤 꽤 오랜 시간 명상에 잠겼던 기억이 난다. 한참을 의도적으로 명상을 한 끝에, 어느 순간 돌탑 모습이 나타났다. 나무니아 무시 수행자가 쌓은 5개의 돌탑 중 하나가 종정 스님이 소개한 암자의 돌탑과 너무도 비슷한 모습을 하고 있었다. 그러면서 7 제자 중 한 명의 제자가 내가 갇힌 바위틈에 돌을 쌓고 있었는데 그중 막내 제자가 바로 현생의 이 종정 스님이다.

Part 1

깨어남의시대

| 자유의 문으로 들어선 사람들 (사례)
| 과거와 미래의 신비체험
| 무지는 의식의 바이러스
| 잘못된 환상과 개념

1장 자유의 문으로 들어선 사람들 (사례)

가슴을 찾아온 영적 구도자_60대 중반 사업가

이 모 선생은 2022년 자각선원 회원분의 소개로 인연을 맺게 됐다. 영적인 갈망이 매우 큰 60대 중반의 개인 사업가이다. 이분은 93년 자신의 치병을 위해 인산 김일훈 선생으로부터 뜸을 알게 되며 정신과 영적인 세계에 눈을 뜨게 됐다. 그러나 2000년 무렵 사업체 부도와 함께 몸과 마음, 정신이 모두 무너지는 큰 시련을 겪게 됐다. 종교에도 전념해 보았지만 영적인 만족과 갈증을 풀어주지 못해 여러 수행 단체를 전전하며 나름의 영적 성장을 위한 자신만의 길을 걸어왔다.

기독교에 몸 담았을 때는 성경을 두 달에 일독할 수 있도록 오디오 파일을 제작해 매년 6회를 독파하며 성경의 많은 부분을 달달 외우다시피 할 정도였다. 또, TM 명상과 아바타 코스, 가슴 명상 외에도 다양한 마음 수행으로 구도의 길을 걸어왔다. 나름, 몸과 마음의 평정을 갖추고 있다고 자부하는 상태였다.

그러면서도 그에게는 뭔가 부족한 상태, 아직 풀어내지 못한 무엇이 있었다. 특히 가슴을 깨우고 활짝 여는 부분에서는 깊이가 부족하다고 느꼈지만 만족할 만한 곳을 찾지 못하던 차에 지인을 통해 이곳까지 오게 됐다. 그는 가슴을 제대로 깨우면 내면의 신성이 확연히 드러나는 진정한 영적 체험은 물론, 현실적인 건강과 부, 자유와 행복까지도 이끌어 낼 수 있다는 사실을 잘 알고 있는 듯했다.

이 선생이 반신반의와 또 다른 기대를 하고 처음 상담을 왔을 때, 그는 영적으로 각성이 잘 되어 있는 상태였다. 구도자로서 자질도 좋았고 근기도 뛰어났지만, 돈에 대한 트라우마가 감춰져 있었다. 돈에 대한 근심과 걱정의 파동이 한과 집착으로 남아있었기 때문에 가슴과 깊은 에너지 공명을 일으키는 데 장애가 있는 상태였다.

이런 상태는 처음 촬영한 오라장에 그대로 반영되어 나타났다. 오라컴(오라장 촬영 장비)과 내게 보이는 오라장이 거의 유사하게 일치했다. 오라장은 보랏빛이 주를 이루며 파란 하늘색이 감싸고 있었다.

보라색은 영혼의 각성 상태로 갈망을, 파란 하늘색은 영혼의 명확함을 의미한다. 또, 그의 오른쪽에 나타난 표면 의식 상태는 어두운 그린 녹색을 보이고 있었다. 이는 사업의 실패로 짓눌린 돈에 대한 부정적인 감정이 적나라하게 표출된 모습을 나타낸다.

당시 이 상담자에게는 크게 3가지 영역의 정화가 필요한 것으로 판단되었다. 첫째는 트라우마로 자리 잡고 있는 돈에 대한 근심 걱정이다. 둘째는 용기는 갖추고 있었지만 알지 못하는 미지의 삶에 대한 두려움이었다. 그리고 세 번째로는 대부분이 그렇듯 육신에 대한 집착의 뿌리였다. 이들 각각에서 비롯된 물질화된 고통체를 제거하는 것이 정화의 핵심이다. 정화를 위해서는 무엇보다도 세포에 의식화되어 물질화된 감정의 찌꺼기를 제거해야 한다.

이분은 표면적인 영적 갈망이 높은 반면, 무의식에서는 상처받은 에너지장이 비대칭적으로 기울어져 있었다. 본격적인 정화에 앞서, 무엇보다도 균형을 맞추는 작업이 필요했다. 첫 세션에서 기울어진 무의식의 에너지장을 조정하는 작업이 선행됐다.

이후에 진행된 세션은 크게 힐러(치유자)를 매개로 한 정화와 영적 도구를 활용한 자발적인 힐링으로 이루어졌다. 치유자가 도움을 주는 방식은 내가 빛의 통로를 만들어 신성한 빛의 파동을 상대의 심장과 오장육부에 공명시키는 방식이다.

반면, 자발적 힐링은 천부경을 수련하며 나 스스로 깨친 영언(영적인 언어: 특정한 우주의 파동음 형태. 12장 참조)을 상담자가 반복하면서 자신의 심장을 공명시켜 물질화된 감정체(고통체: 이에 대해서는 5장에서 자세히 설명한다)들을 담음이나 배설물 형태로 뽑아내는 방식이다.

특히 이 분은 4번째 세션을 진행하며 특이한 현상을 체험했다. 내가 직접 치유 대상자의 정화에 참여하는 과정에서는 빛이 나와 연결이 된다. 보통 밝은 초록색을 띠는 치유의 빛이 출렁이는 파동의 형태로 상대의 가슴을 통해 전달된다. 이는 심장을 공진시키는 방법으로, 대개 인간의 부정적 감정과 두려움 등은 우선 심장으로 방어 하게 된다. 그래서 심장을 빛의 진동으로 공명시켜 심장의 방어기제를 해제하는 방식이다.

빛을 통해 심장이 공명이 되면 인간의 감정체와 물질화된 고통체가 안개처럼 뿌옇게 몽실몽실 일어나는 현상을 보게 된다. 그러면서 파동과 같은 물결 모양으로 에너지가 전달되고 내 가슴을 거치면서 트림과 함께 빛 알갱이로 흩어지게 된다. 이때 내 심장에서의 반응은 전기 저항과 같은 찌릿찌릿한 아픔이 느껴지고 정화 과정에서 흰빛으로 바뀐다. 흰빛으로 바뀐 후에는 또 한 번 출렁이는 빛의 에너지장 형태로 상대의 세포 기억들을 훑고 지나가는 것을 보게 된다. 흰빛이 세포를 투과하며 정보장을 바꿔주게 되는 것이다.

세션 전 나에게 보인 상담자의 오라장은 가슴부위에서는 어두운 녹색, 머리와 어깨는 회색의 상태였다. 그러나 힐링 과정을 거치면서는 상담자의 오라장이 회색과 검푸른색에서 흰빛으로 변했다. 물론 이런 변화가 임시적인지 영구적인지는 지속적인 과정을 통해 확인해 봐야 한다.

이분은 근원의 빛을 이용하여 가슴을 정화하는 과정 중에 행복감과 함께 영혼이 대변을 배설하는 것 같은 느낌이었다고 흥분된 상태를 감추지 않았다. 또 처음 3차례의 세션에서는 빛의 알갱이들이 다리를 통해 발가락으로 빠져나가는 것 같은 느낌이었다고 한다.

다른 한편으로, 영언을 통한 자발 정화 과정에서는 이까라는 파동 명령어를 사용했다. 우리 한글에는 우주의 공명파동과 아주 유사한 음절들이 많다. 나는 천부경 수련을 통해 이런 유의 영언 60여개를 터득했다. 나의 치유 과정에서 개발 됐지만, 추후 공통적인 결과와 효과를 보이는 것으로 확인됐다.

내가 이까를 빠르게 발성시키자 이 영언이 파동 형태로 가슴과 오장 육부에 깊숙이 침착돼 있던 물질화된 감정체들을 자극했다. 그러자 한과 집착, 두려움 등에서 비롯된 감정체들이 반응하며 담음을 뱉어내기 시작했다. 상담자는 단지 뜻도 모를 단어를 반복했을 뿐인데 내면에서 뭔가가 물질적으로 배출된다는 사실에 매우 당혹해했다. 담음은 약 20여 분간의 세션 내내 지속적으로 배출됐다.

나는 치유 세션과 수행을 통한 개인의 완성을 10단계로 나눈다. 10단계는 우리의 표면 의식과 깊은 무의식에 자리 잡은 부정적 감정, 물질화된 고통체가 많은 부분 해체되어 두려움과 고통으로부터 자유로운 상태이다. 그럼으로써 내면의 신성과 합일을 이룬 상태라 할 수 있다. 불교의 불성, 도가의 본성, 기독교의 신성이 확연히 드러난 그런 경지이다. 이 10단계에 이르러서야 비로소 더 큰 깨달음의 상태로 나갈 수 있다. 진정한 구도 여정의 시작인 셈이다.

이 상담자의 경우 약 8단계에 근접한 수준에 도달한 것으로 판단됐다. 10단계인 내면의 신성합일 상태를 위해서는 계속 강조하듯이, 상담자의 세 영역에 자리 잡고 있는 물질화된 고통체를 해체하는 것이 핵심이다. 내 판단에는 약 2년 정도의 시간이 필요할 것 같다고 조언했다.

이 분은 현재 매주 1회 세션을 진행하며 세 영역의 정화를 순조롭게 진행하고 있다.

우울증을 영혼의 성장 도구로 승화_ 60대 퇴직 공무원 여성

이번에 소개할 사례는 약 38년 동안 남들과는 다른 영적인 현상을 경험하며, 이를 극복하기 위해 20년 이상 꾸준히 공부하고 연구해 온 60대 중반 여성의 이야기이다.

박 여인은 소위 영가 장애, 즉 죽은 자의 의식이 산 사람에게 교차돼 감응되는 영적인 현상을 겪어온 전형적인 예이다. 집안 내력도 있었다. 그녀의 어머니는 약간의 신기가 있었지만, 따로 신을 받지는 않았다. 그로 인해 어머니가 일종의 신병에 고통스러워하는 모습을 곁에서 종종 경험해 왔다. 그러나 정작 자신은 28살이었던 1984년 첫 출산과 함께 우울증을 경험하기 전까지는 전혀 관련이 없는 일처럼 보였다.

그녀는 아버지를 닮아 타고난 강골이었다. 체력도 강했고 밤늦게 혼자 다녀도 무서움을 전혀 몰랐다. 부지런한 성격에 활력과 에너지가 넘치는 스타일로, 여행을 좋아하고 굉장히 활동적인 여성이었다. 그러기에 박 여사는 이런 종류의 영적 장애에 시달리리라곤 전혀 꿈에서조차 생각하지 못했다.

박 여사의 경우는 영적 장애가 처음부터 확연히 드러나지는 않았다. 그보다는 우울증이라는 증세로 가볍게 찾아왔다. 처음에는 산후 우울증으로부터 시작됐지만 별 대수롭지 않게 여기며 일주일 만에 사라졌다. 그러나 본격적인 우울증의 시작을 알리는 계기가 찾아왔다. 첫 산후 우울증이 있은 후 5~6년이 지나 갑자기 시어머니가 폐암 선고를 받았다. 큰 상심과 함께 남편과 고통스러워하며 아주 작은 무기력증이 찾아오기 시작했다. 당시 서울에서 공무원 생활을 할 때였다.

그녀는 "처음에는 이게 뭐지 뭐지 하다가, 1년에 한두 번에서 서너 번씩 점점 우울증 횟수가 잦아지고 시간이 길어졌어요. 처음에는 3일 정도 지속되던 것이 일주일을 넘어 점점 길어지고 증세가 깊어지면서 약 10년 정도를 혼자서 남모르게 모질게 버텨왔어요"라고 회상했다.

더 이상 스스로 감내가 벅찼던 박 여사는 친정엄마에게 이대로는 도저히 살 수 없을 것 같다고 털어놓기에 이르렀다. 부처님을 진실하게 믿고 있던 그녀의 어머니는 자신이 신기를 경험한 터라 바로 평소 인연이 있던 절에 데리고 가 상담과 의식을 치러 보기도 했지만 별다른 차도가 없었다.

그녀의 현실적인 문제는 매일 해야 하는 출근이었다. 심신이 불안해 식사는 물론 아무것도 할 수 없어 침대에 누워 있어야 하는 그런 상태였다. 우울증이 만성 무기력증 형태로 나타나 만사가 귀찮고 몸은 물에 젖은 스펀지처럼 무거워 움직일 수도 없는 지경이었다. 이틀을 굶어도 배가 고프지 않아 3일에 2kg가 빠질 정도였다. 집에 있으면 그나마 문제가 되지 않을 것 같은데 출근을 해야 하니 심적 고통은 이루 말할 수 없었다.

"우울증이 오면 사람이 사는 게 아니에요. 외형으로 멀쩡하죠. 우울증이 오면 정말 아무것도 못 해요. 그냥 딱 정체, 그 자체예요!"라고 그녀는 토로했다.

박 여사는 신경 정신과에서 약물 치료도 받아봤다. 처음에는 약의 효과가 이틀 정도 만에 차도를 보이다 점점 그 시간이 길어지기 시작했다. 이런 불신에 약을 최대한 자제하며 2주 정도를 버티다 가망성이 없는 것 같아 또 약을 먹기 시작하면, 한 달 이상에서 최대 두 달 가까이 복용 해야 차도를 보이곤 했다. 그렇지만 약물 복용과 함께 회사 근무에서 부작용이 나타나기 시작했다.

"사무실에서 근무는 하는 데 지성적인 부분을 막아버려 아이디어는 고사하고, 그냥 멍한 상태에서 말도 하기 싫고 사람에 대한 느낌이 별로 없어요. 좋다, 나쁘다, 슬프다 이런 감정도 별로 없이 꼭 해야 하는 업무만 하는 거죠. 아랫사람들이 보고하고 그래도 그냥 뭐 알아서 해라, 이런 식으로 할 수밖에 없다"라고 말했다.

이때까지도 박 여사는 자신의 우울증과 영적 장애 사이의 관계를 확실하게 단정하지 못하고 있었다. 그녀는 어떻게 하면 자신이 이 고통에서 벗어나 정상적으로 살 수 있을지 별별 방도를 찾아 헤매고 다닐 뿐이었다. 조상님 무덤에서 굿도 해보고 용하다는 점집과 사주팔자 풀이 등 그야말로 해볼 것은 다 해 보았다. 그런데 그녀는 굿을 하면 굿이 끝나는 동시에 우울 증상이 썩 괜찮아지는 자신을 발견했다. 그러다 한두 달 후에는 재발하고 이런 식의 반복이 계속되며 무엇인가 신의 존재, 영적 관계가 있음을 직감하게 됐다.

박 여사는 무지 속에 무작정 찾아다닐 것이 아니라 제대로 알아야겠다는 생각에 명상과 영적 관련 책들에 관심을 두게 됐다. 그 세계에 대한 지식과 지혜를 찾아 영적인 서적을 탐독하기 시작했고 인간의 존재와 죽음, 우주가 무엇인지 근원적인 물음을 찾아 나섰다. 삶과 죽음을 이해함으로써 나는 누구인가에 대한 고차적인 해답을 찾는 여정이 시작됐다. 그러면서 죽은 사람의 세계를 알아야 간파할 수 있다는 생각에 죽었다 깨어난 사람들의 책을 수도 없이 탐독했다.

이와 함께 제대로 공부를 할 수 있는 수행법과 명상처를 찾아 인터넷을 뒤지기 시작했다. 마음공부를 검색하자 2~3개의 센터가 눈에 띄게 됐고, 그중 한 곳이 자각선원이었다.

그녀는 이곳에 오기 전 먼저 서울 강남의 모 명상센터에 입문하게 되었다. 2004년 당시 6~7회를 기준으로 200만 원을 호가하는 곳이었다. 명상과 마음 공부를 제대로 배우고 싶기도, 또 자신의 영적인 문제의 근원을 찾아 올바른 지도를 받고 싶었지만 기대와는 딴판이었다. 그녀는 비용을 떠나 사람의 몸과 마음, 영혼의 고통을 볼모로 거래를 하는 장삿속에 비애를 느끼고 얼마 지나지 않아 미련 없이 그곳을 박차고 나왔다.

기대와 희망을 갖고 입문한 첫 명상센터에서 실망한 박 여사는 그해 또 다른 후보 중 한 곳인 이곳에 조심스럽게 문을 두드렸다. 그녀의 나이 48세였다. 본인이 절실했던 터라 전화 상담 후 반은 모험심에 남편과 함께 방문했다. 이후 나와는 18년간 인연을 맺어오며 영적인 정화 작업과 함께, 깨달음을 위한 수행과 마음공부를 이어오고 있다.

그녀와 첫 대면에서는 여러 영적 장애의 징후들이 나타나기 시작했다. 가슴이 답답해지며 머리에서는 두통 증세가 일어났다. 일반적으로 이야기하는 빙의의 느낌이었다. 그러다 30~40초 정도가 지나자 뒤에 후광이 보이기 시작했다. 신적인 존재, 영가의 후광인 어둡고 시커먼 부분적인 그림자가 일렁였다. 그러면서 영가의 감정 상태에 따라 중간

중간 어두운 녹색이나 심한 분노 상태인 시뻘건 색 등이 오라장에 불꽃처럼 몽실몽실 피어나는 모습을 볼 수 있었다.

영가 장애로 판단하면 보통 밝은 연녹색의 빛을 가슴에 투과시켜 4차크라를 여는 작업을 한다. 이때 진동수가 높은 치유의 빛이 연결되면 기침, 가래가 나오면서 부정성이 툭 튀어 오를 때 영가와 소통이 시도된다. 누구인지, 살아생전 남자였는지 여자였는지, 어떤 감정을 주로 가지고 있었는지, 또 어떤 관계였는지 인연의 이야기를 이어가다 보면 영가가 자기표현을 하기 시작한다.

이것이 진실인지 꾸며내는지는 느낌이 다르다. 감정으로 느낌이 전이되기 때문이다. 살아생전의 감정에 울음이 폭발하며 자기 삶에 대해 스토리를 펼쳐내면 그 이야기를 전부 들어준 다음 영가를 설득한다. 두려워하지 말라고. 계속해서 상황을 이해시키고 진정한 사랑의 마음으로 설득을 반복하면서 눈앞에 빛이 보이는지 여부를 물어 빛이 보이면 갈 준비가 된 것이다. 이때 빛으로 안내해 영가를 해원 시키는 작업을 마무리한다. 물론 영가의 감정의 골과 이해 수준, 공감력에 따라 쉽게 한두 번에 빛으로 인도되는 영가가 있는 반면, 수차례의 반복 후 어렵게 받아들이는 영가들도 있다. 박 여사의 경우는 모두 한두 번에 쉽게 해원이 이루어졌다.

박 여사는 자신의 어머니를 통해 간접적으로 신기의 작용을 보고 경험한 터라 전에도 어렴풋이 영적 장애의 가능성을 의심해 봤지만, 나와 교감이 이루어지면서부터 돌아가신 분의 영가가 들어온다는 확신을 굳히게 됐다. 적극적이고 활달한 개성의 소유자라는 점을 제외하면,

그녀는 특별할 것이 없는 평범한 여인이었다. 그런데 그녀의 영가 장애는 가히 백화점 수준이었다.

특히 낙태 영가들에서 시작해 조부모, 부모님, 작은아버지를 비롯한 친인척들, 6.25 때 돌아가신 어머니 첫 남편, 아버지의 혼외 태아영가, 4살 때 운명을 달리한 여동생, 60세 이전 작고한 남매들까지. 그 수를 헤아리면 40 영가를 훌쩍 넘는 수준이었다. 그러나 모두 인연이 있는 영가들이었다.

한번은 동생이라고 찾아온 영가가 있었다. 이미 동생 영가를 해원을 시킨 터라 누구시냐고 물었더니 아버지의 혼외 태아 영가라 해서 알게 된 경우도 있었다. 해원을 시킨 여동생 영가가 다시 찾아온 경우도 있는데, 이는 해원의 문제가 아닌 도움을 주기 위해 방문한 경우였다. 자신들은 시공간을 넘나든다는 설명과 함께 언니가 꼭 알아야 할 정보가 있어 일부러 찾아왔다는 것이었다.

박 여사는 공무원이라는 직장생활의 특성상 꾸준한 상담과 치유 세션을 받지 못했다. 그녀는 대략 7~8개월을 주기로 우울증이 반복됐다. 우울증 증상이 다시 찾아와 심해지면 방문하고, 영가 해원 후 잠잠해지면 또다시 현실로 돌아가 느슨해지는 반복이 계속되며 불규칙한 방문이 지속되어 왔다. 2004년 나와 처음 인연이 시작된 이후 이런 패턴의 반복을 보인 박 여사는 두 번의 큰 전환점을 맞게 된다.

첫 번째는 2009년 자신이 신이라는 존재와 조우를 했을 때 정체성에 혼란이 오며 하며 고비가 찾아왔다. 그 뿌리와 끝을 알 수 없는 우울증과 그로 인한 육체적, 정신적 고통, 또 계속 인연을 찾아 해원을 원하는 영가들을 마주하며 에너지가 고갈되어 가는 느낌이 들 때였다. 그녀는 영혼이 밑바닥까지 추락하는 듯한 자괴감에 신이라는 존재에게 푸념 반 간절함 반으로 기도를 드리게 되었다. 그녀는 출근도 하지 못하고 '신이시여 저는 그냥 죽는 것이 좋겠습니다. 그냥 자살을 하게 내버려 두든가 데려가시라. 이렇게 살 바에는 죽는 게 낫겠습니다. 더 이상 살고 싶지도 않고 살 수 있을 것 같지도 않습니다'라고 원망의 화살을 신에게 돌리며 매달렸다. 밤낮으로의 간절한 매달림에 지성이면 감천이었는지 정말 며칠 후 길을 알려주겠다는 신의 계시가 들려왔다. 이후 자리에서 일어나 출근을 할 수 있었다. 박 여사 말에 따르면 당시에는 근원의 신이라는 존재를 자신이 어느 정도 인지할 수 있는 그런 수준의 상태였다고 한다. 그녀는 이렇게 어마어마한 영적인 힘이 느껴지는 존재의 감응을 처음 경험해 보았다고 털어놓았다.

두 번째 큰 변화는 2021년 9월 초에 시작됐다. 한마디로 큰 격동이 일어났다. 그야말로 영적인 전쟁 수준이었다. 많은 영가들이 동시에 들고 일어났다는 표현이 적절했다. 그녀는 이때 나의 도움으로 최고조에 달한 영가를 해원 한 후 영적 승화가 뒤따르며 우울증 치유에 큰 획을 긋는 순간을 맞았다. 박 여사는 조심스레 완치에 대한 기대, 아니 확신의 자신감까지 보이기도 했다. 그녀는 그때를 계기로 내가 빛의 통로를 확장시켜 주며 스스로 영가를 해원 할 수 있는 상태로 발전했다. 내가 전수해준 진동 주파수를 높이는 기도와 영가 유도 절차, 빛으로 인도하는 방법 등을 통해 스스로 집에서 주도해 갔다. 박 여사는 이제 영가가 연결된 느낌과 반응이 포착될 때면 하던 일을 멈추고 즉시 해원 절차에 들어간다. 그녀는 2016년 퇴직을 한 상태로 이제는 시간과 주변 환경에 자유롭기에 가능한 일이다.

영가 치유를 하고 나면 또 다른 영가가 합성되고, 또 합성되는 현상은 일종의 영적으로 공부를 시키는 과정이라 할 수 있다. 물리적으로는 자신이 병의 형태로 고통을 겪는 것이고, 영가와 감정적인 경험을 통해 영적으로는 반대급부의 성장을 해 나가는 것이다. 영혼은 이 물질계에 내려올 때 설계도라는 큰 틀의 청사진을 가지고 온다. 동양의 사주팔자라는 명리학과 일맥상통하는 부분이 있다. 희로애락과 오욕 칠정이라는 감정적으로 승화가 필요한 사건사고를 가지고 오는 것이다. 우울증도 일종의 선택일 수 있고 다른 병증도 선택일 수 있다. 그런데 영혼의 입장에서는 물질계에 들어서며 망각하기 때문에 알 수 없을 뿐이다.

박 여사에게는 채널러라는 큰 영혼의 청사진이 고이 간직되어 왔다라는 것이 내 판단이다. 우울증과 함께 가족과 친인척의 영가들이 장애라는 현상으로 나타났지만, 이것은 자신의 영적 성장 과정 중 펼쳐진 서막에 불과하다. 우울증은 그녀의 영적인 갈증과 불만이 왜곡되어 나타난 하나의 표상이다. 자신의 가족력을 반영한 육체적 취약 부분이 우울증 형태로 나타난 결과라 할 수 있다. 그녀가 가져온 설계도 즉, 자신의 큰 사명을 기억하고 실행하라는 지속적인 메시지의 강력한 어필인 것이다. 그동안은 영가 해원 형태로 자신의 영적 사명을 조금씩 실현하면서 그에 따른 우울증이 차도를 보이고 반응을 한 것이다. 그러나 그녀의 진동 주파수가 서서히 깨어나면서는 양상이 달라지기 시작했다. 2009년 그녀의 간절함이 근원의 신성과 연결이 되었을 때, 무지의 두려움과 공포라는 고비를 넘겼다면 상황은 달려졌을 것이다. 비약적인 영적 성장과 함께 진동 주파수도 급격히 상승하여 자연스럽게 영적 갈증이 해소되며 우울증의 에너지장은 자유롭게 풀려나갔을 것이다. 또한 인연 영가들은 그녀의 몸을 빌어서가 아닌 상승된 진동 주파수의 영향으로 공명이 되어 해원이 이루어졌을 것이다.

박 여사에게 다시 한번 기회가 찾아올지, 아니면 그녀 스스로 조건과 체험을 선택하여 창조해 나갈지는 모두 자신에게 달려있다. 그녀는 아직도 습이라는 관성의 지배에 놓여 여행과 여가 활동을 선호한다. 물론 모든 일상과 작은 몸짓 하나도 명상과 수행의 행위가 될 수 있지만, 아직은 그만한 자각 수준으로 몸과 마음, 영혼이 깨어나 승화된 상태는 아니다. 그녀의 타고난 영적 감각과 DNA를 살려 그때의 간절한 심정을 영혼까지 끌어 올려야만, 그래서 부족한 2%의 임계점을 채워준다면 그때의 숭고하고 장엄한 순간과 다시 재회할 수 있을 것이다.

고질적인 허리 디스크로부터 해방_40대 후반 여의사

빛과 자각의 명상 세션을 진행하다 보면 정말 특별한 결과들을 접할 때가 있다. 나 자신도 경이롭고 놀라움을 금치 못한다. 그저 우주의 사랑이라는 치유 섭리와 우리를 이끄는 지고의 무한 신성에 감사할 따름이다. 이번에 소개할 사례는 한 차례의 상담과 근본 원인에 접근한 세션으로 몇 년간 고질적으로 고통 받아온 지병이 말끔히 사라진 예이다.

2006년쯤으로 기억된다. 자각선원의 회원이었던 모 지방검찰청 소속의 지청장으로부터 연락이 왔다. 잘 아는 검사의 부인이 고질적인 허리 디스크로 오랫동안 고통을 받아오고 있다는 것이었다. 집으로 직접 내방을 해달라는 간곡한 부탁을 받았다. 사회적 지위도 있었고 오랜 인연의 소중한 관계이기에 기꺼이 수락했다. 마침 그때는 경기 지역의 모 단체 회원들을 대상으로 몸과 마음의 작용과 건강에 대한 주제로 정기 강좌가 있는 날이었다. 상담 후 충분히 이동할 수 있는 거리였다.

이날 만나게 된 상담자는 40대 중반을 넘긴 여의사였다. 몇 년간 지속되어 온 허리 디스크 수술 여부를 놓고 망설이며 심각하게 고심하던 상태였다. 오히려 의학 지식 때문에 수술 후유증을 염려해 결정을 내리지 못하고 있었다. 그러던 차에 지인 검사를 통해 빛의 진동으로 치유를 하는 내 동영상을 보게 됐다. 물리적인 수술과 부작용을 우려했던 터라 많은 관심을 보였다. 그렇지만 현직 의사이자 기독교 신자였던 그녀는 현대의 과학적 잣대에 맞지 않는 부분에 대해서는 미신이라는 선입견을 가지고 있었다.

현대의학을 동원한 병원 치료에서도 환자의 마음 자세와 믿음이 매우 중요하다는 것은 익히 알려진 사실이다. 더욱이 일반인의 눈으로 보이지 않는 형이상학의 영역인 빛을 통한 교감에서는 더 말할 나위가 없다. 빛이라는 파동이 전달되는 과정에서, 환자와의 교감 역할을 하는 가슴 에너지장이 거부 하면 빛과의 충돌이나 간섭 현상으로 효과를 기대하기 매우 어렵다. 그만큼 세션의 참여자인 나와 상대와의 열린 마음의 관계 설정은 그 무엇보다 중요한 요소이다.

처음 마주한 자리에서 나는 이와 같은 교감을 통한 수용성을 강조하며 "제가 도움을 드리고 싶어도 진실한 의지 없이 의심으로 자신을 방어하면 이런 현상이 일어나기 어렵습니다. 교감이 되어야만 이런 진동 현상이 생기는 것이지, 교감이 안 되면 이런 현상은 생기지 않습니다"라고 미리 상황과 조건을 설명했다. 그녀는 생각과는 사뭇 다르게 선뜻 한번 해보겠다는 적극적인 의사를 표명했다. 그만큼 자신의 고통과 현실이 절박한 상태였다. 의사로서 하루 8시간 환자를 마주해야 하지만, 제대로 걷기도, 오래 앉아 있기도 어려운 상태로 눕고만 싶은 그런 처지를 몇 년간 반복해 왔으니 오죽이나 하겠나 하는 생각에 공감이 갔다.

나에게 교감의 중요한 수단은 상대의 말을 충분히 들어주며 상호 무의식적 경계를 풀어 공감대를 형성하는 것이다. 시간이 많지 않았지만, 하고 싶어 하는 이야기를 경청하며 좀 더 구체적인 원인에 접근해 나갔다. 아울러 몸의 오라장을 세밀히 살피지는 않았지만, 처음에 직관적으로 보이는 에너지장은 역시 아랫배와 허리 주변에 정상적으로 떠어야 할 주황색의 모습이 아니었다. 오라의 확인은 특정 부위의 정상 유무를 판가름하는 데 중요하지만, 이런 유의 디스크 증세는 내 경험과 사례 상 잘 나을 수 있다는 확신이 있어 오라의 구체적인 진단을 생략한 것이다.

그녀는 선천적인 성향과 기질에 더해 의사라는 엘리트 의식과 종교관, 남편의 사회적 지위 등 후천적 환경까지 더해져 자의식이 매우 강하게 형성된 성격의 소유자였다. 그러다 보니 자신의 신념과 맞지 않는 부분에 대한 저항과 자신을 주장하는 아집 또한 대단했다. 이러한 감정적인 성향은 장, 특히 대장에 영향을 많이 미친다. 대장에 대한 문제 지적과 함께 부부 사이의 관계가 어떤지를 조심스럽게 물어보았다. 돌아온 대답은 '남편과 서로 말 안 하고 지낸 지가 4~5년은 되었는데, 그러면서 화병이 대장에 영향을 주었다. 병원에서는 대장이 굳어 그 여파로 허리 디스크 추간판이 탈출 되었다고 진단했다'는 것이었다. 대장 문제가 결국은 디스크를 유발한 경우였다.

이분의 당시 상황은 남편을 상당히 미워하고 있었다. '검사라 엄청 권위적이면서 자기 말을 조금도 들어주지 않는다'는 마음속에 억눌러왔던 하소연이 감정적으로 터져 나왔다. 전형적인 소통의 부재였다. 자신이 하고 싶은 말을 남편에게 할 때마다 거절감에 따른 자존심의 상처와 자괴감을 그렇게 많이 느꼈다고 토로했다. 그런 것들이 이제 욕구불만으로 쌓이면서 대장이 나빠진 원인으로 작용했다. 거의 5년 동안 남편에게 하고 싶은 말을 못 하는 대화의 단절 속에서, 그녀는 특히 '남편이 자기 말을 한 번이라도 제대로 들어주면 좋겠는데, 그 말을 못 했기 때문에 그 말을 꼭 하고 싶다'고 나에게 하소연했다.

나는 남편을 그녀 옆으로 불러 대장이 안 좋아진 원인과 심리적 이유에 관해 설명해 주었다. 하고 싶은 말을 남편에게 못해 5년간 감정적으로 누적되며 생긴 병이라고 알렸다. 지금 부인의 하소연이나 하고 싶은 말을 들어주면 빠른 치료와 회복에 도움이 될 것이라고 설명했다. 남편도 수년간의 관계에서 직감이 되는 것이 있는 듯, 하고 싶은 말을 다하라고 묵묵하지만 겸허히 수용하는 모습을 보였다. 그녀는 이런 상황이 좀 낯선 듯 부자연스러워했지만, 이내 그간의 감정에 북받쳐서 "내 말, 내 말을 할 때 제발 좀 경청해 달라"라고 하소연했다.

모처럼 부부간에 길지 않은 대화가 오가며 에너지 차원의 교류가 이뤄지자 갑자기 그 부인의 목 안에서 트림이 크게 올라왔다. 그러면서 나와의 교감은 물론, 전체적인 주변의 에너지장에서 긍정적인 전환이 느껴졌다. 이제 본격적으로 세션을 진행하기에 적절한 타이밍을 맞은 것이다.

세션에 앞서 우선, 배꼽 주변 양쪽 천추혈을 눌러보았다. 물리적인 위치를 다시 한번 확인하는 절차였다. 오른쪽 천추혈이 딱딱하게 굳어 있는 상태였다. 대장의 경락 에너지가 정체되고 저항력이 커짐에 따라 열이 생겨 딱딱해진 경화 현상으로 판단됐다. 그곳을 누르자 이와 대응되는 4번 요추가 자극되며 그녀는 '억'하며 심한 통증을 느꼈다. 의사의 진단 대로 4번 요추가 대장의 경직으로 탈출이나 비뚤어졌다는 신호로 볼 수 있다. 대장의 유연한 기능성이 회복되면 밀렸던 추간판이 환원될 수 있다는 판단이 섰다.

이제는 본격적으로 빛의 에너지장을 연결하여 상대에게 가장 필요한 빛을 공명시키는 작업에 들어갔다. 이 분의 경우는 2번 차크라에 대응하는 주황빛이 연결되었다. 내 머리 백회를 통해 묵직하게 에너지장이 볼텍스 형태로 내려와 손으로 미세한 진동장이 전이됐다. 그 빛의 전자기장을 2번 차크라에 전사시키자 너울성 파도처럼 일렁일렁 거리며 빛이 흘러 들어가는 모습을 볼 수 있었다. 때에 따라 초기의 주황색 빛은 상대의 필요에 맞게 그때그때 다른 색으로 바뀌기도 한다. 이때 상대와 교감력을 향상시키기 위해 말이라는 음성 수단이 추가된다. "대장, 대장의 진동"이라는 반복되는 명확한 말로 동기를 부여해 주면 빛의 공명과 더불어 대장의 진동을 가속화 시킬 수 있다. 이런 과정 속에서 어느 순간 나와 상대의 느낌이 연동되는 순간이 찾아온다. 즉, 빛의 통로를 따라 서로 연결이 되어 있기 때문에 그녀가 느끼는 대장의 느낌을 내가 거의 동일하게 느낄 수 있게 된다. 서로의 느낌이 연동될 때는 일종의 사이클을 맞출 수 있기 때문에 상태에 따라 공명 주파수의 강약을 조절할 수 있다.

계속해서 대장을 진동시키면서 내 장 쪽에서도 뜨끔 뜨끔한 반응이 오기 시작했다. 이때 조금 더 공명의 강도를 높이자 대장에서 잡아당기는 느낌을 받았다. 대장의 연동운동의 느낌은 물론 꿀럭꿀럭거리는 소리까지 났다. 이렇게 약 3시간 정도 누운 상태에서 대장을 공명 시킨 후, 그녀는 변감을 호소했다. 평소 대장 장애로 변비가 있는 그녀가 화장실에 급히 달려가 변을 쏟는 모습에 자신은 물론이고 남편도 그저 신기하고 신비롭다는 표정이었다.

변을 쏟으며 대장 근육이 풀어지기 시작했다. 잠시 주위를 정돈하고 환기를 한 후 다시 한번 과정을 반복했다. 그러자 이번에는 허리가 돌아가기 시작했다. 장과 허리가 함께 반응을 보이기 시작한 것이다. 이 상태는 뼈가 스스로 틀어진 부분을 교정하고 있다는 신호다. 약 40분을 지속하며 드디어 뼈가 딱딱딱 소리를 내며 맞춰지는 느낌이 들었다. 회복의 징후를 보였다.

4시간 동안의 빛을 통한 세션 후 대장이 풀어지며 요추 4번의 교정이 스스로 이루어졌다. 상대의 통증과 감각 반응을 보기 위해 스스로 허리를 움직여 볼 것을 주문했다. 그녀는 이리저리 자세를 취해 보면서 허리가 아프지 않다고 적지 않게 놀라며 신기해했다. 이전에는 허리 통증으로 무릎조차 만질 수 없는 상태였다. 그런데 무릎을 만지는 것은 물론, 허리를 굽혀 무릎 아래까지 손이 쑥 내려오는 것이 아닌가!

이전까지 그녀는 대장 근육이 굳어 요추 4, 5번 추간판이 어긋나며 허리가 삐딱한 상태에서 약간의 절룩거림 현상도 보였다. 좌골 신경통처럼 걸을 때마다 통증을 심하게 느꼈다. 평소 거동도 무척이나 부자연스러워 보였다. 의사지만 한의원의 침과 카이로프랙틱도 수시로 받아왔었다. 그러나 자신의 상태를 호전시키거나 어떠한 차도도 기대할 수 없었다. 수술을 고민하다 지인과 남편의 권유로 마지못해 나를 만나게 되며 묵은 감정의 빗장을 풀고 빛의 세션을 통해 신기한 결과를 체험했다. 본인은 절대로 상상하고 확신하지 못했던 방법으로 말이다.

아쉬운 건강 사례_60대 여성

앞의 경우가 획기적인 사례였다면, 이번에 소개할 내용은 나로서는 정말 아쉽고 애석한 경우라 할 수 있다. 결과 때문이 아니라, 다른 이유와 인연으로 나와의 관계를 계속 이어갈 수 없었기 때문이다.

2012년 당시 62세의 이 여성은 복강에 복수가 찼지만, 간과 관련이 되었다는 사실만 확인할 수 있었을 뿐, 원인이 분명하게 밝혀지지 않아

애만 타는 상태였다. 당연히 여기저기 큰 병원을 방문해 보고, 효과가 좋다는 민간 처방도 받아 보았다. 소문과 지인을 통해 누가 어디를 통해 효험을 보았다고 하면 지푸라기라도 잡는 심정으로 달려가곤 했다. 굿과 구명시식 같은 민간 신앙에도 의지해 보았다. 그러나 증세는 차도의 기미 없이 더욱 심해지고 있었다.

이분을 만나기 전 나는 인천TV라는 방송에 출연하여 빛을 통한 진동 치유와 명상 세션을 소개하고 인터뷰를 한 적이 있었다. 우연히 이분의 언니가 프로그램을 보고 나에게 연락을 취해 왔다. 한시가 급했던 자매는 그날 바로 성남에서 출발해 저녁 8시경 자각선원에 도착했다. 키는 1m 58cm 정도의 작은 몸에 임신 10개월의 산모처럼 배가 남산만 한 상태였다. 배는 복수가 차서 부풀어 있었을 뿐 아니라 몸도 부어있어 불편함과 피로감이 역력했다. 호흡도 당연히 거칠었다. 소변 배출이 원활하지 않고 똑바로 눕기조차 어렵다고 했다.

시간적 여유가 별로 없어, 바로 빛을 통한 자율 진동 세션에 들어갔다. 그런데 특이하게 이분의 오라는 시커멓고 어두운 잿빛의 에너지장이 드리워져 있었다. 영가 장애, 즉 빙의로 판단됐다. 또 순간순간 그림자 형식으로 할머니의 모습이 스쳐 지나갔다. 나는 할머니의 모습을 구체적으로 설명하며 누구인지 물었다.

'쪽지 머리를 하고 지팡이를 이렇게 든 상태로 눈이 부리부리하게 튀어나와 있었다'는 내 표현에 두 자매는 자신의 할머니라고 의아해 했다. 그런데 영가들은 일반적으로 계속 보이지 않고 잠깐 동안만 나타나는 특성을 보인다. 영가는 자신이 누구인지를 밝히고 싶을 때 형상을 보여주는 것이 특징이다. 자기 의도가 분명할 때만 영가는 에너지의 형상을 띠는 특성이 있다는 것이 그간의 내 경험이다.

이번 상담자의 배에 찬 복수는 이분의 할머니와 연관이 있었다. 할머니가 간암으로 돌아가셨다는 사실을 두 자매를 통해 들을 수 있었다. 나로서도 처음 접하는 병증이라 확신을 할 수 없어 일단 빛으로 진동 테스트를 해보자고 제안했다. 간을 빛으로 진동시켜 어떤 현상과 반응이 나타나는지 직접 확인하는 것이 최선의 방법이라고 생각했다.

이 여성은 배가 심하게 부풀었기 때문에 누운 상태로 간에 의식을 집중해 공명시켰다. 이분의 경우에는 간의 청색 에너지장이 연결되었다. '간, 간의 진동 주파수를 맞춘다'는 음성 유도와 함께, 약 30분 동안 간에 빛의 에너지가 흘러 들어가자, 반응이 나타나기 시작했다. 나와도 느낌이 공유되는 상태였다. 약 1시간 반이 지나자, 간을 주물럭주물럭 주무르는 것 같은 느낌이 나를 통해 확연하게 느껴졌다. 상대도 뭔가 신호가 온다는 반응을 보였다.

본격적인 반응이 포착되자, 나는 좀 더 깊고 강하게 간과의 공명을 시도했다. 그러기를 1시간, 갑자기 소변 감을 호소하기 시작했다. 20분 정도가 더 지나자 더 이상 참지 못하겠다며 화장실로 달려갔다. 그녀는 약 40분간을 화장실에서 나오지도 못하며 소변이 나오면 배설하고 잠시 소강상태를 보이다, 또 소변을 보며 그렇게 오랜 시간 동안 화장실에서 사투를 벌였다.

40분 후 본인은 배가 줄어든 느낌이라고 말했다. 내가 보기에도 조금 변화가 있는 것 같았다. 복수는 혈액 중 일부 액체가 혈관으로부터 빠져나와 복강에 고이는 질환으로 알고 있는데, 복강 체액이 어떻게 어떤 과정을 거쳐 소변으로 배출되는지 나로서는 알 길이 없었다.

2차 세션은 그로부터 4일 후에 진행됐다. 이번에도 같은 방식으로, 누워 간에 푸른색 빛을 공명시켰다. 이번에는 이전보다 더 크게 진동을 끌어올렸다. 그러자 간이 아닌 옆구리 전체가 공명 반응을 보이며 출렁출렁 진동하기 시작했다. 나는 자신의 느낌이 확실히 올 때까지 계속 간에 집중하며 느껴보라고 주문했다. 어느 순간 그녀는 바늘로 콕콕 찌르는 듯한 느낌의 반응을 보였다. 그러자 이번에는 소변이 아닌 담음을 배출하기 시작했다. 그런데 이분의 담음은 조금 특이했다. 진한 청색 잉크와 같은 끈적끈적한 담음이 올라오기 시작하는데 종이컵에 4컵 정도의 양을 약 4시간 반 동안 지속적으로 뱉어냈다.

그리고 나서 그녀는 자신의 배가 푹 꺼진 느낌이라고 생기가 도는 목소리로 반응했다. 물리적으로도 확인 가능한 정도였다. 당시 배가 부풀어 올라 일반적인 벨트를 할 수 없었던 그녀는 긴 띠를 매고 있었는데, 확실히 매듭의 길이가 남아도는 것을 확인 할 수 있었다. 눈에 띄는 차도에 희망과 기대를 갖게 된 자매는 3번째 세션을 약속했다. 이번에는 그녀의 할머니 영가를 해원 시킨 후 변화를 지켜보며 진행해 나가기로 했다. 그런데 집으로 돌아간 그녀는 이후 다시 이곳을 찾지 못했다. 또한 2개월 후 병원에서 온갖 치료를 받다 결국 세상을 떠났다.

왜 손녀인 그녀에게 할머니의 영가가 빙의 되었을까? 내 경험상 영적인 문제는 영가에게 직접적인 가해를 했던 당사자나 한과 집착이 많은 사람, 심리적으로 착하고 여린 사람에게 투영되기 쉽다는 공통점이 있다. 그녀는 남에게 해를 끼치거나 한과 집착이 있는 부류는 아니었고 오히려, 여리고 약한 심성으로 할머니의 파장을 투사하기 좋은 조건이 되어 있었다. 더불어 인연 관계도 다른 자손보다 더 특출했을 수 있다. 또한 본인의 체질상 간장의 기운이 약한 상태에서 건강관리에 소홀해지며 자신의 에너지 방어막이 깨진 것도 한몫했을 것으로 보고 있다.

그녀가 자각선원을 방문하지 못한 것은 자신의 의지가 아니었다. 2번째 세션 후, 집에서는 가족들이 합의하여 그녀를 병원에 입원시켰다. 두 자매가 이곳에서의 경과와 과정, 복수가 빠져 줄어든 배의 변화를 이야기하며 세션을 계속 진행하기를 원했지만, 아들 주도로 모든 가족들이 어머니의 입원 치료를 선택했다. 병원 치료 중에도 그녀는 2번이나 전화를 걸어와 "선생님께 가야 제가 삽니다, 그래야 살 텐데…" 하며 아쉬움을 넘어 체념하던 그때의 순간을 잊을 수 없다.

만일 그녀가 영가 해원과 빛의 공명 세션을 계속 함께 했더라면 어찌 되었을까? 물론 누구라도 장담할 수 없는 일이다. 그러나 확실한 점은 원인을 치유하고 본인의 의지에 따라 근원의 빛이라는 무한 신성의 베풂을 받아들였다면, 분명 다른 길을 가고 있었을 것이다. 창조는 자신이 선택한 결과이고, 신은 그 결과를 존중하기 때문이다.

식탐증과 초고도 비만의 진실_40대 후반 여성

이번에 소개할 사례는, 처음에는 식탐으로 인한 초고도 비만 문제를 해결하기 위해 시작되었다. 40대 후반인 이 여성은 2016년 방문 당시 키는 168cm, 체중은 89kg으로 그야말로 초비만 상태였다. 자신도 왜 그렇게 음식만 보면 절제가 안 되고 먹고 싶은지 알 수 없다는 것이었다. 식탐증이라는 것이다. 먹는 음식과 관련된 문제이니만큼, 욕구불만이나 유전적인 발현으로 생각하며 대수롭지 않게 생각했다고 한다. 그러나 통제 불능 속에서 계속되는 식탐으로 병원까지 가게 되었고 위절제 수술을 권유받았다. 먹는 문제로 위를 절제해야 한다니 황당하기도 하고, 또 누가 멀쩡한 위를 절제하는 수술까지 자처할 용기가 나겠는가? 그녀도 고심 끝에 친구의 손에 이끌려 이곳까지 오게 됐다. 나에게 상담 후 수술 여부를 결정하겠다는 마음이었다.

이 여인의 경우는 먼저 파동, 즉 영적 민감도를 테스트해 보기로 했다. 우선 음성을 통한 기도 형태로 자신과 지고의 빛을 연결하는 방식이었다. 물론 빛의 통로가 된 나를 매개로 했다. 그녀는 내가 불러준 "가슴을 사랑의 빛으로 확장함을 감사드립니다…"라는 기도를 반복해 가며 10회가량을 따라 암송하자 가슴이 움직이고 심장이 덜컹덜컹 반응을 보이기 시작했다. 영적으로 교감이 잘 되는 사람이 보이는 전형적인 현상이었다. 단순한 기도의 언어지만, 나를 매개로 한 빛이 상대의 가슴을 투과하며 공명이 이루어진 것이다.

반응의 민감성을 확인한 나는 우선 식탐의 원인을 제공하는 무의식의 어떤 기제가 있을 것으로 생각했다. 어떤 감정적 아픔이 있는지, 상처받은 앙금이 있는지 그 뿌리를 찾아보기로 했다. 그녀에게 깊숙이 감추어져 있을지 모르는 앙금을 드러나게 할 수 있는 빛의 공명 세션을 제안하고 가슴에 빛을 투영시키겠다고 설명했다. 이때 몸이 반응을 하는 대로 자연스럽게 따르라고 주문했다.

먼저, 이분의 오라는 머리에서 가슴까지 어두운 녹색이 아치 형태로 드리워져 있었다. 어두운 녹색은 감정적인 아픔을 많이 겪고 있다는 것을 암시한다.

이분에게는 연녹색 에너지장이 나를 통해 가슴에 연결됐다. 연녹색 치유의 빛은 가장 일반적으로 나타나는 형태로 가슴을 확장해 주는 주요한 역할을 한다. 가슴을 확장해야만 영적 교감을 높여 상대가 수용할 준비가 되기 때문이다. 녹색의 중요성은 저항 의지를 줄이고 순순히 받아들일 수 있도록 가슴을 확장하여 치유력을 증폭시키는 역할이다. 그 연녹색 빛은 내 백회를 통해 볼텍스(우주 에너지장) 형태로 몸을 감싸며 너울성 파도처럼 상대 가슴 쪽으로 흘러 들어간다. 그녀의 심장에 의식을 두고 주시를 하자 시커멓고 붉은빛이 주로 보이기 시작했다. 그만큼 애간장을 끓이고 감정적인 앙금의 에너지가 강하다는 반증이다.

심장의 검붉고 탁한 기운을 정화하기 위해 진동 주파수를 높이자 연녹색 치유의 빛이 강화되며, 이제는 그 빛에 둘러싸여 심장 주변의 탁한 기운을 볼 수는 없었지만 심장의 느낌은 함께 공명이 되는 상태였다. 이때 심장의 반응과 공명의 강화를 위해 음성 파동을 병행했다. "심장 심장 심장"을 반복하며 파동음으로 계속 공명을 시키자 심장의 수축과 확장이 활성화되고, 울렁울렁하는 듯한 심장의 파동을 느끼기 시작했는데 보통 때 뛰는 심장의 느낌과는 미묘한 차이를 보였다. 이러한 전조 증상 후에는 심장에 연쇄적으로 치유 에너지가 교차되면서 물질화된 고통체가 가래나 담음의 배출로 이어진다. 이 분은 두 덩어리의 담음을 뱉어냈는데, 그러자 심장의 느낌이 달라졌다. 밝고 시원한, 심장이 쭉 펴지는 느낌이었다. 심장이 정화되며 탁기를 배출했을 때 나타나는 증세로 풀이된다. 이어 그녀는 후우 후하고 한숨을 쉬었다. 이것은 뭔가 에너지가 빠져나갔다는 신호이다.

한 차례의 심장 공명을 마치고 좀 더 근본적인 원인을 찾아야겠다는 생각이 들었다. 유심히 상대를 관찰하기 시작했는데, 한 손을 심장에 얹고 다른 손은 위장을 쥐고 있는 할아버지 영상이 잠깐 스쳐 지나갔다. 아주 잠깐이었다, 계속 보이지는 않았다. 턱이 홀쭉하고 수염은 좀 많은 편이었다. 얼굴이 말상으로 길고 머리는 스포츠형으로 보였다. 무엇인가 짐작되는 부분이 없는지를 묻자, 돌아온 대답이 약간은 충격적이었다.

시아버지를 모시고 있었는데 성격이 엄청나게 꼬장꼬장하고 치매 기운이 있었다. 계속 밥을 달라고 칭얼거렸는데도 식사를 조금밖에 안 드렸다는 것이다. 굶긴 적도 있었다고 했다. 이런 상황이 계속되던 어느 날 시아버지는 아들과 크게 싸운 후 농약을 먹고 자살했다는 불행한 가정의 과거사였다. 나는 그녀의 주체할 수 없는 폭식증의 원인을 시아버지 영가 장애로 판단했다. 빙의된 영가를 해원 하지 않으면 식욕에 차도가 있을 것 같지 않았다. 그래서 이날 다시 두 번째로 3시간에 걸친 위장 공명에 들어갔다.

공명 대상이 심장에서 위장으로 위치가 바뀌었을 뿐 연결된 연녹색 치유의 빛과 그 절차는 같았다. 위장에 의식을 집중하며 진동의 강약을 조절하자 위장이 꾸물꾸물 반응을 보였다. 시간이 점점 지나고, 그녀가 기침을 하며 담음 배출 신호를 보였다. 이번에는 흑색의 담음이 나왔다. 심장 쪽에서는 누런색이었다면, 위장에서는 시커먼 색의 액체였다. 두 덩어리가 빠져나오자, 할아버지의 손이 쑥 빠지는 모습이 보였다. 그녀 역시 뭔가 빠지는 느낌이 있었다고 대답했다. 이날은 이렇게 2회에 걸쳐 첫 세션을 마무리했다.

2번째 세션 또한 위장 공명으로 시작됐다. 심장 부분의 에너지장은 더 이상 특별한 징후를 발견할 수 없어서였다. 위장에 공명주파수를 맞추며 약 한 시간 반 정도 진동을 시키자 갑자기 그녀가 변감을 급하게 느끼며 화장실로 달려갔다. 한번 화장실에 들어간 그녀는 좀처럼 나올 기미를 보이지 않았다. 그칠 듯하다 다시 반복되는 변감에 화장실에서 30~40분을 보내며 정말 많은 양의 변을 배설했다. 변기가 막힐 정도로 쏟아내며 그녀의 배가 푹 꺼진 모습을 보였다. 당시는 체중계가 없어 확인할 수 없었지만, 추후 그녀는 약 3kg 정도 몸무게가 줄었다고 신기한 듯 알려왔다.

그녀는 이후 약 3개월 동안 시간이 날 때마다 세션에 참가했다. 이 기간에 그녀의 세션에서는 시아버지와 관련된 영가 해원과 아들이 성장하며 지속해서 보여 온 특이한 성향을 함께 다루었다. 사실 아들의 특이 성향 또한 시아버지와 깊은 관련이 있었다. 아들의 임신 사실을 알게 된 것이 시아버지의 변고가 있은 지 얼마 되지 않아서였다. 믿기 어렵고 믿고 싶지도 않지만, 조상의 한과 집착이 직접적인 인과 관계로 작용을 하며 한 가정에 복합적인 영향을 미친 경우이다.

이후 이 가정은 당사자의 식탐은 물론, 어려서부터 청년의 나이까지 지속돼 온 아들의 문제 또한 적극적인 의지와 세션 참여로 극복해 나갔다. 더불어 그녀에게는 62kg이라는 상상할 수 없는 신체적인 변화의 선물이 주어졌다. 이후 그녀는 형사계에서 교통계로 보직을 옮기며 활기찬 삶을 살고 있다.

'신과 나눈 이야기'로 다시 깨어난 영성_50대 여성

불과 10여 년 전까지만 해도 자각선원에는 심각한 육체적, 정신적 병고에 시달리며 고통을 호소하는 사람들이 많이 찾아왔다. 첨단의 현대 의술과 좋다는 갖가지 의약 처방에 의존했지만 별다른 차도 없이 한 줄기 희망을 찾아 이리저리 헤매던 분들이었다. 그러나 요즘은 그 양상이 크게 달라졌다. 적어도 20~30년 영적인 여정을 거치며 다양한 경험과 깊이를 간직한 소중한 영혼들이 찾아 들고 있다.

그들은 한눈에 봐도 영적 갈망과 열의가 넘쳐흐른다. 진리의 말 한마디를 건네기만 해도, 한 줄기의 빛으로 나와 가슴이 공명 되어 바로 깨어날 듯한 준비가 되어 있는 존재들이다. 언제부턴가 나는 근원의 신에게 염원하기 시작했다, 이제는 과실을 딸 수 있는 준비된 영혼을 저에게 보내달라고. 이런 나의 간절한 기도에 응답이라도 하듯, 최근에는 그런 분들이 유튜브와 지인들의 소개로 인연이 되어 이어지고 있다.

57세의 정 여사도 이런 흐름 속에서 우연을 가장한 필연으로 만나게 된 사람이다. 그녀는 '신과 나눈 이야기'라는 책을 매개로 인연이 됐다. 교회의 장로 한 분이 약칭 '신나이'의 사상과 가르침, 그리고 그 안에 담긴 진리의 핵심 정수에 매료돼 매일 조금씩 녹음된 오디오를 하루도 거르지 않고 몇 년을 보낸 것이 계기가 됐다.

처음에는 책에 대한 부정적인 선입견과 기존의 기독교식 관념이 작용하여 사이비로 치부하며 반감을 가졌다고 한다. '책 내용이나 제대로 보고 그런 반응을 하시는 것이냐?'라는 따끔한 충고에 생각을 고쳐먹고 내용을 자세히 듣게 됐다. 닫힌 마음의 문을 열고 한 구절 한 구절 귀를 기울이던 가운데, 어느 한 문장에 이르러 말 그대로 어떤 느낌과 확신이 가슴에 확 꽂히는 순간을 경험했다. 그녀는 '너희가 나를 완전히 오해하고 있다'라고 시작되는 구절을 접하고 모든 것이 반전되었다고 말했다. 그녀의 영혼 순례길에 큰 변화가 찾아온 순간이었다. 이 짧은 한마디에 정 여사는 모든 것이 다 풀리는 듯했다고 벅찬 감정의 그때를 회상했다.

그녀는 "국한된 하나님, 속 좁은 하나님, 앵벌이 시키는 하나님, 자식을 낳아 놓고 누구는 마음에 안 들어 하고 누구는 예뻐하는 하나님, 십일조 잘하고 내 말 잘 들으면 천당 가고, 내 말 안 들었으니 지옥 보내는 그런 하나님이 기성 종교에서는 너무 팽배해 있다"고 지적하며, 그동안 자신의 기도에서 같은 대답을 해 주신 그 하나님을 만날 수 있어 모든 오해를 풀고 가슴이 뻥 뚫리듯 후련하다는 것이었다.

물론 신나이를 만난 계기가 그녀의 영성 공부에 새로운 활력이 된 것은 사실이었다. 자신도 공부의 단계가 점점 깊어지고 영적 시야 역시, 한층 넓게 트이고 있는 것을 느낄 수 있었던 시기였다. 그럼에도 불구하고 정 여사 내면에는 아직 무엇인가 답답함과 공허함이 남아 있었다. 줄곧, 어렴풋하지만 자신의 감정을 자극하는 불편함이 올라오곤 했다. 바로 사람과의 관계 속에서 일어나는 현실적인 부딪힘이었다. 하나님의 말씀을 좇아 살려고 노력하는데 왜 이렇게 반목하고 살 수밖에 없는가? 하나님 말씀 따로, 현실 따로의 삶은 분명 모순이었다.

정 여사는 지난 세월 동안 물질과 돈이라는 무소불위의 이해관계 속에서 아주 혹독한 전쟁과 시련을 겪으며 현재에 이르렀다. 종교와 영성 또한, 시대적 상황을 거치며 그것에 맞게 자연스럽게 변화해 갔다. 어찌 보면 그렇게 준비되어 있었던 것 같았다. 그녀는 직업을 갖게 된 20대 초반부터 줄 곳 사업에 몸담아 왔다. 미혼 시절 사설 대부업에서 부터, 부유한 가정의 며느리로 고급 레스토랑을 경영하기도 했다. 그러나 남편의 도박과 함께 빚더미에 올라서며 사설 경마 사업은 물론, 항노화 안티 에이징 사업에까지 손을 댔다. 수완과 눈썰미가 좋았고, 무엇을 하든 전문적으로 파고드는 성격에 손을 대는 사업마다 어느 단계까지는 성취가 이루어졌다. 그렇지만 그 이상은 어떤 힘에 의해 더 이상 올라설 수가 없었다, 아니 오히려 반대의 나락으로 떨어지는 경우도 있었다.

특히, 아이 둘의 엄마로 가정을 책임지기 위해 시작한 사설 경마 사업은 그 규모가 큰 만큼 위험도 컸다. 또, 합법화 사업의 영역 밖에 있었기 때문에 더욱 신경을 쓰고 대비해야 할 일들이 많았다. 몇십억의 마권 거래를 중개하면서는 자연히 규모가 있는 사업가들과 거래하게 되었다. 주로 큰 자금을 융통할 수 있는 건설 분야의 사장들이 많았다. 사행성이라는 특성과 운이 있어야 하는 사업인 만큼, 전국의 용하다는 점집과 무속인들을 그들과 함께 찾아다니기 시작했다. 처음에는 무속인들의 능력과 기이한 현상에 현혹되어 거의 맹목적으로 빠져들기도 했다. 그러나 여러 무속인을 경험하면서 그들의 편법과 한계 등의 허실이 객관적으로 보이기 시작했다. 경우에 따른 그들의 임기응변식 대응에는 오히려 측은지심이 들기도 했다. 선천적으로 직감력이 발달하고 많은 사람을 접하며 생긴 안목 덕분이었다.

30대 중반 이후 약 12년간 지속되어 온 그녀의 사설 경마 사업에 갑자기 위기가 찾아왔다. 운이라고 할 수도, 아니라고도 볼 수 없는 어떤 힘이나 흐름에 의해 현금의 유동성에 문제가 생기기 시작했다. 수익이 없이 일방적으로 자금이 나가기 시작하는데 돈이 아니라 물이 쏟아져 나가는 것 같았다고 정 여사는 설명했다. 처음에는 사업을 하며 있을 수도 있는 굴곡이라고 생각했지만, 횟수가 잦아지며 계속 심각한 상태로 빠져들었다. 급기야는 사업을 운영할 수 없는 지경에 이르렀다. 핸드폰 요금 지불 능력도 없이 완전 나락의 상태로 떨어졌다. 결국 사업은 파산하고 빚더미에 올라앉게 됐다.

사면초가의 상태에 이르자 정 여사는 오히려 한 곳에만 집중할 힘이 역설적으로 생겼다고 했다. 이제 의지할 곳은 신과 부처님, 절대자 밖에 없었다. 그녀는 남편과 두 아들이 있는 집으로 돌아갈 용기가 없어 차를 타고 집 주변을 뱅뱅 맴돌기도 했다. 주말이면 자기만을 기다리는 가족을 차마 마주할 수 없었다. 그녀는 차 속에서 "하나님이든, 부처님이든 살아계시는 분이 나를 제발 살려달라고 간청하며 애원했다"라며 그때의 상황을 생생히 기억했다. 당시 정 여사는 무속의 발을 끊은 후 불교 사찰에 공을 들이던 때였다.

여기서 구원의 손길은 부처님이 아닌 하나님을 통해 나타났다 그러면서 또 다른 종교로 자연스럽게 인도되는 계기가 됐다. 공교롭게도 거의 전 재산이라 할 수 있는 그녀의 현금을 빌려 간 후 갚지 못한 채무자가 전도한 것이다. 돈을 융통해 주면 자기 건물을 팔아 변제는 물론, 사업 자금도 지원해 주겠다는 달콤한 유혹에서였다. 돈을 찾고 투자도 받기 위해서는 그녀와의 관계를 잘 이어가야 했다. 그녀에게 전도되어 교회에 처음 발을 들여놓은 그날은 마침, 새벽에 초하루 부처님 기도를 다녀온 날이기도 했다.

정 여사는 처음으로 기독교를 접하며 전지전능하다는 하나님을 알게 됐다. 온 우주를 창조하셨다는 하나님, 유일한 신이라는 하나님, 그 하나님이 내 아버지라는 말씀과 설교에, 오로지 매달려야겠다는 생각뿐이었다. 강렬한 현실 구원에 대한 확신과 함께 신심과 믿음, 자존감까지 고양됐다.

"내 존재는 없었습니다. 나를 죽이고, 모든 것을 내맡기며 기도할 때면 천국에 와 있는 느낌이었습니다. 실컷 울고 기도하면서 구원받는 존재가 되어버렸다는 확신이 들었다"라고 그녀는 이야기했다.

이후 정 여사에게는 점점 종교적인 이적 현상이 나타나기 시작했다. 목사님의 신방 기도에서 불덩이 같은 뜨거운 에너지가 머리를 관통해 전율하며 단전 끝까지 내려갔다가 다시금 위로 솟구쳤다. 너무 뜨거운 나머지 주체 할 수 없을 정도였다. 이때 그녀를 관통한 에너지는 이후 한동안 구름 같은 불기둥 형태로 그녀의 주위에서 따라다니며 함께 했다고 한다. 하늘이 두 쪽으로 갈라지는 현상도 직접 체험했다. 좌우가 옅은 흰 구름과 파란 하늘로 쫙 갈라져 끝없이 펼쳐진 모습이 사진으로 촬영되며 한동안 인터넷에서 유명세를 타기도 했다. 전날 돈이 필요해 기도를 한 후에는 파출부로 두 번 일했던 곳에서 천만 원이라는 거금을 선뜻 내어 주기도 했다.

이때는 이것이 성령 체험인 줄도 몰랐다. 그녀는 하루하루를 충만한 가슴으로 살 뿐이었다. 몸은 그야말로 하늘을 겅중겅중 걷는 것 같았고, 곰보도 보조개로 보였다. 이 세상의 아귀식 다툼이 이해 되지 않았다. 가슴이 뜨거워 자신의 체험과 성령의 말씀을 전하지 않고는 견딜 수 없었다. 돈이 생기면 택시 기사에게 기본요금이나 일정 이동 요금만큼 선불을 주고 목사님의 설교를 듣게 했다. 스스로 주체할 수 없는 환희심에서 나온 전도였다.

정 여사에 따르면 신을 향한 벅찬 가슴과 믿음, 헌신은 약 5년간 이어졌다. 그러나 이와는 다르게 교회 신앙생활에 빨간색 등불이 켜지기 시작했다. 어느 순간 하나님의 말씀과는 다르게 조직과 사람이 신도들을 구분하고 나누기 시작하는 것이 보이기 시작했다. 죄와 벌, 선과 악, 천당과 지옥, 부자와 빈자, 아군과 적군과 같은 전형적인 이분법식 가르기 이었다.

내면의 기도를 통한 하나님 말씀은 그것이 아니라고 하는데, 현실에서는 지역 조장이, 권사가, 교우들이 이원성을 조장하고 자신은 희생자가 되어 가고 있었다. 예배와 십일조, 각종 행사 등이 이원성의 분별 기준이었다. 정 여사는 사업 실패 후 생계와 가족 부양을 위해 어떤 일이든 해야만 했다. 누구보다도 하나님을 향한 신심은 뒤지지 않았지만, 현실을 외면할 수 없었다. 자연히 십일조나 예배, 십계명에 충실할 수 없는 상황이 일어날 수밖에 없었다. 교우들은 이런 기준에 따라 구분되고 이원성에 따라 나뉘는 희생자가 됐다.

급기야 정 여사는 종종 자신이 일을 도왔던 사업체를 소유한 모 권사의 이중 잣대에 항의를 하게 됐고, 심한 언쟁과 함께 깊은 감정의 골을 남기며 자의적으로 교회에서 탈퇴했다.

더 이상 신과 함께 할 수 없다는 공허함과 허탈감, 믿고 의지했던 교우들과의 갈등으로 정 여사는 한동안 몸져누우며 침대에서 빠져나올 수 없었다. 그녀의 표현으로는 영과 육도 모두 죽은 상태였다.

지금까지 정 여사는 사업과 인생의 큰 굴곡을 겪을 때마다 적절한 타이밍에 맞춰 자신이 경험해야 할 정신세계와 종교, 영적 안내를 받으며 성장해 왔다. 한편으로는 사람과 관계의 갈등, 돈에 대한 고통, 종교의 허와 실이라는 반대급부의 혹독한 현실을 맛보기도 했다. 최근에 이르러서는 신나이를 통해 새로운 동기를 부여받았다. 그러나 앞서 언급한 것처럼, 그녀는 자신의 영혼이 추구하는 방향과 몸과 마음의 의도 사이의 괴리 때문에 은근한 불편함이 계속되어 왔다. 영혼은 하나님의 말씀과 은혜의 충만함 속에 그 길을 가라 하는데, 몸과 마음은 과거의 습에 따라 움직이며 악에 받친 투쟁이라는 전쟁터를 만들어 가기 일쑤였다.

그녀는 분명 성령을 체험하며 보이는 세상 모두가 천국과 같은 현실을 경험했었다. 그런데 그 현실은 어디로 종적을 감춘 것인가? 그녀는 이에 대한 대답을 가슴에서 찾았다. 그때의 천국과 지금의 지옥은 자신의 가슴이 어떤 상태였느냐에 따라 달라졌다는 것을 인지하기 시작했다. 그녀는 교회 초창기 시절 절대자 신에게 자신의 모든 것을 내맡기며 스스로 가슴을 열고 허용했다. 그녀는 가슴의 한계 수용성이 상대적으로 컸기 때문에 큰 성령 체험과 함께 세상을 최고의 긍정으로 바라볼 수 있었다. 그러면 왜 닫혀버린 것일까?

첫 번째 원인은 교회를 연이어 떠나며 그녀 스스로 만들어 낸 두려움과 죄책감 때문이었다. 두려움이라는 부정성이 가슴의 에너지장을 압박하며 가슴에너지센터의 흐름에 저항 역할을 하게 됐다. 하나님을 향한 의지처인 교회를 잃었다는 상실감과 이원성의 희생자라는 위축감이 만들어 낸 결과였다.

두 번째는 좀 더 근원적인 부분에서 찾아보아야 한다. 내가 이 책에서 강조하는 핵심 키워드 중 하나인 물질화된 고통체에 주목해야 한다. 그것은 우리 대부분이 가지고 있는, 잘못된 인식에서 비롯된 사생적 결과체들이다. 현생을 살아오며 쌓아놓은 부정적 감정 덩어리, 수많은 삶의 반복 속에 정보화된 부정적 에너지장, 부모와 조상으로부터 상속된 유전정보, 또 인류 공통으로 이어지는 상념 에너지 등이 원인으로 작용한다. 이러한 부정성이 우리의 에고와 작용을 일으키면 감정을 통해 물질화된 고통체로 몸속 곳곳에 자리 잡으며 병증으로 나타나기도 한다. 결국 이러한 근원적 고통체를 제거하지 않으면, 몸과 마음의 작용과 반작용 법칙에 따라 조건과 환경을 만나면서 그 고통체가 또 다른 부정적인 에너지의 원인자 역할을 하게 된다.

정 여사는 닫힌 가슴을 머리로는 이해 했지만, 다시 어떻게 열어야 할지 고심이 됐다. 신나이의 "너희는 나를 완전히 오해하고 있다"라는 구절에 한동안 최면처럼 자신을 감싸고 있던 무지의 틀이 확 벗겨지며, 동시에 가슴의 잔잔한 떨림도 다시 감지됐다. 그러나 이전의 상태로 어떻게 회복시킬 수 있을지는 미지수였다. 다시 기도원에 가야 할지, 무엇을 해야 할지 고심 중에 그녀는 이제는 기다려야겠다는 생각이 스쳤다. 길을 잃었으니, 억지로 찾지 말고 기다리면 신이 인도해 주실 것이라고 믿었다.

그녀는 "가슴은 태초에 신이 심어 놓은, 신에게 돌아갈 수 있는 내비게이션이다. 마음은 경험하는 데 쓰고 가슴을 열어, 열린 가슴으로 내면의 신에 다가가야 한다. 우리 인류는 마음을 이해해서 가슴으로 넘어가는 시대에 있다"라는 나의 강의 내용에 해갈의 순간을 맞본 것 같았다고 했다. 이 순간을 그녀는 가뭄으로 갈라진 논바닥이 물을 만난 듯 충만함으로 채워지는 느낌이었다고 표현했다. 그녀는 가슴이 열리면 무에서 유를 창조할 수 있는 모든 에너지가 나올 것 같은 그런 확신이 들었다.

내가 제시한 비전과 구체화 된 계획은 그녀의 기대치에 대한 믿음을 한껏 높였다. 즉 가슴을 여는 학교, 그것도 어린아이부터 시작해 빛과 소리 파동으로 가슴을 열 수 있다는 방법론의 제시는 그녀의 가슴을 뛰게 했다. 그녀는 다시 가슴만 열 수 있다면, 그런 방법이 있다면 무엇이든 하지 못할 것이 없었다. 더욱이 그녀는 자신이 아직 신과의 관계에서 어린아이라는 설정이 자리 잡고 있었기 때문에 아이 수준에서 체계적인 교육을 받고 싶기도 했다.

더 이상 기다릴 수도, 오래 지체할 수도 없었던 정 여사는 이틀 후 황 장로님을 포함한 3명과 함께 청주 자각선원으로 찾아왔다. 이들은 모두 준비된 영혼들이었다. 정 여사를 제외한 두 명은 몇십 년간 기독교 신앙에 몸담으며 진정한 신을 찾는 여정에서 여기까지 오게 됐다. 그 매개 역할을 한 신나이는 이들의 신관을 완전히 바꾸어 놓는 계기가 됐다. 다만, 어떻게 신에게 다가갈 수 있느냐가 이들이 찾고 찾았던, 구하고 싶은 답이었다. 내가 해줄 수 있는 단 한 가지는 신과의 통로, 가슴을 여는 것이다. 나는 확실한 달을 가리키는 손가락, 그러나 자신 안의 진리에 도달하는 것은 그들의 몫이다. 의지만 있어도, 수단만 발달해서도 결실을 이룰 수 없다. 손바닥이 부딪혀 소리를 내듯, 나와 그들의 조화로운 만남의 순간이 찾아왔다.

이들은 나와의 첫 만남에서 아주 잠깐 동안 자신의 내면 영혼과의 만남을 경험했다. 말로는 표현하기 어려운 어떤 감정을 느꼈다. 나는 단지 창조의 근원으로부터 오는 사랑의 빛을 그들의 가슴과 연결하여 확장했을 뿐이었지만, 모두의 심장 박동이 빨라지며 울컥하는 감정과 함께 눈물을 쏟아냈다.

정 여사는 이후 자신만의 개인 세션을 시작했다. 그녀의 열망과 성령 체험도 큰 역할을 했지만, 정 여사는 영적으로 성숙하고 열려있는 반응을 자주 보였다. 두 번의 세션 만에 3년 이상 함께 수행한 회원들에게서 보이는 현상을 경험하기도 했다. 가슴과 가슴이 서로 빛을 주고받으며 내 가슴 차크라를 회전시키면 반응이 그대로 전사되어 자신도 동일하게 느끼면서 신기함을 토로하기도 했다. 또, 특정한 감정에서는 서로의 심장 반응이 동일하게 공명을 일으키기도 했다.

그렇지만 그녀 역시 아직은 가슴을 확실하게 열고 확장시켜, 내면의 물질화된 고통체를 배출해 내야 하는 단계이다. 첫 가슴 깨우기 세션에서 정 여사는 뭔지 모를 눈물을 많이 쏟았다. 그러면서 치골에서 가슴골까지 어떤 통증이 쭉 밀고 올라왔다고 표현했다. 가슴골의 경우는 일주일 내내 심한 통증이 지속됐다. 이후 그녀는 눈물의 의미를 자신의 내면화된 다른 감정과 연관 지었다. 곰곰이 생각해 보니, 그녀의 엄마가 자신이 싫어하는 무엇인가를 강요하면서 느껴지는 감정과 원치 않는 성관계를 했을 때 올라오는 극도의 거부감이 교차한다는 것이었다.

두 번째 세션에서는 가슴을 더욱 확장시켜 내면에 물질화된 고통체를 진동으로 분리, 배출시키는 과정에 들어갔다. 이때는 특히, 우주와 공명을 일으키는 한글 음성 파동 수련을 병행했다. 이까라는 영언(영적 언어)이 갖는 특별한 파동 명령어를 반복시켰다. 물질화된 감정체, 고통체를 진동으로 들어 올려 배출시키는 특별한 기능을 담고 있다.

이까 영언을 반복 발성하면서 정 여사는 첫 세션과는 달리 가래, 담음과 눈물, 콧물을 쏟아내기 시작했다. 세포 속에 깊이 각인된 한이나 집착, 부정적 감정 등의 물질화된 감정체가 배출됐다. 마음의 상처가 본격적으로 치유되며 환골탈태의 과정을 밟고 있는 것이다. 그녀는 담음을 배출하기 전 오한과 냉기를 심하게 호소했다. 부정적 에너지가 배출되며 보이는 전형적인 증상이다. 그러나 세션 내내 습담을 배출한 그녀는 어느 순간, 후끈한 열감을 느끼기 시작했다. 가슴이 깨어나고 전달되는 에너지 파동이 달라지면서 등에서부터 시작해 온몸 전체로 후끈한 열기가 퍼져 뜨거워졌다.

정 여사는 2회 세션을 거치며 물리적인 반응 외에, 사람과의 관계에서도 큰 변화를 보이기 시작했다. 특히 자각 상태에서 관찰자 관점이 크게 부각됐다. 감정과 자신을 분리시키며 자신을 바라보는 관찰력이 커졌다. 감정의 표현도 매우 정제되기 시작했다. 불과 일주일 전만 하더라도 불호령이 떨어지고 난리가 날 상황이었는데 딱 멈추게 되더라는 것이었다. 이런 상황이 시험하듯이 반복되고 일이 더욱 극대화되어도, 바라보게 되면서 일정한 선을 넘지 않더라고 신기해했다.

그녀는 "감정을 표현하는 부분이 옛날하고는 완전히 질적으로 달라졌어요. 이전에는 XX가 먼저 나왔을 텐데 아주 정갈하게 얘기를 잘하고 있더라고요, 그러면서 내 표현을 다 하는데 오히려 더 잘되고 있었어요!"라고 말했다.

정 여사는 두 번의 수행과 세션을 통해 영혼이 점점 명확하게 드러나고 있다. 요즘의 그녀는 깨어나고 있는 영혼의 초기 단계 반응을 보이고 있다. 그녀의 목표는 가슴을 활짝 열어 자신의 영혼을 온전히 깨우는 것이다. 개별화된 신성을 드러내어 그 상태의 존재로 삶을 이어가며, 이후에는 인류를 깨우는 큰 대의에 자각선원과 함께 동참하는 것이다.

2장 과거와 미래의 신비체험

유체이탈로 황금빛 선인들의 세계에 다녀오다

　지금 생각해 보면 나는 신비체험을 남들보다 좀 더 많이 했던 것 같다. 7살 무렵에는 하부스라는 단군 할아버지와 조우하며 어린 나이에 너무 놀라 정신적인 충격을 받기도 했다. 또, 20대에는 스님들과 함께 주요 명산으로 한창 기도를 다닌 적이 있었다. 서울 북한산에서는 기도 중 호랑이가 나를 물어 등에 올라 태운 상태에서 산 일대를 주유하는 비몽사몽의 경험도 했다.

　그런데 결과론적으로 보면, 천부경 수련을 하면서 특별한 영적인 체험과 신비 경험을 제일 많이 했던 것 같다. 그만큼 천부경은 나와 인연이 깊고, 현재의 내 수련 체계에 큰 축을 이루고 있기도 하다.

　한번은 천부경 수련을 하며 유체이탈(유체이탈에도 여러 차원이 있지만) 상태에서 환인, 환웅, 단군 계열 선인들의 세계를 잠시 목도한 적이 있다. 40대 초 한참 영적인 세계에 대한 관심과 호기심에 불이 붙어 이곳저곳을 찾아 헤매던 때이었다. 집안의 가장으로 책임과 역할을 다하지 못하고 계속 밖으로만 나돌다 보니 집 사람의 시선인들 고울 리가 있었겠는가? 면목과 명분도 없는 것 같고, 눈치가 보여 꼼짝없이 집에 틀어박혀 집에서 수련을 할 수밖에 없는 처지였다. 집사람의 통제와 감시 아닌 감시도 한몫을 했다.

당시에도 천부경 수련을 한창 하고 있을 때였다. 새벽 12시를 넘겨 시작한 천부경 수련을 약 2시간 정도 이어가고 있었다. 내가 했던 천부경 수련은 에너지의 흐름을 타고 느끼면서 천부경 81자를 천천히 독송하는 방법이다.

지금도 그렇지만, 천부경을 독송하기 위해 몸과 마음을 고요히 하고 좌정한 상태에서 천부경의 '천'이라는 첫 글자를 읊조리기 시작하면 백회에서 압력 감이 느껴지기 시작한다. 이어 천천히 81자를 독송해 나가면 우주에서 에너지가 볼텍스처럼 소용돌이를 치며 내려오는 느낌을 받는다. 이 상태에서 눈을 감고 10분에서 15분, 길게는 30분 정도 독송을 이어가면 어느 순간 눈앞에서 빛이 딱 나타나는 현상이 생긴다. 그때는 약 2시간 이상 독송을 계속하고 있었는데, 갑자기 유체이탈 현상이 일어났다.

눈동자가 마구 떨리며 이탈 전조 증상이 생겼다. 그러다가 점점 깊어지면 눈동자가 뒤로 젖혀지는 현상이 생기는데, 이때 변이의식으로 바뀌게 되고 나의 경우는 목이 뒤로 젖혀지는 경우가 많았다. 갑자기 내 에너지체가 블랙홀 같은 곳으로 정신없이 빨려 들어가고 있었는데, 순간 터널 끝의 어떤 공간으로 빠져나오면서 환한 세상이 쫙 펼쳐졌다.

앞에는 30~40미터 정도의 황금빛 문이 나타났고, 문의 틈새가 약간 벌어져 그 사이로 엄청난 빛이 방출되고 있었다.

내가 있는 힘을 다해 문을 열자 눈이 부셔 제대로 뜨지 못할 정도의 황금빛이 쏟아져 나오며 그 광휘가 온몸으로 스며들었고, 나는 빛의 황홀경에 빠져 우와~하는 감탄과 함께 넋을 잃고 바라만 보고 있었다. 곧 빛에 익숙해지며 정신을 가다듬어 보니, 황금빛 형체의 선인들이 양쪽으로 황금 의자에 쭉 도열해 앉아있는 것이 아니겠는가! 대략 짐작으로 백수십 명은 되어 보였다.

이때 갑자기 저 앞쪽에서 황금빛 의자 하나가 내 쪽으로 주욱 이동해 오는 것이었다. 내가 의자에 앉자, 이 황금빛 의자는 선인들의 뒤쪽을 한번 돌아 왼쪽으로 도열하고 계신 선인들 맨 마지막 자리로 이동해 딱 멈췄다. 제일 끝자리가 내 자리였다. 당시 나에게는 순서가 중요한 것이 아니라, 도대체 이 상황을 어떻게 이해해야 좋을지 모르는 어리둥절한 상태였다.

보통 옛 궁전에는 중앙 상단에 왕이 있고 그 양쪽으로 신하들이 도열해 있지만, 이곳은 별도로 지고의 존재와 신하가 있는 그런 세계가 아니었다. 우리의 시조인 단군 할아버지와 환인 환웅의 깨달은 존재들이 순서대로 계신 모습이라는 것이 느낌으로 다가왔다. 이러한 사실은 나의 수행력이 점차 높아지고, 먼저 공부하신 분들의 여러 선험 정보들을 통해 빛의 특성과 의미를 이해하면서 더욱 확실히 알 수 있었다.

당시에는 주변의 선인들에게 이 세계에 대해, 또 내가 왜 이 자리에 앉게 되었는지 여쭈어볼 경황이 없었다. 단지 황금 의자에 앉아 황금

빛 세상을 바라보니 너무 아름다워 감탄만 할 따름이었다. 내 생각이나 관념보다는 너무나 강한 진동 속에 있었기 때문에 나라는 개체성은 없고 감동이라는 에너지장만 있었을 뿐이었다. 감동 에너지 그 자체였다.

황홀경이 극에 달하고 그 세계가 너무 눈이 부셔 갑자기 눈을 뜨는 순간 나는 내 몸으로 다시 빨려 들어오면서 깨어났다. 몇 분도 채 되지 않는 짧은 시간이었다. 이후, 나는 천부경 수행을 하면 할수록, 에너지가 고양되는 것을 느끼게 되었고 영롱한 파란빛이 자주 보이기 시작했다.

당연히 의문이 들기 시작했다. 황금빛의 세계는 무엇이고 파란빛은 또 왜 나타나는가? 이 의문에 대한 답을 찾던 중, 청주의 한 서점에서 무엇에 끌리듯 바바라 앤 브렌넌 여사의 '기적의 손 치유'라는 책이 눈에 들어왔다. 그 책 앞을 지나가는데 가슴이 뛰기 시작하며 내 느낌과 공명이 된 것이었다.

브렌넌 여사의 책은 빛과 색에 대한 이해의 폭을 넓히고 힌트들을 얻는 계기를 만들어 주었다. 황금색은 창조나 창조주의 세계와, 파란빛은 영적 스승과의 에너지 교감과 관련이 있다는 것을 인식하게 되었다. 또, 에너지장의 고양이 임계점에 다다르면 영혼이 집으로 돌아가는 길을 영적 스승들이 안내한다는 것을 깨닫게 되었다. 실제로 브렌넌 여사는 치유의 길과 영적 성장에서 헤연이라는 고차원적 스승의 도움을 받는 것으로 나온다.

내가 경험한 파란빛은 영적 스승의 민감성 높은 진동에너지로부터 나오는 것이었다. 영적 스승과 교감이 되어 빛을 받으면 파란색이 영롱하게 보이게 된다. 그 빛은 우리 몸의 세포를 각성시키고 진동 수준을 높여준다. 즉, 파란빛의 진동이 일정 수준에 도달하면 내 의식에 묶여 세포 하나하나에 잠들어 있는 신성이라는 에너지장을 깨워주는 역할을 하게 된다.

천부경이나 우주의 지성, 창조적 근원과 같은 고차원의 에너지장과 주파수의 공명이 일어나면, 일종의 회선이 연결된 상태이다. 이때 진동이 높아지며 인당이나 백회에 감각이 느껴지기 시작한다. 전전두엽의 신피질이 마사지를 받는 것처럼 출렁출렁 파동을 타며 인당이 조여 오는 느낌을 받는다. 인당이 자극되면서 빛이 보이기 시작하면 손오공의 머리띠처럼 머리가 조여 오며 웅웅하는 소리가 들리기도 한다. 이것은 일종의 전자기장이 형성되는 신호라 볼 수 있다.

웅웅거리는 소리는 처음에는 좀 성가시게 들리지만, 점점 적응이 되어가면서는 차분한 상태에서 옴 소리와 비슷하게 들리기도 한다. 또 몸 자체가 빙빙 도는 느낌을 받기도 하는데, 이 흐름에 맡기면 몸이 따라 도는 현상이 일어난다. 이것은 백회와 우리 몸의 차크라를 관통해서 지구의 자기장과 연결된 상태로, 우리 몸은 전자기장의 스펙트럼, 즉 빛의 장에 놓이게 된다. 우리의 몸, 심장을 중심으로 자장의 띠처럼 전자기장이 순환 형성되는 것이다.

이런 상태에서 고요히 지켜보면 어느 순간 내가 사라지는 그런 느낌이 들기도 하고, 빛이 확 밝아 오기도 한다. 그러면서 여러 가지 색이 계속 바뀌는 현상이 눈앞에서 나타난다. 흰빛과 녹색, 보라색 등 7가지 빛의 스펙트럼이 교차하기도 한다.

이런 현상은 우리 몸의 에너지를 충전하는 것으로 차크라를 개방하고 개발시켜 주는 역할을 한다. 또, 이런 상태에서는 에너지가 시계방향으로 볼텍스처럼 회전하면서 빛의 기둥이 서는 느낌을 받는데, 희한하게도 생각 뒤의 생각과 생각 사이의 공간이 척척 바뀌는 것이 보이며 자각이 명확하게 인식되는 경험을 한다.

천부경 수행을 제대로 하면 이와 같이 자기 생각과 감정, 의지를 보는 능력이 개발된다. 천부경의 신비는 하늘과 땅과 사람이 하나 되는 이치를 인간의 몸을 통해서 가르친다는 것이다.

내 경우는 지속적인 천부경 수련으로 몸의 진동 수준이 높아지고 빛의 스펙트럼이 펼쳐지면서, 몸에 간직하고 있던 고질병들이 거의 정상 수준으로 환원되는 현상도 나타났다.

나는 기질상 내향적이고 소심함 때문에 걱정과 근심이 많은 성격이었다. 특히, 여러 번의 사업 실패와 15번이나 직업을 바꾸며 경제적인 압박 때문에 돈에 대한 근심이 가장 컸다. 덕분에 위장 수술을 두 번이나 하게 됐다. 몸에 칼을 댔으니, 경락이 정상적으로 유통될 리가 없었다. 위장과 관련된 임독맥이 꽉 막힌 상태였다.

그러다 몸의 진동이 높아지면서 어느 순간 배 쪽의 수술한 자리가 간질간질해 오기 시작했다. 그러다가 따끔따끔 거리기도 하고, 전기가 통하는 것처럼 찌릿찌릿 느껴지기도 했다. 등 쪽으로는 조그마한 촛불 같은 것이 뜨겁게 독맥을 타고 착착 올라오기 시작했는데, 뜨거웠다 시원했다를 반복하는 것이었다. 그러다 어느 날 갑자기 뜨거운 불덩이 같은 것이 척추를 타고 쭉 치밀고 올라오는데 척추가 찢어지고 벌려지는 느낌이 들며 목덜미까지 치고 올라왔다.

그러자 갑자기 시원함으로 변하기 시작했고, 백회 부분에서는 아이스크림처럼 녹는 시원하고 청량한 느낌까지 들었다. 그러면서 머릿속이 텅 비고 백지처럼 하얀, 아무것도 없는 느낌과 함께 에너지가 다시 임맥 쪽으로 타고 내려왔다. 그러더니 복부 쪽으로 에너지 기운이 들어가며 위장이 꿀럭꿀럭 요동을 치기 시작했다. 그렇게 약 30분 정도 소동을 벌이다 갑작스러운 변감에 못 이겨 화장실에서 배설물을 쏟아내기 시작했는데 썩은 냄새가 진동하는 시커먼 변이 정말 한 바가지 정도나 됐다. 지금 생각해도 역겹고 보기가 민망할 정도였다.

우주 파동의 소리 영언 개발과 천서통신

나는 수련이나 영성 단체 등을 찾아 수시로 집을 나가곤 했다. 30대 중반에도 그런 일이 자주 있었다. 37세 정도로 기억되는데, 문득 강화도 마니산 참성단에 가 봐야겠다는 생각이 들었다. 당시도 천부경 수련을 꾸준히 하던 때라 천부경의 성지 마니산을 찾게 된 것이다. 나는 한번 꽂히면 꼭 실행해야 하는 조급한 성격을 가지고 있었다.

특히나 이때 강화도 마니산을 찾아 천부경을 수련하면서는 다양한 영적 신비체험을 동시에 경험하게 되었다.

마니산 천재단은 태백산과 함께 우리나라에서 가장 잘 알려진 천재의식 장소이기 때문에 수행자들이 많이 찾는 곳이다. 당시 인근에는 5

천 원 정도를 주면 먹고 재워주는 조그만 암자 같은 곳이 있었다. 나는 그곳에 짐을 풀고 그야말로 수행이라는 욕구를 한껏 풀 수 있었다. 주로 천재단 근처의 사람이 찾기 어려운 바위틈이나 인적이 드문 곳을 찾아 천부경 독송 수련에 집중하곤 했다. 당시 나에게는 천부경 수련을 하게 되면 유체이탈이나 의식의 확장이 일어나기 때문에 무방비 상태에서 혹여 있을 수 있는 사람의 위해를 피해 의도적으로 고른 장소들이었다.

마니산 천부경 수행에서 얻은 값진 수확 중 하나는 영언, 즉 영적인 언어를 체득하고 깨우치게 되었다는 것이다. 나는 이 영언을 옴과 같은 우주의 파동 소리라고 명명하고 있다. 다른 의미로는 불교나 힌두교의 진언이나 주문, 만트라, 다라니와 같이 그 자체로 진리나 우주의 이치를 담고 있는 신성한 소리글과도 맥을 같이 한다고 볼 수 있다. 뜻과 의미보다는 소리가 내는 음의 파동과 에너지장이 중요한 것이다.

그런 의미에서 우리 한글은 우주의 파동 소리를 표현하는 데 독보적이고 우수한 언어라 할 수 있다. 소리와 음을 그대로 글자에 담을 수 있는 독특한 파동 언어인 것이다. 이때 내가 터득한 영언, 우주의 파동소리는 약 60여종이 된다. 이 중 몇 가지 파동 소리를 선별해 지금도 회원들 수련에 아주 효과적으로 활용하고 있다.

이 영언은 내가 의도적으로 개발한 것은 아니다. 천재단 부근에서 천부경 수련이 며칠 지났을 무렵이었다. 그날은 유달리 내 안의 감정들이 들끓기 시작했던 것 같았다. 독송을 계속해 나가는데, 천부경의 에너지에 의식의 변형이 일어났는지 자동으로 어떤 음성과 언어가 연이어 터져 나오기 시작했다. 한글 파동음의 일종이라 할 수 있는 소리들이 내 가슴의 에너지를 들어 올리자 감정들이 끓어오르며 분출되는 것이었다.

여기서 제일 먼저 나온 파동음은 '미까 미까 미까 미야 따…'와 같은 의미를 알 수 없는 소리음들이었다. 시간이 지남에 따라 이 소리음은 미까의 반복 음으로 수렴되고 지속되면서 가래나 기침 같은 담음들이 계속해 올라와 뱉어내고 올리고를 수없이 되풀이 하게 되었다.

반복되는 미까라는 영언을 뱉어내면서는 내 생각과 감정에 초점이 맞춰지기 시작했고, 서서히 내면에 잠겨있던 감정의 앙금들이 올라오는 것을 느낄 수 있었다. 엄청난 노여움이 봇물처럼 터져 나왔는데, 주로 상스러운 온갖 욕을 퍼부어 대는 것이었다.

'개XX, 씹XX, 좆XX 하면서, 너 죽고 나 죽자. 왜 나를 이 세상에 태어나게 해가지고 이렇게 힘들고 고통스럽게 살게 하냐!'와 같은 내 안에 억눌려진 감정이 폭발하며 노여움이 극에 달했다. 나는 하늘에 대고 온갖 욕과 원망을 내질러 대고 있었다. 그러면서는 심장의 통증과 함께 눈물 콧물을 쏟아내며, 땅을 치고 울고불고 한바탕 난리 부르스를 췄다.

'미까'가 무엇이기에 이토록 억눌린 감정을 분출 시킬까? 부정적인 감정들이 봇물 터지 듯하며 물질화된 에너지인 담음을 뱉어내게 할까? 라는 의문이 고개를 들기 시작했다. 천부경 수행과 미까 소리 파동음을 계속하며 동일한 증상을 확인 할 수 있었던 나는, 이 파동 음에 진실이 숨어 있다는 확신을 갖게 됐다.

이렇게 체험을 통해 결과론적으로 밝혀낸 영언, 즉 우주의 파동 소리는 약 60여 종이다. 그 중에는 미까와 같이 내면의 억눌린 분노의 감정을 표출시키는 파동음 외에도, 수치심과 서러움 등의 감정을 들어 올리는 영언들이 있다.

나는 천부경 수련을 하며 이렇게 우연치 않게 내면의 감정을 배출시키는 파동음을 터득하게 되었는데, 약 10일 동안 내 안의 썩은 부정적인 감정들을 쏟아낼 수 있는 좋은 기회였다. 물론 이런 감정들은 비교적 큰 것들만 청소가 되었을 뿐, 모든 부정적 에너지가 해소된 것은 아니다.

그런데 천부경 수련을 통해 영언을 깨우친 후, 자연스럽게 또 다른 이끌림에 의해 흐름이 이어지고 있었는데, 내 안의 감춰진 과거 인자가 체험을 통해 발현을 기다리고 있었다. 영언을 통해 어느 정도 감정의 청소가 이루어지자, 이번에는 음과 소리가 아닌 기하학적인 문양이나 어떤 알 수 없는 글씨체 형식을 형상화하는 몸짓이 나타나기 시작했다.

처음에는 허공에 그림을 그리는 듯한 방식이었다. 의미를 확실히 하기 위해 볼펜과 종이를 준비하고 그 흐름에 따라 나타난 것은 기로 써진 글, 기서 같은 것과 차크라 상징물들과 같은 것이었다. 약 1주일 정도 지속되었던 것 같다. 그러다 최종적으로는 한문의 십자를 딱 형상화한 후 마치게 됐다.

나는 이 십자를 순환의 완성 즉, 내 영혼이 순환의 완성을 원하고 보고 싶다는 의미로 받아들였다. 천부경에서도 10은 수의 완성을 의미하는데 나는 이를 통해 내 영혼의 바람이 무엇인지를 깨닫게 되는 계기가 됐다.

이후 기서나 기하학적 문양은 천서 형태로 발전했다. 내가 어떤 의문이 들면 저절로 임의의 문양을 갖는 글들이 써진 후, 다시 이 글들에 대한 답글이 써지는 일종의 천서 통신 현상이 나타났다. 천서통신은 글자 그대로 의도가 에너지 형태로 글에 담겨 우주 하늘과 통신을 주고받는 대화나 편지라 할 수 있다.

이때 우주와 천서 통신을 한 내용이 노트로 5~6권 정도가 된다. 여기에는 내 미래로부터 지구의 성장 변화에 이르기까지 다양한 우주 천서 통신 기록이 담겨있다. 한 가지 흥미로운 사실은 내 질문의 의도가 천서 형태로 담기고 전달된 후, 다시 천서 형태로 답 글이 쓰이긴 하지만, 궁극에는 내가 그 의미를 알아 볼 수 있게 한글로 번역 요약된다는 것이다.

내가 질문으로 "하늘이시여 저는 왜 태어났습니까?"라는 의도로 천서를 쓰게 되면, 답 글 천서가 쓰이고 종국에는 "섭리"라는 한글로 요약이 되는 형식이다. 여기서 섭리는 내가 섭리를 알고자 한다는 뜻이다.

이어 "섭리를 알려면 어떻게 해야 합니까?"라는 질문에는 "중심, 중심"으로 정리가 됐고, 후속 질문인 "그 중심을 잡으려면 어떻게 해야 합니까?"라는 질문에는 "마음의 중심을 잡아라"는 요약된 에너지장으로 표현되었다고 보면 된다.

이것보다 긴 형태의 질문과 대답을 주고받기도 한다. 한번은 내 미래가 궁금해 천서로 주고받은 적이 있었다. "제가 앞으로 무엇을 해야 합니까?"라는 질문에 "천지간의 조화를 알리라"는 답을 받았고, 몇 살

때인지를 알고 싶은 질문에는 "앞으로 공부해야 할 것이 많다. 60이 넘어가면 너의 뜻이 하늘의 뜻으로 변할 것이다"라는 답변을 나누어 받기도 했다.

그러면서 또, "그전에는 공부를 해라. 사람들을 많이 치료하면서 너 자신을 닦아라. 너는 남들보다 자존심이 특별하게 세니 꺾기가 어려울 것이다. 이 꺾는 과정에서 세 번의 고비가 올 것이다"라는 글을 받았다. 이후 나는 천서 내용과 비슷하게 세 번의 위중한 수술과 세 번의 큰 교통 사고로 폐차 지경에 이르기까지 했다. 실제로는 좀 더 많은 고비를 맞은 것이다. 그리고 그 고비에서도 특히, 자동차 사고에서는 생명에 지장이 없음은 물론, 심각한 정도의 폐차 지경에서도 신기하게 온전한 몸 상태를 유지한 것은 지금 생각해도 감사할 따름이다.

전쟁과 재난 등으로 갈수록 지구가 피폐해지는 현실과, 각종 예언서나 계시록의 종말론 등을 염두에 두고 지구의 미래에 대한 궁금증을 묻기도 했다.

이에 대한 천서의 답신은 멸망이나 파괴로 인한 지구의 종말이 아닌, 지구의 큰 변혁과 변화의 모습을 예고했다. 그러면서 나에게 그런 변화의 시점에 틀을 놓을 것을 주문했다.

내가 천서를 통해 이해하기로는 지금의 지구는 그동안 인류가 쌓아온 부정적인 에너지에 대한 반작용으로 자정과 분해의 과정을 맞고 있다. 조화와 균형 보다는 갈등 의식이 최고조로 증폭된 세상을 인간 스스로 만들어 온 것이다. 이렇게 앞으로 20~30년 이상 동안 부정성에 대한 분해의 과정을 맞으며 그 결과로 인간의 의식에 반작용이 일어나면 유턴, 즉 자연스런 흐름의 변화가 이어지게 된다는 것이다.

그런데 인간의 의식에 철이 들려면, 우선 현재 관성적으로 형성되어 온 인류의 전체 집단의식을 해체해야 한다. 그 관성의 힘은 엄청난 에너지가 집약되어 있기 때문에 이를 분해하고 인류가 한마음으로 변화의 길로 들어서기 위해서는 우리와 같이 깨어나려고 하는 영혼이 의식을 모으고 확장해 가며 에너지장을 바꾸려는 시도를 해야 한다. 나는 이러한 선한 영혼들이 힘을 합쳐 지구를 살리고 개발시켜 나간다는 미래를 보았다.

대략의 시기는 내 나이로 oo세쯤 된다는 천서통신을 받았다. 그 과정에서 우리와 같은 사람들이 초석이 되어야 하고, 뜻을 함께하는 사람들을 모아 점점 의식을 상승시켜 가며 임계점에 도달하도록 노력을 해야 한다. 그래서 oo세 정도에는 의식의 대전환, 터닝 포인트가 일어나고 많은 사람들의 의식이 상승해서 변화된 인류의 모습과 함께 지구가 성장 진화해 나가는 것이다.

고대 제사장 | 인간의 진화 | 동식물과의 대화

내가 천부경 수련과 처음 인연을 맺은 것은 33살 무렵 단학선원을 통해서였다. 그때도 진리를 찾아 끊임없는 갈증을 느끼며 헤매던 시절이었다. 당시는 단전 수련법이 한창 유명세를 타던 시기였던 것으로 기억된다. 소설 단의 주인공인 봉우 선생과 국선도의 청산거사, 단학선원의 이승헌 선사가 큰 축을 이루고 있었다.

단학선원은 조직망과 사업적인 시스템이 잘 갖춰져 있어서, 일반인들이 쉽게 접근 가능하다는 장점이 있었다. 그러다 보니 이승헌 선사에 대해서도 호기심을 끌 만한 여러 무용담을 접할 기회가 생겼다. 자연히 관심이 쏠리게 되었고, 급기야는 그를 직접 만나 수행에 대한 평소의 궁금증을 묻고, 내 자신이 가야 할 방향에 대해서도 자문을 구한 기억이 있다. 당시 이승헌 선사가 정신 수행에 대한 나의 자질과 가능성을 높게 평가하며 함께 할 것을 권고해 그곳에서 짧은 기간 잠시 함께하기도 했다. 이때 내가 처음 접한 수련이 바로 천부경 활구 수련이었다. 천부경을 독송하며 의통이나 도통을 추구하는 수행의 한 방편이었다.

나는 수련을 접하고 몇 주밖에 되지 않았지만, 사람들의 가슴에 손을 얹고 천부경을 독송하면 상대에게 갖가지 반응이나 다양한 현상이 나타나며 치유에도 효험을 보이는 경우가 많았다. 심장이 떨리거나 감정적인 분출, 몸의 진동 등과 같은 물리적·감정적·정신적 현상들 말이다.

한번은 남편과 이혼 후 우울증이 아주 심했던 모 방송국의 여자 아나운서가 친구의 소개로 찾아왔다. 내가 그녀의 가슴에 손을 얹고 천부경 활구 수련을 시작한 지 10여 분 정도나 되었을까, 갑자기 그녀의 가슴이 요동을 치며 울고불고 한바탕 난리를 쳤다. 그러면서 여러 영적 현상(일종의 빙의)을 보이기도 했다. 물론 모든 사람들에게 반응과 현상이 바로 나타나는 것은 아니지만, 시간적 편차를 두고 진행 하면 결국에는 유사한 현상을 보인다. 그 차이는 영혼의 수준이나 갈망과도 관련이 있고, 자신에 대한 고집이나 방어 기제가 강한 상대는 시간이 꽤 걸리기도 한다.

다른 수행자들은 몇 년을 해도 좀처럼 경험하기 어려운 상황이 연출되자, 나 자신도 큰 의문이 들기도 했지만, 신기해했던 것도 사실이다.

그런데 내 영적 DNA 속에 고요히 봉인되어 알 수 없었던 천부경과의 인연의 실마리가 드러난 계기가 있었다. 강화도 마니산 인근에 머물며 참성단 주변에서 천부경 수행 중 여러 신비체험을 했던 그때이다. 왜 그렇게 천부경 수련에 마음이 가며 계속 이끌리고 있는지, 또 그렇게 남다른 치유력을 보이는지 그 내력의 단초를 풀 수 있는 체험이 찾아왔다.

다른 영적 체험과의 전후 순서를 명확히 가를 수는 없지만, 자주 찾던 천재단 부근의 인적이 드문 곳에서 호흡을 가다듬고 마음을 고요히 하며 천천히 천부경 독송을 이어가고 있었다. 의식이 깊어지며 어느 순간 눈앞에 광경이 펼쳐지기 시작했다. 오랜 옛적 바로 이 천재단에서 내가 제물을 차려놓고 천부경을 읊으며 하늘에 천제를 지내는 그런 모습이 선명하게 나타났다. 물론 천부경이 지금 우리가 일반적으로 알고 있는 종류의 천부경이라기보다는 가슴의 느낌으로 천부경 천제를 말해주고 있었다.

시대적 상황은 고대 정도로 느껴졌다. 돌로 된 재단, 제기들과 함께 통돼지 같은 동물이 제물로 놓여있었다. 칼과 같은 무기를 찬 장수들이 호위를 하고 시녀들이 도열해 있는 가운데, 30~40명 정도의 지배계급을 뒤로하고 내가 제사장으로 천제를 지내는 그런 모습이었다.

일종의 전생 체험이지만, 수많은 전생 중 이곳 참성단 천재와 관련된 에너지장이 연결되었다. 이것은 시기적절하게 내 기억을 되살려 주며 의문의 실타래가 조금씩 풀리기 시작한 사건이었다.

이곳에서의 또 다른 체험은 일반적인 전생 체험의 차원을 뛰어넘어 인류의 진화 역사를 보는 것 같은, 영화와도 같은 장면이 파노라마처럼 나타난 특별한 경우였다. 공상과학 영화 루시에서 연출된 장면과 너무 흡사해서 영화의 시나리오 작가나 감독이 정말 나와 같은 체험을 한 것은 아니냐는 의문을 갖기도 했다.

영화 루시에는 주인공의 뇌가 일종의 마약 부작용으로 활성화되면서 초자연적인 현상이 벌어지는 장면이 나온다. 그녀의 뇌 활성화 정도가 점점 높아지며 시공을 초월해 시간을 거꾸로 거슬러 올라가게 되고, 인간 최초의 영장류인 유인원을 거쳐 태초의 우주 모습과 생명체 세포의 분화 모습도 보인다. 그 후 뇌는 100%로 활성화되고 루시는 사라지며 우주 전체에 편재한 존재로 탈바꿈된다. 사라진 그녀를 찾는 형사의 물음에 "I AM EVERYWHERE", 나는 모든 곳에 있다는 문자로 답하는 장면이 나온다.

나의 경우는 미생물의 의식, 즉 우주에서 지구로 내려온 미생물이 시공간을 가르면서 형성된 바다에서 어류로 변화되고 육지로 올라와, 육지에서 동물로 변모되면서 인간으로 진화하는 과정이 생생하게 눈 깜짝할 사이에 빠르게 지나가는 것이 보였다. 아주 짧은 시간에 필름이 빨리 돌아가듯, 내가 나의 진화과정을 목도하면서 내가 누구인지, 각 과정에서 자신의 정체성을 일견하고 나는 창조와 진화가 동시에 이뤄진 존재이구나를 깨닫게 되었다.

우주가 빅뱅을 통해 한 점으로부터 시작된 후, 최초의 미생물 의식인 미물에서 인간으로까지 진화하는데 수억만 년이 걸렸을 것이라는 사실을 공감하게 되면서 나는 이제 내가 누구인지 조금은 알겠네 라는 생각이 절로 들었다.

이때 창조론도, 진화론도 맞을 수 있다는 통섭적인 관점의 변화가 생겼다. 빅뱅을 통한 시공간의 열림은 우주 지성의 창조의 결과이고, 진화는 시공간 속에서 변화와 변화를 거치며 환경과 조건에 따라 다르게 다차원으로 개체성이 분화된다는 인식의 전환을 통해서이다.

마니산 수련 중 또 하나의 특이 체험은 동식물과의 대화가 이루어지는 것이었다. 유체이탈은 여러 차원의 수준이 있지만, 이번에는 3차원 물질 시공간의 진동 에너지장과 공명하는 그런 상태였다.

나는 천부경 수련을 하다 보면 갑자기 몸이 가벼워지며 자동적으로 붕 뜨거나 다른 차원으로 빨려가는 느낌과 함께 유체가 분리되는 현상이 자주 나타난다. 이번에는 물질 차원과 가장 진동 수준이 가까운 에너지체가 해리된 경우라 볼 수 있다. 이 경우에는 사람들이 일반적으로 인식하는 3차원 시공간의 사물을 그대로 보며 생각에 따라 원하는 곳으로 한순간 자유롭게 이동을 하기도 한다. 영화 매트릭스에서 총알의 흐름을 피하듯이, 시공간의 연속체 속에 사이 공간이 또렷이 인식되고 아주 선명하게 인지되는 수준이다. 동식물의 진동에너지를 에너지체의 의식으로 알아차리면서 대화하듯 언어처럼 인식이 가능하다.

꽃들이 찰랑찰랑 흔들리며 '안녕하세요, 안녕하세요. 저 여기 있어요!'라고 인사하는 소리라든지, 지나가는 개가 '안녕 안녕'하는 소리가 들리기도 한다. 말 그대로 동물과 식물이 하는 이야기를 알아듣고 이해하겠더라는 것이다. 꽃이나 식물, 짐승과 대화 하는데 그 상태에서는 경계의 벽이 사라지며 서로 에너지차원에서 교감이 이루어지는 그런 느낌이라고 할까. 말 그대로 텔레파시와 같은 소통이 일어난다.

한번은 새로운 사실을 알게 되기도 했다. 보통 우리는 치매 노인들이 의식이 전혀 없이 정신이 혼미한 상태일 것으로 추측하기도 하는데, 그렇지 않을 수도 있다는 사실이다. 내가 파악하기로는 치매 노인들은 진실의 눈을 잘 뜨고 있다는 사실을 알게 되었다. 그들은 외부 세계와의 교감과 인식 능력은 떨어질지 몰라도, 내면에서는 자신만의 세계에서 오롯이 활동을 하고 있다는 생각이 들었다. 물론 충분한 통계와 임상 자료는 없지만 말이다.

유체이탈 상태에서 만난 한 치매 할머니는 내 에너지체를 알아보고 있었고, 내게 말을 걸기까지 했다. 너 미쳤니? 하고 말이다. 본인이 보기에는 내가 이리저리 유체로 떠돌며 이상한 행동을 하고 있어 그런 말을 한 것 같았다. 이 대화는 에너지 상태의 교감이다, 서로 공명 주파수가 맞춰진 상태에서 교감이 이루어지는 구조라 할 수 있다.

노인정 근처에는 큰 바위가 있었는데, 내가 그곳에 앉기도, 엎드리기도 하면서 그 할머니에게 말을 걸었었다. 처음에는 나를 못 볼 줄 알고 재미 삼아 한 행동이었다. 그런데 할머니가 밥 먹었어? 뭐 먹었는데? 하면서 말을 걸어왔다. 배고픈 줄 몰라요!라고 내가 그러자, 뭘 먹었길래 배고픈지 몰라?라며 대화가 이어졌다. 그 상태에서 유체로 이리저리 둥실둥실 떠다니며 할머니와 또, 개나 꽃들과 대화를 해대니 할머니는 나를 미친놈으로 인식하고 있었던 것이다.

유체이탈 상태에서 할머니와 대화를 통해 알게 된 사실은 할머니의 치매의 원인은 아들과 관련이 있었다. 할머니에게는 아들이 한 명 있었는데, 덤프트럭 교통사고가 난 후 자식을 잃은 큰 충격에 정신줄을 놓게 되었다고 직접 말씀하셨다.

약 한 달 동안의 수련을 마치고 집으로 돌아와서는, 마니산 수행에서 짧은 시간에 너무도 많은 영적체험과 수행 습관에 젖어 있어서일까? 그 여진을 잠재우기가 쉽지 않았다. 사람들과의 일상적인 접촉 없이 혼자만의 수행에 빠져 살면서 영언과 천서통신, 유체이탈로 점철되었으니 현실감각을 잃어버릴 수밖에 없었다.

집에 돌아왔는데도 한동안은 내 의중을 말 대신 영적인 언어로 해대고 있었다. 이 영적인 소통 언어는 우주의 파동 소리라고 내가 정의한 영언과는 다른 형태다. 집사람의 입에서는 당장, "미쳐서 돌아왔네!"가 돌아온 대답이었다. 그 후로 와이프는 10일 동안 말을 하지 않았는데, 내가 계속 관성적으로 괴상한 언어로만 떠들고 있었으니 얼마나 기가 찼겠는가?

"내가 미안해, 이런 공부를 할 수 있게 이해해 줘서 정말 고마워!" 이말을 해야 하는데 정작 입에서 터져 나온 소리는 영언이었다. 마음을 달래려고 미안하다고 말을 하는데, 이것도 영언으로 나오는 것이었다. 이후 다시 현실 적응이 되며 정상인으로 돌아오는 데 한 달가량이 걸렸다. 그때서야 영적인 말문이 닫히게 됐다. 정말 미친놈 소리 많이 들던 때였던 것 같다.

지금 시점의 미래를 보다

나는 어려서부터 지금까지 삶과 죽음에 대한 의문을 가지고 이에 대한 답을 찾기 위해 무던히 애써왔다. 자연히 모든 관심과 일상이 이를 위주로 돌아갔다. 물론 성인이 되어 결혼을 하고 가정을 꾸려가기 위해 경제활동을 하기도 했지만, 성공과 실패를 경험하며 15번이나 직업을 바꾸고 큰 시련을 맛보기도 했다. 그렇지만 한 번도 방송이나 컴퓨터와 같은 첨단 기술과 관련이 있는 직업과는 거리가 멀었다.

그동안 산전수전을 겪으며 직간접으로 터득한 수행 노하우를 나누고 싶은 마음에 약 9년 전 유튜브 방송을 시작했다. 그런데 나는 유튜브 방송을 하는 내 자신의 미래를 천부경 수행을 하며 본 적이 있다. 지금 우리에게 익숙한 유튜브의 아이콘인 빨간색 바탕에 흰 삼각형 로고 말이다. 그 당시에는 그것이 무엇인지 알 길이 없었다.

약 40대 중반 무렵, 태백산 천재단을 다녀온 적이 있었다. 개인적으로 친분이 두터운 스님 한 분이 천제단 부근에서 절을 운영하면서 기도 오는 분들의 숙식을 도와주고 있었다. 내가 그곳에 기거하며 천제를 올리고 천부경 수련을 할 당시 이야기이다.

그곳 역시 천제단 주변에는 조용하게 수련을 할 만한 장소들이 있었다. 마니산에서는 전생과 인간의 진화, 유체 경험을 주로 했다면, 태백산 천제단에서는 미래를 보는 영적 체험이 많았다.

특히 지금의 유튜브 방송과 외국인을 대상으로 널리 강연을 펼치는 장면이 기억에 남는다. 당시는 전혀 그 의미를 이해하기 어려웠지만, 이후 몇 년 뒤 유튜브가 널리 퍼지면서 퍼즐이 맞춰지기 시작했다.

천부경 수련 중 갑자기 장면이 바뀌는데 마이크가 보이기 시작했다. 방송국에서 사용하는 크고 털이 씌워진 그런 마이크였다. 처음에는 마이크에 영적인 언어로 열심히 무언가를 말하고 있었다. 이어 방송용 카메라가 등장하며 또, 유튜브의 빨간 아이콘이 함께 장면으로 나타났다. 내가 강의를 하며 떠드는 장면이었는데 지금보다는 좀 더 미래라는 판단이 든다.

강의 주제는 천부경과 내가 터득한 진리에 대한 내용들이 주를 이루고 있었는데, 금발 여성들과 백인들이 눈에 띄었다. 내가 강단에서 연설하는 내용을 사람들이 진지하게 귀담아듣고 있는 장면이었다. 특이하게 생각나는 부분은 '나는 누구인가, 나는 누구인가?'에 대한 강의를 되풀이하며, '네 마음속을 봐라, 네 마음속을. 가슴, 가슴, 가슴의 변화. 하늘과 사람과 땅이 하나 되는 세상'이라고 하는 장면이 천제단 기도에서 두 번이나 연속해 나타났다.

다른 장면에서는 카메라들이 분주히 움직이는 레일들이 보이는 것으로 짐작할 때, 방송국에서 무엇인가 촬영을 하는 듯 했다.

또, 직접 천제를 지내는 중에는 다른 미래의 환영을 보게 됐다. 60이 되기 전까지는 많은 사람들이 모이지 않았지만, 주로 사람들을 치유하며 책을 열심히 보는 장면이 나타났다. 남을 치유하며 더불어 성장하는 모습이었는데, 특히 빙의환자나 우울증, 공황장애를 겪는 이들을 도우며 내 자신을 함께 통합 성장 시켜가는 것이었다. 내 자신의 자만심과 아집, 고집을 꺾고 다스리는 과정 속에 60이 넘으면서는 내가 어느 정도 완전한 깨달음에 도달하여 하늘과 내면의 합일을 하는 모습을 보게 되었다. 이는 마니산 수행시 천서통신을 통해 받은 내 미래 예측 내용과 유사해서 조금은 놀라울 따름이다.

그러나 과거와 현재, 미래는 공존하며, 자유의지라는 권능을 부여받은 존재로서 어떤 선택을 하느냐에 따라 새로운 미래가 펼쳐질 수 있기 때문에 내가 본 미래가 그렇게 실현될지는 미지수다. 다만, 현재까지 꿰어지는 퍼즐을 조합해 볼 때, 그 가능성과 방향성이 높지 않을까 예측만 해 볼 뿐이다.

3장 무지는 의식의 바이러스

 1983년 한국에서 개봉된 '부시맨'이라는 영화가 있다. 아프리카 부족의 에피소드를 다룬 코믹 영화이다. 원제는 'The Gods Must Be Crazy'로 원시 부족의 이야기에 신이 등장한다. 어느 날 하늘에서 부족의 땅 위에 떨어진 희귀한 물건을 보고 추장을 비롯한 부족들은 신이 내려준 선물이라고 의심치 않는다. 그것은 바로 부족 상공을 날던 비행사가 다 먹고 버린 콜라병이었다. 하늘이 주신 신의 선물을 둘러싸고 부족 내에서 갈등이 생기자, 주인공 부시맨이 신의 선물을 되돌려 주기 위해 신을 찾아 세상으로 발을 내딛게 된다. 이 과정에서 문명 사회와 맞닥뜨리게 되면서 각종 해프닝과 에피소드를 자아낸다는 줄거리이다.

 그 당시 색다른 주인공과 소재를 도입하며 재미를 선사했지만, 우리에게는 정말로 우스운 이야기였다. 콜라병을 신의 선물로 착각할 수 있다니 말이다. 자신을 문명의 이기인으로 생각한 많은 사람들은 부시맨이 정말로 무지해 보이며 역시 원시 부족답다고 생각했을 것이다. 그러나 소위 문명인이라 자처하는 현대인들이 과연 그러한 평가를 할 자격이 있을까?

먼 과거의 인간에게 천둥이나 번개, 홍수는 신의 분노였다. 좀 더 시간이 지나서도 사람들은 일식이나 월식을 불길한 재앙의 징조로 보기도 했다. 우리의 현대적 시각으로 볼 때 무지로 인식될 수 있는 과거의 사례들이다. 그렇다면 현재를 살아가고 있는 우리들에게는 첨단 과학의 시대를 살고 있다는 착각 때문에 무지라고 불릴 수 있는 사건들이 일어나지 않고 있는가?

서로 다른, 그릇된 종교적 신념에서 비롯되고 있는 테러와 종교 사회에 만연되어 온 죄와 벌의 신, 하나의 현상계를 두고 펼쳐지는 나의 신과 너의 신은 다르다는 신관. 다른 이념과 체제, 이해관계의 차이로 벌어지는 국가 간의 갈등과 전쟁은 또 어떠한가? 지금과 같은 경제구조와 경제 시스템 속에서만 부와 필요한 소비재를 얻을 수 있고, 내가 필요로 하는 것들은 쟁취해야 한다는 왜곡된 사고는 제대로 된 지적 사고의 결과인가?

사람 간의 관계와 사회적인 측면에서도 비슷한 무지의 오류가 넘쳐난다. 사랑의 본질과 깊은 이해의 부재에서 발생하는 구속과 충돌, 내 것을 취하기 위해 남을 희생시켜도 된다는 가치관, 건강과 질병에 대한 이해 부족이 불러온 식생활과 약물남용, 자연을 나의 일부가 아닌 마음대로 취하고 다루어도 된다는 잘못된 인식 등이 그것이다.

우리 모두는 가정, 사회, 국가, 인류 공동체적으로 무지의 틀과 최면 속에 갇혀 살아왔다. 인간은 크게는 존재관, 현상 세계관, 신관에 대해 무지한 상태로 일관해 왔다. 또 사람과 관계하고 사랑하는 법에 대해, 생각하고 말하고 행동하는 법에 대해, 건강한 삶을 영위하는 법에 대해 정말로 존재로서, 또 존재와 존재 간 관계로서 알아야 할 지식과 지혜에 외면당해 왔다. 이 또한 인간의 공통 무의식 속에서 무지의 지속적인 대물림의 결과라고 할 수 있다.

무지는 지식과 지혜가 부족하다는 관점 외에 인식의 구조로 인한 무지도 인간에게 큰 영향을 끼쳐왔다. 우리는 눈으로 보고 귀로 들은 사회적 사실들을 자기만의 잣대와 인식의 틀로 규정하는 경향이 심한 존재들이다. 이러한 부작용이 각종 사회적인 갈등과 혼란, 편 가르기라는 현실을 초래하고 있다.

인간의 무지를 경계하는 지혜의 말씀들을 불교와 기독교의 성경에서도 찾아볼 수 있다. 불교에서는 생이라는 고해의 바다에 태어난 원인을 무명으로 간주한다. 12연기의 시발점이 무명이라는 근본 무지에서 시작한다는 지적이다. 역으로 무명에서 자유롭다면 생사의 윤회에서도 탈출할 수 있다는 논리로도 볼 수 있다.

기독교 성경에서는 무지와 지혜에 대해 좀 더 교훈적인 구절들로 안내하고 있다.

"무지한 자는 무지함으로 자기를 죽이고 어리석은 자는 어리석음으로 멸망하느니라" (잠언 10:21)

"여호와를 경외하는 것이 지혜의 근본이요 거룩하신 이를 알기가 명철이니라"(잠언 9:10)

"어리석은 자는 그 뜻을 밝히기 전에는 분노를 내나 슬기로운 자는 참음으로 분쟁을 그치게 한다" (잠언 29:11)

"무지한 자는 모든 말을 믿으나 슬기로운 자는 자기의 걸음을 조심한다" (잠언 14:15)

유명 인사의 무지에 대한 언급 사례(세계 명언 대사전 인용)는 더욱 구체적이고 실용적이다. 이들 명언에서는 지구적인 문제점들에 대한 실마리를 조금이나마 엿볼 수 있다.

유일한 선이 있는바 지식이요, 유일한 악이 있는바 무지이다. (소크라테스)
무지 이외는 암흑이 없다. (셰익스피어)
무지는 결백이 아니라 죄악이다. (로버트 브로잉)
무지는 고통 없는 사악이다. (아약스)
무지와 독단은 제휴한다. (탈무드)
무지의 비극은 무지의 만족이다. (로버트 퀼렌)
자신의 무지를 모르는 것이 무지한 자의 병이다. (알콧)
우리는 배울수록 더욱더 우리의 무지를 발견한다. (셸리)

우리의 문제는 무지에 대해 무지하다는 것이다. 무지에 대한 인식과 인정은 물론, 자신과 세상, 현상에 대해 무엇 하나 진실을 제대로 알고 있지 못하고 있는 듯하기 때문이다.

신과 나눈 이야기 시리즈에서는 고도로 진화한 존재(고진재)에 대한 언급이 등장한다. 이 우주 전체 현상계에는 고도로 진화한 문명과 존재가 있다는 내용이다. 신은 이들 고진재와 비교해 우리 지구인들을 아직은 어린종으로 표현하고 있을 정도로 인간은 무지의 존재로 비추어지고 있다.

무지는 무지로 끝나지 않는다. 위에서 열거한 개인, 사회, 국가, 인류 공동 운명체적인 부작용 외에도, 이 책에서 다루는 중요한 핵심 개념인 고통체와도 매우 큰 관련이 있다(4장, 5장 참조). 무지는 지금 바로 우리가 처한 모든 부정적인 현실과 현재의 주요 원인자 역할을 하며 고통체의 모태로 작용하기 때문이다. 무지하기 때문에 고통의 원인이 생기고, 고통의 원인은 고통체를 양산하는 도미노 현상과 같은 파급효과를 초래한다. 무지에 대한 또 한 가지 중요한 사실은 이 책의 최종 목표인 신성의 드러남을 방해한다는 것이다. 무지는 내면의 신성을 깨우는데 매우 큰 저해 요인이 될 수밖에 없다.

이 외에도 무지는 불교의 무명과 유사한 반작용을 일으킨다. 무지에 가려지게 되면 이번 삶에서 자신에게 주어진 영혼의 설계도를 기억할 수 없다는 사실이다. 즉, 영혼이 스스로 설계하고 부여한 목표에 대한 실패는 또다시 다음 생의 유사한 반복적인 경험과 체험을 불러올 뿐이다. 영혼의 설계도에 대한 기억과 부여된 경험을 승화할 수 있어야만, 다음 단계로의 체험을 설계하고 진화해 나갈 수 있는 신의 큰 계획이 있기 때문이다. 이에 대해서는 4장의 삶과 죽음 편을 참고하여 이해의 보충을 바란다.

신나이 시리즈의 '신과 나눈 교감' 편에는 인간의 열 가지 환상이 열거되어 있다. 이 열 가지 환상 또한 우리 내면의 신성을 망각하고 있는 근본적인 무지에서 비롯되었다고 볼 수 있다. 그리고 잘못된 환상들은 또한, 다른 한편으로 무지의 일종이다.

무지가 불러온 왜곡

나에게 현대판의 성스러운 경전이나 다름없는 신나이 시리즈에는 인간의 환상이 열거되어 있다. 10가지로 정리된 이들 환상과 관련해, 신은 인간이 삶의 대부분을 환상 속에서 살고 있음을 주지시키고 있다.

인간의 열 가지 환상은 지구에서 인간의 체험 초창기에 만들어진 것으로 그 힘이 매우 강력하다고 설명한다. 그러면서 이 중 가장 중요한 부분인 분리의 환상, 즉 우리가 하나가 아니라는 환상은 "인간이 체험한 그 모든 비참과, 그 모든 슬픔, 그 모든 갈등, 그 모든 상심의 원인이었다"라고 강조하고 있다. '모든 살인과 모든 전쟁, 모든 강도와 강간, 정신과 언어와 신체의 모든 폭행과 폭력이 그 때문에 일어났고, 모든 질병과 장애, 소위 말하는 죽음과의 모든 만남이 그 때문이었다'라고 되어 있다.

여기서 신의 의도는 10가지 환상을 매개로 신과 하나 되는 체험인 궁극의 실제에 이르는 길을 안내 한다는 것이다. 인간의 근본 무지에서 비롯된 환상에서 깨어나 내면의 신에 이르는 길을 찾으라는 다정한 충고이기도 하다. 근본 무지의 왜곡에 해당하는 10가지 환상을 알아차리고, 인정하고, 깨어난다면, 우리가 현재 겪고 있는 그 모든 성숙하지 못한 현실들로부터 탈출해 진화된 삶을 창조해 나갈 수 있다는 생각이다.

여기서 신은 '인간의 환상을 꿰뚫어 보아야 하고, 무시해야 한다'고 강조하고 있다. 그리고 환상과 마주쳤을 때 그것이 환상임을 알 수 있도록 열 가지 사항을 숙지하라는 충고도 잊지 않는다. 10가지 환상 중 앞의 다섯 가지는 육체적인 삶과 관련된 물질적인 환상이다. 나머지 5가지는 현실과 관련된 형이상학적 환상들이다. 10가지 환상에 대해서는 이곳에서 상세한 설명보다는, 직접 책을 참고하기를 권한다.

<인간의 10가지 환상과 진리>

1. 필요가 존재한다.
우주에 필요는 존재하지 않는다, 신의 마음에도 필요는 존재하지 않는다.
2. 실패가 존재한다.
  신은 실패할 수 없고, 너희 또한 그러하다.
3. 분리가 존재한다.
  아무것도 어떤 것에서 분리되어 있지 않다.
4. 부족이 존재한다.

모든 것이 이미 충분히 있다.

5. 요구가 존재한다.

너희가 해야 할 일은 아무것도 없다.

6. 심판이 존재한다.

너희는 결코 심판 받지 않을 것이다.

7. 처벌이 존재한다.

너희는 결코 벌 받지 않을 것이다.

8. 조건이 존재한다.

사랑은 조건이란 것을 모른다.

9. 우월이 존재한다.

어떤 것도 그 자신보다 우월할 수는 없다.

10. 무지가 존재한다.

너희는 이 모든 것을 이미 알고 있다.

우리가 이 모든 근본 환상에서 벗어나야 하는 것은 신성/본성/불성의 존재인 우리의 의무이다. 또 이로부터 벗어나게 되면 인간의 무지에서 비롯된 모든 것으로부터 자유로울 수 있다.

무지에 대한 처방

인간의 무지는 우리의 역사만큼이나 뿌리가 깊고 근본 무명의 씨앗이자, 인류의 공통 의식과 그 맥락을 함께하고 있다. 이미 언급한 것처럼, 무지는 무지로 끝나지 않는다. 그 파급효과와 영향력이 너무나도 큰 장애요소인 것이다. 삶의 질에 영향을 미치는 고통체를 양산하고 우리의 본질인 신성의 회복을 가로막는 장애물이다. 한마디로, 본질을 바라보는 우리의 시야를 왜곡시키고 있는 도수가 맞지 않는 안경과 같은 존재이다.

무지의 뿌리 깊은 수렁에서 탈출하기 위해서는 몇 가지 지혜가 필요하다.

먼저 무지라는 대상에 대한 인지를 해야 한다. 그리고 나의 무지에 대해 인정과 그럴 수밖에 없었던 한계를 이해하며, 가슴으로 수용하는 것이다. 그러면서 무지했던 자신에 대한 자책이 아닌 무한한 축복이 필요하다. 이러한 인식-인정-이해-수용-축복이라는 일련의 자각 과정을 통해, 10가지 환상이라는 구체적인 우리의 근본 왜곡을 바로잡아 나가는 실천이 지속되어야 한다. (6장. 자각의 메커니즘 참조)

내가 이 책을 쓰는 이유 중 하나도 바로 무지를 바로 잡기 위해서 이다. 수십 년간 무지에 가려진 삶을 체험하며 왜 그렇게 살아가야 하는지도 모른 체 수많은 시행착오를 몸으로, 시간으로 겪어왔다. 그동안 가성비가 너무 좋지 않았던 것이다. 적어도 이 책을 읽는 독자들은 나의 궤적을 거울삼아 불필요한 시간과 노력의 낭비를 막고, 자신의 영혼이 간직한 기억을 되살리기를 바라는 것이다. 남의 경험을 통해 내 자신의 기억을 찾는 것만큼 효과적인 방법은 없다는 생각이다. 타인의 간접 경험을 통해서 이 세상에 온 영혼의 기억을 스스로 살려, 신성의 계획을 확인하고 직접 경험과 체험을 받아들이는 것이다.

　끝으로 주지해야 할 중요한 사실은, 무지에도 이원성의 모순이 숨어 있다는 사실이다. 무지 또한 신의 한 모습이고, 지혜와 지성을 위해 필요한 반쪽이기도 하다. 이원성에 대한 진리는 4장의 삶과 죽음 부분과 5장 고통체 편을 참고하기 바란다.

4장 잘못된 환상과 개념

'삶과 죽음'이라는 잘못 낀 첫 단추

인간에게 가장 근본적으로 왜곡된 인식의 오류는 무엇일까?

우리는 남을 통해 경험하고 인식하는 존재라고 할 수 있다. 이러한 상대적 물질세계의 고유한 특성 때문에 자신이 아닌 남이 나의 모든 의식체계를 형성하는 기준이 되어 왔다. 사람은 인류라는 삶을 시작하면서 남과 주변 환경을 통해 생존에 대한 각종 위협과 고통, 죽음이라는 현실을 끊임없이 경험해 왔다. 이러한 외부적 환경과 관계적 경험이 무의식에 쌓이기 시작해 인류의 집단 무의식으로까지 발전하면서 왜곡된 무한 반복의 삶이 이어져 왔는지 모른다. 본래 자신의 존재성과 설계된 삶의 본질을 망각한 채로 말이다.

이렇게 이어져 온 관성적 삶은 사람들에게 삶 자체에 대한 두려움과, 각종 위해로부터 비롯된 죽음에 대한 공포를 끊임없이 반복 재생해 왔다. 지금도 삶과 죽음은 인간의 가장 크고 심오한 철학적 주제이자 화두임이 틀림없다. 그러나 이러한 추상적인 유희보다 더 중요한 사실은 그것이 우리에게는 현실이라는 것이다.

우리는 인간의 무의식적 공통 관념에서 삶을 고통으로 가득 찬 세상으로, 죽음을 내 자신이 소멸하는 끔찍한 공포로 받아들여 왔다. 종교나 지식, 과학 등 그 어디에서도 삶과 죽음에 대한 속 시원한 답을 구하지 못했다. 저 깊숙한 곳, 우리 내면의 본질이 수긍할 수 있는 지혜에 근접조차 해 보지 못했다

그렇다면 과연 삶은 모 종교에서 이야기 하듯(물론, 그 선각자는 그렇게 전하지 않았음이 분명하지만) 이전의 자신이 저지른 대가나 업보를 치루기 위해서 태어난 고통의 바다인 것인가? 죽음은 또, 서양의 대표적 종교가 이야기하듯 그것으로 그대로의 끝인 종말을 의미하는가?

동양, 특히 한국의 전통 사상은 현상 세계가 끊임없이 반복 순환하며 변화한다는 우주관이다. 대표적으로 복희씨의 주역과 단군 사상의 천부경이 그것이다. 그러나 이것 또한 창조의 근원인 절대 세계에서 투영된 상대세계의 이법일 뿐이다. 우리가 사실이라고 굳게 여기고 받아들이는 현상에 매혹되어 눈을 뜨고 보지 못할 뿐이다. 사람의 본질은 신의 속성을 부여받은 개체화된 신의 일부라는 이면의 진실을 알고 깨우쳐야 한다. 즉, 신의 세계와 의도에 눈을 돌려서 우리가 신과의 합작에 동참했다는 그 진실을 이제는 받아들여야 할 때이다.

그러면 삶과 죽음에 대한 잘못된 오해와 진실은 무엇일까? 삶은 고통의 바다도 아니요, 우리가 불편하다고 여기는 진실들 또한 신성한 진리가 이면에 가리져 있다는 사실이다. 삶의 진실은 우리가 망각하고 있

는 신성한 의도가 숨어있는 것이다. 그것은 우리의 본질에 좀 더 가까운 영혼이 설계한 청사진이 담겨 있다고 말할 수 있다. 이전의 삶에서 이루지 못한 신성한 체험을 다시 경험하기 위한 설계도를 의미한다. 신성한 체험이란 사랑, 기쁨, 감사, 조화 등과 같은 신의 속성이지만 절대성 차원에서는 인식할 수 없는 상대적 본질이다. 이러한 이유로 신은 이원성의 상대세계와 그 체험의 대리인으로 개체화된 또 다른 신, 우리의 영혼을 창조한 것이다.

이렇듯 삶이란, 신성한 체험을 통해 진화의 형태로 순환해 나가기 위한 소중한 기회의 장이다. 그러나 영원한 순환 속에서 순간순간 맞이하는 큰 기회의 장으로 볼 것인지, 또는 무지의 삶을 산 후에 죽음이라는 또 다른 차원에서 영혼이 어떤 반복 체험을 결정하게 할지는 이제부터 오롯이 우리의 몫이다.

인류의 역사 이래 잘못 끼워진 첫 단추를 바로 잡는 첫걸음은, 이제 제대로 된 인식의 전환에서 시작되어야 한다. 우리가 잘못된 환상 속에서 살아왔다는 것, 그리고 집단적 통념과 무의식의 파도에 여기까지 휩쓸려 왔다는 사실을 인정하는 것이다. 그리고 삶과 죽음은 하나이고 계속해서 이어지는 순환 반복의 신성한 체험을 깨닫기 위한 과정이라는 것에 눈뜨는 것이다.

나에게 진실은 '신성한 체험을 위한 설계도와 함께 삶을 시작하고, 죽음과 함께 삶의 설계도를 평가한다'는 단순한 법칙이다. 영혼이 의도한 체험과 설계도에 미치지 못한 부분은 신성과의 합일을 통해 재설계 과정을 거친 후 다시 삶을 살아가는 것이 순환적 진화 방식이다. 그렇지만 이러한 인식의 전환에도 불구하고 이전 생들로부터 이어져 온 습이라는 에너지는 너무나 강력하기 때문에 이것을 넘어설 방편이 필요한 현실이다. 이러한 방편들을 통해 '정말 그렇구나'라는 완전한 느낌으로 승화가 일어나야만 인식의 전환이 가슴에 완전한 뿌리를 내리게 된다.

삶에서 느끼는 대표적인 큰 고통을 예로 들자면 돈에 대한 집착, 관계의 갈등, 건강에 대한 걱정 근심 등이 있다. 이러한 것들을 우리가 설계한 삶의 한 과정과 체험이라고 인식하려해도 머리로는 이해가 될지 모르지만, 현실적인 체감에는 큰 변화가 없다. 몸 따로, 생각 따로, 마음 따로 끊임없는 번뇌가 올라오는 것이 현실이다. 삶이 고통이 아닌 기회라는 인식의 전환을 위한 가장 좋은 방편은 '인정하고-관찰하고-느낌으로 뿌리내려 승화한다'는 일련의 자각 과정을 반복적으로 연습하는 것이다. 이 세상은 노력과 연습 없이 이루어지는 것은 아무것도 없다. 영혼의 성장 과정 또한 이 단순한 진리를 따라야 한다.

그러나 우선 돈이 없어 쩔쩔매고 은행에는 갚아야 할 이자가 밀려오는데, 베풀고 나누고 싶어도 통장에는 마이너스 잔고만 쌓여 가는 판에 어떻게 이 현실을 고통이 아닌 기회라고 자신을 설득할 수 있겠는가? 물론, 현실은 강하게 반발한다. 그래서 방편을 강조한 것이다. 그렇지만 방편 이전에 다시 한번 자신을 점검해 볼 필요가 있다. 이 고통이라는 본질에 대해.

돈에 대한 결핍과 부족함으로 처절하기까지 한 현실 체험은 역으로 그에 대한 필요와 가치, 풍요에 대한 소망이라는 반작용을 불러일으킨다. 반대의 이원성이라는 씨앗이 움트기 시작하는 것이다. 물론 씨앗의 발아와 풍요로의 결실은 다른 문제다. 핵심은 결핍과 부족은 풍요라는 신성한 본질을 깨닫기 위한 조건이 된다는 사실이다. 풍요로움만 있다면 풍요를 인식할 수 없다. 결핍이라는 상대성이 있어야만 풍요로움이 가치 있고 그것의 소중함을 느낄 수 있다. 이를 위해, 진정한 풍요의 체험을 위해 부족함을 경험한다는 자각이 가슴으로 내려올 때, 고통과 풍요로움 사이의 조화를 깨닫게 될 수 있다. 이것은 어디까지나 인식의 전환을 위한 첫 단계 이해의 수준이고, 가슴으로 느껴 완전한 승화를 이룰 수 있도록 거듭 방편을 제시하는 것이다.

다만, 문제가 있다면 이 씨앗의 성장을 방해하는 요소가 주변에 너무나도 가득 차 있다는 것이다. 기회이자 과정임을 가슴으로 느끼고 인정한다면 문제가 되지 않겠지만, 부족함에 한스러워하고 집착하는 사람은 계속 부정의 에너지를 부르고 증폭시키기 때문에 씨앗의 결실에 실패하고, 부족이라는 악순환 속에 고통의 끝장을 보는 것이다.

그래서 먼저 머리로나마 인정하고 이를 계속 반복해 나가면, 가슴의 틈이 열리며 인식의 전환이 조금씩 가슴으로 느껴지기 시작한다. 여기에 더해 관찰과 함께 반복을 지속해 나가게 되면, 크게 가슴이 열리면서 진정으로 확신이 서는 느낌, 그 자체로 승화되는 순간이 오는 것이다. 인정한다는 행위를 꿰뚫어 보면 내가 가진 집착과 한을 풀어 놓는다는 이면의 진실이 묻어있다. 진정으로 인정이 허용되어 가슴으로 내려온다면, 그야말로 가슴의 순환 통로가 뻥 뚫려 내가 소망하는 에너지가 자유롭게 입출을 할 수 있는 상태 그 자체인 것이다.

물론, 말처럼 쉽지 않은 것이 사실이다. 정말로 피나는 연습과 노력, 시간이 필요하다. 그리고 이끌어 줄 멘토나 스승, 함께 하는 이들도 중요한 부분이다.

삶의 진실과 실체보다 더욱 통찰력 있게 다뤄져야 할 중요한 부분은 당연히, 죽음이라는 저 너머에 있다고 여겨지는 대상이다. 우리가 비록 각종 오류와 왜곡이라는 틀 속에 갇혀 이 삶을 세뇌된 상태로 살아왔지만, 그래도 삶은 우리에게 현실이다. 마주하며 보고, 듣고, 느끼는 경험의 대상이다. 그러나 죽음은 우리가 망각이라는 우주의 질서에 의해 실체를 전혀 파악하지 못하고 있는 오로지 공포 자체로서 만 존재해 온 대상이기 때문이다. 또한 죽음에 대한 경험을 기억해 내기까지는 그 본질을 전혀 헤아릴 수 없는 미지의 영역이기 때문이다.

삶과 죽음은 각자도생이 아닌 동전의 양면, 손바닥의 앞뒤 면과 같이 하나로서 일 때에만 그 존재성이 의미와 가치가 있는 것이다. 그야말로 음양이 하나를 이루고 있는 합일체이다. 삶은 죽음으로 들어가는 관문이요, 죽음은 삶으로 이어지는 가교이기도 하다.

삶이 선택이듯, 죽음 또한 선택이라는 설계도의 결과라고 할 수 있다. 죽음은 우연히 찾아오는 것이 아니다. 영혼이 이 세상에 설계를 해 온 이 육체가 쓸 수 있는 에너지의 용량이 한계에 다다른 것이 죽음이라는 현상이다. 용량을 다 쓴다는 것은 교통사고나 심장마비 등과 같은 사건이 될 수도 있다. 육체를 가지고 인간으로서 겪을 바를 다 겪었기 때문에 영혼의 임무가 끝나는 것이다.

인간은 태어날 때, 다섯 가지의 에너지 선을 가지고 나온다고 한다.

영선이라는 창조의 지성과 연결된 선, 그리고 과거로부터 경험 정보가 연결된 경험선, 부모의 유전선, 협력선, 그리고 앞으로의 관계와 관계에서 맺게 되는 관계선 등이 그것이다. 이와 같은 에너지선은 우리의 DNA에 에너지장 형태로 입력되어 있다는 주장이다.

그렇지만 이러한 에너지 정보, 설계도의 역할은 영혼에게 만이 명확히 인식될 수 있는 대상이다. 의식이나 무의식 차원에서는 망각이라는 장치에 의해 보호되어 있기 때문에 기억 하기가 쉽지 않다. 물질 육체 차원인 어머니의 자궁 속으로 입태하는 순간 일종의 전자기장의 충격에 의해 기억이 소실되는 현상으로 볼 수 있다. 이 과정에서 인간 의식의 질량이 높을수록 좀 더 명확한 기억을 가져오며, 의식의 질량이 낮을수록 기억 정보는 희미해진다.

삶의 설계를 영혼이 하듯 죽음에 대한 최종 판단도 영혼의 몫이다. 갑작스럽게 죽는 경우도 영혼이 육신을 다 썼다고 판단했기 때문이다. 세상에서 할 도리를 다하고, 익힐 것을 다 익혔기 때문에 우연의 일치를 가장한 필연으로 죽는 것이다. 죽음을 통해서 몸을 떠나는 것은 영혼의 선택이다. 이 육신을 통해 보고 배우고, 느끼고 하는 모든 경험 정보가 종료될 때는 순간적인 사고로 죽을 수도, 병으로 죽을 수도 또 다른 원인으로 죽을 수도 있다. 모든 사고는 영혼에게 이 육신의 경험 정보가 종료되었다는 의미가 담겨있다.

그러나 죽는 순간 한과 집착을 놓지 못하면 죽을 당시의 의식 상태가 그대로 남는다. 내가 죽었다는 자연스러운 현상을 받아들이지 못하기 때문이다. 육신은 없지만 영적인 에너지의 일부가 사람의 의식에 부분적 간섭을 일으키는 그것이 바로 빙의 현상이다. 귀신들림 현상은 죽은자가 살아있다고 착각하는 것이다.

왜 죽음을 받아들이지 못하는 것일까? 육신은 사라졌는데, 의식의왜곡 때문에 죽음이라는 체험을 받아들이지 못하는 것이다. 육신은 사라졌지만, 자신은 존재한다는 생각에 자기와 비슷한 파동을 찾아 관계성을 맺는 것이다. 이처럼 죽어서도 부정적이면 한과 집착, 고통을 풀기 위해 혹은, 또 다른 인과성 때문에 산 사람에게 접근해 여러 가지 기이한 현상을 일으킬 수 있다.

죽음을 인지하지 못하는 빙의 현상은 저급 영역이다. 두려움이 커 자기의 죽음을 제대로 인지하지 못하고 떠도는 영혼들이다. 반면, 순리에 따라 죽음을 맞이하는 사람은 평화롭다. 빛의 세계로 가는 것이다. 진리의 세계, 신의 영역에 이르는 차원이 다른 영역이다. 그렇지만 죽음 이후의 세계는 내가 믿는 대로 이루어지는 단계가 있다. 죽음에도 단계가 있는 것이다. 공통적 현상은 육신이 없어지는 체험을 한다. 육신은 누구나 몸의 진동수가 끌어올려져야 죽음에 이른다. 죽음의 1단계는 육신이 사라지는 것, 2단계는 자기의 생각 감정, 의지체를 분해시키는 것이다.

죽음 후 1단계에서 물질 몸이 분해되는 과정은 공통적인 현상이지만, 죽음의 2단계는 분해되는 과정이 사람에 따라 다르게 펼쳐진다. 마음이 밝은 사람과 어두운 사람, 조화로운 사람에 따라 달라진다. 육체 당시의 그 사람의 마음 파동과 믿음 구조에 따라 좌우된다고 할 수 있다. 마음이 어두운 사람, 두려움으로 가득 차 있는 사람은 두려움이 강할수록 어둠에 함몰되는 경향이 있다. 이 경우 두려움이 계속 현실처럼 펼쳐지며 반복되는 현상을 체험하게 된다. 이러한 환영이 지옥 체험이라 할 수 있다. 빛으로 나오라고 인도해도 스스로 두려워 빛을 직시할 수 없는 상태다. 물론 이런 상태가 무한정 계속되는 것은 아니다. 이러한 영혼도 시간의 차이는 있지만 자신의 상태를 자각하는 순간이 찾아온다.

결론적으로, 첫째는 죽음을 두려움으로 인식하지 말라는 것이고, 둘째로는 죽음은 물리적 육체의 분해이지 영혼의 죽음이 아니라는 것이다. 이를 받아들일 때 삶을 평화롭게 살 수 있다.

또, 교육제도를 통해서 삶과 죽음을 다양성과 무한한 기회로 인식할 수 있는 가치의 대상으로 가르칠 때, 우리는 나누고 더불어 함께 사는 세상을 건설할 수 있다. 이것이 하늘과 땅과 사람이 하나 되는 천지인 사상, 인내천 사상이다. 창조의 지성과 선각자들, 이 땅의 스승들이 인도한 하늘과 땅과 사람이 하나 되는 세상, 그러한 정신문명인 것이다.

의식의 본질과 실체

의식과 우리의 존재 엿보기

일반적으로 우리가 제대로 인지하지 못하면서 또, 모호한 개념을 가지고 있는 것 중 하나가 바로 의식이라는 대상이다. 흔히 우리는 의식을 살아있는 생명체가 가지고 있는 지성적(수준 차이가 있지만) 활동으로 인식하고 있으며 하나의 단일체로 간주하고 있다. 물론 심리학과 철학, 종교, 사상적 사고 분야에서는 의식을 분류하고 해석하는 나름의 기준과 틀을 가지고 있다. 특히, 불교에서는 유식학이라는 한 분야가 불교 사상의 큰 줄기로 발전해 오기도 했다.

이제는 의식에 대해 이러한 기존의 통념에 의한 역사적, 동서양 학적 관점을 잠시 뒤로할 필요가 있다. 우리가 당연시 여겨 온 진실 혹은 최면에서 잠시 벗어나야 하는 시대이기도 하다. 대신 현대적인 시각에서 또, 수행과 명상을 하며 신의 본성을 찾아온 수행자 관점에서 통찰을 통해 의식에 대한 색다른 관점의 해석과 가정에 접근해 보는 것이 좋겠다는 생각이다.

나는 의식의 본질과 실체를 거대한 우주의 컴퓨터 네트워크 시스템과 비교 해석해 보는 것이 이해와 공감에 큰 도움이 될 수 있겠다는 영감이 떠올랐다. 지금 우리가 살고 있는 시대는 컴퓨터와 소프트웨어가 생활과 산업 이면에서 핵심 인프라로 자리 잡으며 모든 세상을 지배하고 움직이고 있다고 해도 과언이 아니다. AI를 포함해 최근 4차산업혁명의 바탕은 모두 이들을 토대로 발전해 나가고 있다. 생각하면 생각할수록 최초의 컴퓨터 창시자는 이 우주의 법칙과 질서를 잘 꿰뚫어 통찰했다는 경이로운 존경심이 들 정도이다. 인위적으로 만든 컴퓨터에서 가장 형이상학적이라 할 수 있는 존재와 의식의 원리들을 엿볼 수 있다는 것이 얼마나 놀라운 일인가! 특히, 인간이라는 존재의 바탕과 그 이면의 의식이라 불리는 실체를 아주 그럴듯하게 설명하고 있다는 생각이 든다. 또, 인공지능이라는 분야를 통해 사람이라는 대상을 문명의 이기인 컴퓨터로 해석하기에도 손색이 없다.

우선, 나는 이 다소 추상적이고 심오한 분야에 대한 공감대 형성을 위해 충분한 설명과 보충 지식이 필요하다고 생각하지만, 그 자세한 이해의 연결 장치를 건너뛸 수밖에 없는 상태에서 의식에 대한 몇 가지 전제적인 가정이필요하다.

첫째, 의식은 우주의 모든 만물에 깃들어 있다. 그들 간에는 수준, 즉 진동수의 차이가 있을 뿐이다. 이것은 사람은 물론, 동식물과 광물, 대기, 지구, 천체 등등의 모든 만물을 포함한다.

둘째, 의식은 이 상대 세계에서 일어나는 외부 작용에 대한 일종의 반응 주체이다.

셋째, 인간의 의식은 단일체가 아닌 다원체이다. 인간을 구성하는 다차원 몸체에 대응하는 각각의 의식이 존재한다. (이에 대해서는 다음에 이어지는 오라와 차크라에서 설명한다)

넷째, 의식 차원에 대한 하나의 통일된 잣대와 일반화 필요성이다.

몸은 우리가 보고, 만지고 느낄 수 있는 인식체이다. 그러나 의식과 다차원적 몸체는 우리의 가시권을 벗어난, 추상적이며 상상적 대상 그 자체로 형이상학적이다. 우리의 물질적 육체와 다차원적 몸체, 그리고 이 몸체에 대응하는 의식을 통일된 잣대로 비교하기 위해서는 적절한 수단과 통합 모델이 필요하다. 나는 이 모두를 특정한 진동수의 에너지체로 규정한다. 육체도, 다차원적 몸체도, 다차원적 몸체에 대응하는 의식 또한, 모두 하나의 독립적인 진동수를 갖는 에너지 개체로 작용한다.

다섯째, 의식은 각각의 에너지체(다차원 몸체)를 구동하는 일종의 창조적 지성과 우주의 법칙이 설정된 프로그램, 즉 소프트웨어라 할 수 있다.

인간을 구성하는 물질 육체와 다른 몸체에 대해서는 이후에서 통일 모형으로 제시하며 좀 더 구체적으로 살펴보기로 한다.

당초 의식에 대한 주제를 흐름과 연관성, 맥락을 감안해 복합적으로 설명하려고 했지만, 주제에 대한 깊이와 전개 내용상 책의 목적을 벗어나고 분량 또한 방대해질 수밖에 없기 때문에 편의상 단편적인 설명 방식을 취할 수밖에 없다.

<u>의식의 계층 구조</u>

의식을 먼저 육체의 몸을 중심으로 한 일반의식(현재 의식)과 비물질 에너지체에 대응하는 의식으로 편의상 크게 구분한다. 우리가 흔히 알고 있는 무의식/잠재의식과 초의식 등이 후자의 의식과 유사하다고 할 수 있다. 그러나 여기서는 잣대가 상이한 관계로 통상적인 분류의 의식과 관련지어 설명하지 않는다.

우리에게는 육체적인 몸 외에 이를 둘러싸고 있는 다른 진동수의 에너지체가 있다. 크게는 상단전, 중단전, 하단전과 관련된 3개의 에너지체, 좀 더 세밀하게는 인체의 7개 에너지센터(차크라 부분 참조)에 대응하는 에너지체가 존재한다. 각기 다른 주파수로 진동하며 독립적인 활동영역과 개체성을 갖는다. 즉, 하나에 속하지만 독립적으로 다차원적 영역에서 활동한다는 것이다. 우주 또한 진동주파수에 따라 다차원 영역이 존재한다. 에너지체들은 진동수에 따라 다차원 영역에 공명한다.

이미 만물에 의식이 깃들어 있다고 전제 했다. 모든 존재계는 의식을 가지고 있다는 이야기다. 우리 몸은 물질적 육체 외에 비물질 에너지체로 구성되어 있다. 이는 오라와 차크라로도 잘 알려져 있다. 이 에너지체 또한 의식체라 할 수 있다. 보통 차크라 모형에서는 7차원의 오라 에너지체를 이야기 하지만, 나는 이것들을 대표화 한 4개의 에너지체로 구분한다. 즉, 욕망체(혹은 본능체)와 감정체, 지성체, 영체가 그것으로, 이 각각의 에너지체에 의식이 존재한다는 의미다.

몸을 매개로 일반의식(현재의식)이 활동하듯이, 각 에너지체에는 그 진동 영역에 맞는 에너지체를 구동하고 움직이는 의식이 존재한다. 그리고 또한 우리의 존재가 정보와 경험 등과 함께 학습하며 아기에서 어른으로 의식이 성장 하듯이 에너지체 의식 또한 정보와 함께 계속 변화 성장한다. 외부의 정보를 입력받아 반응하는 프로그램의 일종인 이 의식은 창조의 지성과 법칙이 부여된 소프트웨어라 할 수 있다. 우리 몸의 세포 하나하나에 각기 다른 역할의 창조 지성과 역할이 부여된 것과 같다.

이들 에너지 의식체는 하나이면서 진동 수준에 따라 각기 독립적으로 활동한다고 볼 수 있다. 우주는 다양한 진동 주파수로 가득 차 있다. 그 진동수에 따라 각기 다른 차원의 영역이 펼쳐져 있다고도 볼 수 있다. 이 의식체들은 각기 자신의 진동 수준에 맞는 차원에 다차원적으로 공명하며 활동한다. 보통은 꿈이나 명상 상태에서 이러한 에너지체의 활동을 우리는 자주 경험하는 편이다.

    육체가 일반의식의 활동 공간이라고 한다면 욕망체와 감정체, 지성체는 잠재의식이나 무의식과 비교해 볼 수 있다. 또한, 흔히 이야기 하는 몸과 마음, 영혼이라는 인간의 3중 구조와 비교할 때 상대적으로 마음은 욕망체와 감정체에 대응하며 혼은 지성체, 영은 영체와 구분지어 생각해 볼 수 있다.

    욕망체/본능체에는 원초적인 욕구라 할 수 있는 성욕, 식욕, 수면욕 등의 의식정보(의지)들이 담겨있다. 감정체에는 희로애락과 같은 의식 정보(감정)가, 그리고 지성체에는 영적 성장과 신성을 향한 고귀한 의식 활동 정보(지성/사고)가 담긴다. 개인적으로 영체는 개체화된 신성이기에 욕망체와 감정체, 지성체가 완전히 깨어나 승화되어야 이 삶에서 영혼의식을 경험할 수 있다. 이 세상을 거쳐 간 스승들이 그 표본이라고 할 수 있다.

    우리 몸의 각 세포들도 의식을 가지고 있지만, 세포 수준의 진동수는 우리가 인식할 수 있는 정도를 벗어난다. 원자-분자-세포-조직 등 미시 세계로 진행될수록 우리의 진동수는 매우 높아진다. 그 때문에 조직과 기관 등으로 거시화되며 점점 진동수가 우리의 인식 범위 수준으로 조정 변환되는 것이다.

    일반의식으로 우리가 인지할 수 있는 수단은 5감 혹은 6감(안이비설신의)이라는 감각 기관을 통해서이다. 그렇기 때문에 이들 감각 기관

외의 하위 신체들(세포와 조직, 내장기관 등)은 육체보다 비교적 진동수가 높은 감정체나 욕망체 의식 등을 통해 공명하며 소통이 일어난다고 볼 수 있다. 이것이 우리의 일반 표면의식이 감정이나 욕망, 생각 등을 통제하기 어려운 이유이다. 식욕이나 성욕, 혹은 슬픔과 같은 감정은 욕망체나 감정체 의식이 무의식적 정보 채널을 통해 장기나 호르몬 등에 영향을 주며 통제와 교감이 이루어지는 것이다.

일반의식과 에너지체 의식들 간 소통의 역할을 하는 기관이 있다. 바로 두뇌다. 두뇌는 일종의 감각 기관이자 정보의 증폭기, 앰프와 같은 역할을 한다. 두뇌는 5감, 6감의 감각기관으로부터 수신되는 각기 다른 형태의 정보들을 일반화된 진동 정보로 변환해 인식하게 한다. 또, 에너지체로부터 전달되는 정보들을 증폭해 인식할 수 있게 한다. 뇌의 개발 정도에 따라 다양한 진동수를 처리할 수 있고, 에너지체로부터 전달되는 다른 수준의 정보들을 처리한다. 고도의 수행자나 정신개발자는 뇌의 진동 대역폭이 크기 때문에 욕망체 의식 정보로부터 지성체 의식정보까지 다양한 스펙트럼의 정보를 경험할 수 있다.

컴퓨터 CPU의 처리 속도 즉, 클록에 따라 처리 용량과 수준 등 성능의 차이가 나는 것과 같은 이치다. 내 몸을 구성하는 다양한 에너지 의식체들은 각기 고유의 진동 주파수에 따라 우주의 다른 차원과 공명할 수 있다. 이런 공명 체험들은 우리 몸과 밀접한 상태에 있기 때문에 정보의 전달은 이루어지지만, 일반 의식 상태에서는 진동수 차이로 느끼기가 어렵다. 진동수를 깨운 수행자는 명상을 통해 다차원 정보에 접근할 수 있지만, 일반인들은 꿈을 통해 하위 차원의 체험을 할 수 있을 뿐이다.

또, 에너지 의식체는 차크라와 연결이 되어 있기 때문에, 차크라가 얼마나 깨어 활성화되었느냐에 따라 다차원 우주 정보의 수준이 달라진다. 지성체에 대응하는 차크라가 깨어나면, 그 의식은 지성체 수준의 우주 차원 활동 정보를 잘 받아들일 수 있다. 그러나 하위 차크라만 활성화 된 상태라면 다차원 우주 중 그 수준의 차원 정보만을 경험해 전달할 수 있다. 이 활성화된 차크라를 통해 다차원에서 경험되는 우주 정보는 몸의 에너지 통로를 거쳐 뇌에서 우리의 진동수 수준으로 증폭되어 인식화 된다.

<u>컴퓨터와 프로그램 vs. 의식과 몸체</u>

우리 몸은 세포와 그 세포로 구성된 조직, 장기, 감각기관 등으로 이루어져 있다. 그리고 앞서 설명한 것처럼, 물리적인 몸 외에 별도의 에너지 몸체라는 것과, 이들과 서로 밀접하게 연결된 의식에 대해 단편적이지만 살펴보았다. 다분히 형이상학적 대상을 설명하려다 보니 추상적이고 이해에 어려움과 한계가 있을 수 있다. 그래서 서두에서 이야기한 컴퓨터와 비교해 이해를 돕고자 한다.

컴퓨터는 크게 CPU와 입출력 장치, 기억/저장장치, 파워 등으로 구성된다. 우리가 흔히 사용하고 있는 PC나 노트북, 스마트폰을 생각하면 쉽게 이해할 수 있다. 이러한 컴퓨터의 기본 구성품들을 몸에서 우리가 인식할 수 있는 수준의 조직이나 장기, 감각기관 정도로 비교해 볼 수 있다.

CPU나 메모리, 주변장치 등 컴퓨터의 기본 구성품들은 트랜지스터나 다이오드와 같은 반도체 소자라는 최소 단위의 부품들로 이루어져 있다. 물론 반도체 소자를 이루는 규소나 실리콘과 같은 물질은 잠시 접어두기로 한다. 메모리 반도체나 시스템 반도체를 구성하는 이 최소 단위 부품들은 우리 몸을 구성하는 조직이나 기관의 세포라 할 수 있으며, 신호에 반응해 자신을 역할을 수행해 낸다. 우리 몸의 세포 또한 자신에게 부여된 고유한 신성의 법칙에 따라 신호에 반응한다.

그러나 실제로 최소단위의 반도체 부품이나 우리 몸의 세포에 신호를 전달하는 대상은 별도로 존재한다. 컴퓨터에서는 소프트웨어 즉, 프로그램이 그리고 우리 몸에서는 무의식 영역인 에너지 몸체의 의식이라 할 수 있다. 인간의 경우 현재의식(일반의식/표면의식)을 통해서는 세포와의 소통이나 교감, 통제가 이루어지기 어렵다.

컴퓨터에서는 하드웨어적인 주요 구성품들 외에 이들을 동작 시키고 통제하는 수많은 프로그램들이 존재한다. 우리는 보통 스마트폰이나 PC에서 웹브라우저나 아래 한글과 같은 응용프로그램(앱) 등에 친숙하지만, 이러한 앱이 실행되고 기능을 할 수 있도록 그 이면에서 실행되고 있는 백그라운드 프로그램들에 대해서는 잘 인식하지 못하고 있다. 인간에게 비유하자면, PC에서 어떤 목적을 위해 실행하는 앱이나 응용프로그램은 우리의 현재의식이 가동되고 있는 상태로 비유해 볼 수 있다. 밥을 먹거나 이야기를 하고, 운동을 하는 등과 같은 의식적인 행위들이다. 그리고 앱 이면에 동작하는 수많은 프로그램들은 무의식 영역의 에너지체 의식들로 생각해 볼 수 있다.

컴퓨터에서 앱을 실행시키면 내부적으로는 이 앱을 처리하는 보이지 않는 다양한 종류의 프로그램들이 실행되며, 이 앱이 원하는 기능을 실현하도록 CPU와 주변장치, 메모리 등을 활용하여 통제한다. 각 장치들에서는 좀 더 세부적으로, 세포에 해당하는 최소 단위의 반도체 소자들을 0과 1이라는 2진수 형태로 처리하고 통합해 우리가 볼 수 있는 결과를 내놓는 것이다. 우리는 응용프로그램을 실행시켰지만, 컴퓨터 내부에서는 보이지 않는 많은 다른 프로그램들이 동작하며 응용프로그램을 실현시키는 구조인 것이다.

우리 인간의 몸체와 의식 구조 간 상호 관계도 유사하다.

인간이 사물을 볼 때, 먹거나 운동할 때, 감정에 반응할 때 등은 먼저 의식적인 의도에 의해 작동되기 시작한다. 그러나 의식 차원이라는 우리가 인지할 수 있는 상태로 반응이 시작되지만, 감각기관을 거쳐 장기들과 조직, 세포 등 하위 체계로 반응이 전달될 때는 내부 신호체계로의 변환이 일어난다. 운동을 하기 위해 의식적인 행위를 하면 팔과 다리라는 기관을 움직이지만, 이에 따라 근육이 움직이고 장기에 영향을 주며, 최종적으로는 세포의 반응을 일으키게 된다. 이러한 하위체계의 반응은 현재의식의 주관이 아닌 타 에너지체(본능체/욕망체)의식의 통제가 이루어지는 것이며, 통제와 상호 교감에 따라 각각의 기관들은 자신에게 부여된 신성의 법칙, 즉 원초 지성(개체의식)에 맞는 역할을 소화해 내는 방식으로 해석해 볼 수 있다.

또, 인간 각각을 인터넷망에 연결된 하나의 웹사이트(서버)로 비유해 볼 수 있다. 각 서버는 CPU와 메모리, 하드디스크, 통신 장비로 구성된다. 메모리에는 현재 의식에서 처리하는 정보가 적재되고 또, 동시에 하드디스크, 즉 무의식으로 이동된다. 이와 함께 각 사이트의 정보는 우주라는 클라우드 시스템에 연결되어 저장된다. 이 우주 클라우드 시스템은 전체의식 정보 즉, 아카식 레코드와 같은 개념으로 볼 수 있다. 우리는 모두 이 거대한 우주의 네트워크 시스템에 빛의 채널 형태로 접속 연결되어 있다. 그러나 우리는 접속 패스워드를 잊어버린 상태다. 우리라는 각각의 사이트는 우주 전체의식의 한 부분, 신성이 표현된 개체화된 신이다. 수행이나 그 무엇을 통해 패스워드를 기억해 낸다면 신의 연결 통로인 가슴의 문을 열고 전체 데이터베이스에 접속할 수 있는 것이다.

의식은 의도(혹은, 의지)라는 일종의 프로그램과 식이라는 정보/데이터가 통합되어 있는 구조체로 볼 수 있다. 이 의식이라는 프로그램이 계속 육체와 함께 컴퓨터의 인공지능과 같이 정교해 지는 것이다. 그렇기 때문에 프로그램은 있지만 아직 정보와 데이터가 부족한 아기나 어린아이들은 그 정도의 현재 의식만 펼칠 수 있는 것이다.

의식은 몸의 세포와 각 기관, 육체라는 하나의 유기체 전체에 각각 별개적으로 존재한다. 세포도 원초적이지만 의식을 갖는다. 세포로 이루어진 우리 몸의 모든 기관들도 그 수준에 맞는 집합 의식을 가지고 주어진 프로그램의 기능을 한다. 몸 또한 전체라는 하나의 통합 의식을 가지고 있다. 쉽게 이야기하면, 세포 또한 세포 자체의 창조된 법칙, 즉 고유의 기능 프로그램과 반응하는 데이터를 가지고 자신의 임무를 충실히 수행하는 원초적인 단위 의식체인 것이다.

육체에서 받아들이고 처리되는 모든 정보들은 의식 차원뿐만 아니라 동시에, 무의식 차원에서도 인식된다. 컴퓨터의 메인 메모리 정보가 하드디스크에 자동 저장되는 이치와 같다. 다만, 현재의식이 각성되어 있을 때는 여과 장치 역할을 통해 무의식 프로그램이 완충, 가동될 수 있다는 점이다. 그러므로 현재의식이 크게 깨어나 각성이 일어나면 무의식에 영향을 줄 수 있다. 또, 무의식 프로그램은 끊임없이 이면에서 현재의식 프로그램에 영향을 주고 있다. 현재의식이 백지상태 즉, 무의식 정보가 없다면 있는 그대로 처리를 하겠지만, 수 없는 윤회 반복을 거치며 저장된 무의식의 정보들이 관성적으로 현재의식의 프로그램과 정보에 영향을 주는 방식이다.

좀 더 쉽게 이야기한다면, 의식을 갖는 몸의 모든 감각 정보들은 마음이라는 무의식체에 계속 정보가 전달되어 저장된다. 마음체는 이 정보들을 처리하며 감정과 직관, 생각이라는 프로그램 결과물들을 생성해 낸다. 역으로 이는 또한 육체와 몸의 의식에 영향을 주며 통제와 조정을 하는 상호 작용방식이다.

또, 무의식에는 이번 삶에서 육체가 경험하고 목표로 하는 영혼의 설계도가 담겨있다. 자신이 체험을 통해 승화해야 할 신성의 이분법이라고 할 수 있다. 동양철학에서 이야기하는 사주팔자 오행이라는 에너지 파동이 그것이다. 여기에는 자신을 중심으로 펼쳐져야 할 관계와 가족, 경험 정보들이 담겨있다.

영혼의 초의식은 일반적으로 우리가 인지하기가 매우 어려운 대상이다. 주로 느낌이라는 매우 정교하고 미묘한 인식 수단을 통해서 교감 된다. 마음의 언어가 감정, 의지, 생각이라고 한다면, 영혼의 언어와 교감 수단은 느낌이라고 할 수 있다. 몸의 언어는 5감, 6감이다. 영혼은 이 물질세계에서 경험할 우리의 목표를 설계하는 존재이다. 목표에 필요한 조건과 환경으로 우리를 음으로 양으로 우리의 인지 여부와 관계없이 안내한다. 그러나 판단과 결정은 몸체와 마음체의 몫이다. 이것은 신의 자유의지가 부여된 성스러운 부분이다.

에너지 몸체

방금 전 우리는 의식에 관해 설명하며 이에 대응하는 여러 몸체를 언급했다. 여기서는 몸체라는 부분만을 좀 더 명확히 살펴보는 기회를 갖도록 해보자.

우리에게는 육체라는 물질 몸과 이를 둘러싸고 있는 4개의 에너지 몸체 즉, 영체/지성체(정신체)/감정체/욕망체(본능체)가 있다고 설명했다. 육체는 우리가 볼 수 있기 때문에 의심할 여지가 별로 없는 대상이다. 그렇지만 일반인들에게는 보이지도 않는 에너지체를 거론하는 것에는 의문을 가질 수밖에 없다. 이에 대해서는 이전에 잠깐 언급한 바 있는 우주 만물이 진동하는 에너지체라는 동일한 잣대로 생각해 본다면 달라질 수 있다.

사실 우리가 눈으로 보고 인식하는 대상은 빛이다. 인간의 눈은 가시광선, 즉 '빨주노초파남보'라는 가시광선만을 인식할 수 있다. 그렇지만 말 그대로 가시광선, 즉 눈으로 볼 수 있는 빛이라는 뜻이다. 이 우주는 가시광선 외에 다양한 빛의 전자기장으로 가득 차 있다. 의료용 X-레이, 주방의 전자레인지에 사용하는 마이크로파, 적외선, 자외선 등등은 그 중 아주 일부 예에 불과하다. 분명히 존재하며 과학과 기술적으로 일부 차원의 빛들은 증명이 되어 있다.

일반인들 외에 선천적으로 혹은, 후천적 수행을 통해 가시대역을 벗어난 빛을 볼 수 있는 사람들이 많이 있다. 나 또한 수행을 통해 영안이 열리며 오라나 다른 종류의 빛을 보곤 한다. 이런 사례는 책이나 인터넷 등을 통해 요즘 세상에서는 너무나 잘 알려져 있다. 내가 믿느냐 마느냐가 문제인 세상이 되어 버렸다.

특히, 인도의 요가에서는 7차원 차크라와 이에 대응하는 빛의 몸, 오라가 자주 등장한다. 한국과 중국을 중심으로 한 동양에서는 상단전, 중단전, 하단전을 단련해 양신이라는 빛의 몸을 만들어 우화등선한다는 선도사상이 있다. 이와 같이 고대로부터 현재에 이르기까지 일관되게 물리적 육체 외에 빛의 몸을 언급해 왔다. 서양의 최신 기술을 도입한 장비에는 인체의 오라를 측정하고 컴퓨터를 통해 가시적으로 보여주는 장비들도 개발되어 있는 상태다.

이렇듯 우리 몸은 육체 외에도 이를 둘러싸고 있는 에너지 몸체들로 구성되어 있다. 동양의 단전을 중심으로 한 3개의 에너지체든, 차크라를 기본으로 하는 7차원 오라 중심의 빛의 몸이든 관점과 분류 기준에 따라 다를 뿐이다.

나의 경우는 경험과 힐링 사례를 통해 7차크라 중심의 오라가 에너지체를 설명하기에 적합한 모델이라고 생각한다. 다만, 독립적인 활동을 하는 의식체의 관점에서는 동양의 3단전 모형이 적합하다는 견해를 갖는다. 7가지 스펙트럼의 오라는 분명하지만, 이는 인체의 주요 에너지 통로(경혈/차크라)와 반응하면서 세분화된 에너지체로 보는 것이 좋겠다는 판단이다.

또한, 나는 동양에서 언급하는 단전 중심의 에너지체에 하나의 의식체, 즉 영체를 추가한다. 이것은 3단전이 통합되는 의식체로 신성의 영역, 영혼 의식과 관련된 곳이다. 하단전은 우리가 일반적으로 단전이라고 일컫는 배꼽 아래, 중단전은 가슴 단중, 상단전은 제3의 눈이 자리 잡고 있는 인당이다. 그리고 3단전이 통합된 영체와 대응하는 곳은 하늘과 가장 가까운 백회 부분이다.

3단전 + 1 의식체의 경우, 가장 먼저 육체적 몸의 외부를 둘러싸고 있는 첫 번째의 욕망체(본능체)가 위치한다. 하단전의 진동수에 가장 밀접하게 관련되며 식욕, 성욕, 수면욕과 같은 욕망과 살아 움직이고 생명 활동과 관련된 본능적 에너지가 작용하는 몸체이다.

욕망체 외부로 2번째 의식체인 감정체가 둘러싸고 있다. 인간의 희로애락과 수 없는 삶의 수레바퀴를 거치며 경험한 감정 에너지가 작용한다. 중단전의 가슴 진동수와 관련된다. 그다음으로 3번째 의식체인 지성체(정신체)는 고귀한 신성을 향한 영적 활동과 에너지가 모인 곳이다. 또한 지성적 사고와 정신 활동과 관계된 영역이다. 현재 자신의 사고 패턴, 지성, 영적 추구 상태를 본다면 이 의식체의 깨어남과 수준 정도를 가늠해 볼 수 있을 것이다.

마지막으로 몸체의 가장 바깥 영역에 개체화된 신을 의미하는 영의 자리 영체가 존재한다. 3단전 중심의 의식체들이 완전히 깨어나면 드러나며 현실에서 신성의 본질을 체험하며 살아갈 수 있다.

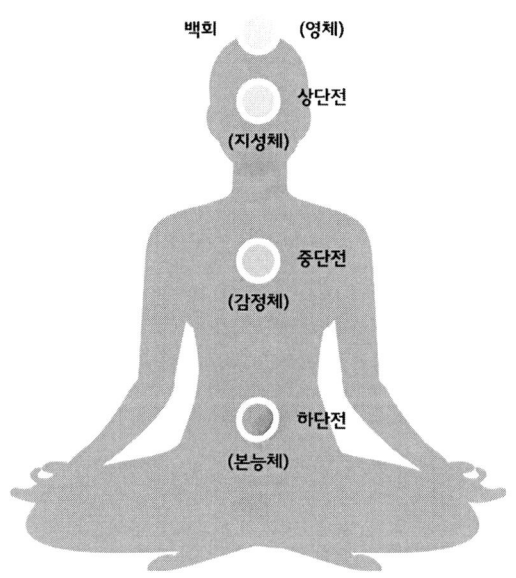

(그림 인간의 의식체와 대응 진동수 센터) 인간의 의식체는 동양의 3단전에 1개의 의식체가 추가되는 구조를 갖는다. 아래로 부터 하단전 , 중단전 가슴, 상단전 제3의 눈과 백회가 위치한 에너지센터들은 이들 의식체의 진동수와 밀접한 관계를 갖는다. 의식체는 인간의 물질 육체 외에 욕망(본능)체와 감정체, 지성(정신)체 , 영체 등의 에너지체로 구성된다.

4개의 의식체를 우리가 흔히 이야기 하는 몸과 마음, 영혼이라는 3

중의 존재 차원으로 비교해 볼 수 있다. 몸은 육체와, 마음은 욕망체/감정체, 그리고 혼은 지성(정신)체, 영은 영체와 대응시켜 볼 수 있다.

인간은 이처럼 물질 육체와 비물질 에너지체로 이루어져 있지만, 현재 자신의 에너지체 활성화와 의식의 성장, 수준 정도에 따라 다른 양상을 보일 수 있다. 현재의 삶은 물론, 다차원 우주와의 공명, 죽은 후 잠시(절대적 공간 기준) 경험하는 체험 등과 깊은 관련이 있다. 즉, 자신에게 있어 현재 어느 의식체가 가장 발달했느냐에 따라 이 삶에서 또 다차원 우주에서, 사후의 경험에서 큰 영향을 미칠 수 있다는 것이다.

그동안 우리는 너무도 육체인 몸에 대해 낮은 가치를 부여해 왔다. 특히, 수행자나 고상하다고 여길 만한 부류의 일반적인 인식이 그것이다. 생존이나 생식을 위한 수단과 도구, 혹은 영혼을 담는 그릇 정도로 비유해 온 측면이 있다. 이것은 기본 가정 자체가 잘못되어 있기 때문에 발생한 아주 전형적인 오류라는 것이 나의 생각이다. 물질 몸 육체는 다중 에너지체들 중에서 아주 중요한 역할을 부여받고 창조됐다. 물질세계의 소중한 체험과 경험을 위해서이다.

신과 나눈 이야기의 신관과 우주관에 의하면, 신은 특별한 의도로 인간과 물질계 상대 우주를 창조했다. 하나라는 절대성, 그러기에 하나의 의미도 찾을 수 없는 절대 세계에서 신의 본성을 체험하기 위해서이다. 이 과정에서 우리 영혼은 신의 대리 체험을 위해 신의 모습과 형상대로 창조된 개별화 된 신이다. 신과 개체화된 신인 영혼들은 신성한 체험을 위한 수단으로 육체라는 정밀한 도구를 고안했다. 이 육체라는 도구가 없다면 인간 영혼은 신의 본래 의도와 목적을 달성할 수 없을지도 모른다.

육체와의 관계에서 마음은 또 다른 수단으로 출현한 매개체로 볼 수 있다. 육체가 수없이 반복한 경험 정보들을 담아 또 다시 육체가 신성 체험을 지속하고, 그 체험을 승화하여 깨어나게 하는 동인으로 작용한다. 인간이라는 존재는 반복되는 신성의 경험을 통해, 이 상대계를 무한히 순환하며 나선형으로 계속 상승, 진화 발전해 나가는 존재이다. 이 과정에서 진동 수준의 차이는 있지만 신성이 부여한 체험과 경험을 위한 필수적인 도구가 육체이다. 몸을 통하여 신과 개체화된 신들에게 신성의 경험과 체험을 제공하는 것이다.

<u>오라장</u>

오라는 인간의 육체를 둘러싼 다층 구조의 빛의 스펙트럼이다. 일종의 빛의 몸이다. 일부 특이 능력자의 경우는 이 오라에서 단순한 빛의 막 뿐만이 아니라, 인체의 장기와 동일한 빛의 장기들을 투시하기도 한다. 물리학자 브라이트 클레인은 '인간의 물리적인 육체 이면에 영적인 신체가 있으며, 영적 실체는 빛의 진동에 의해 구성되고 7단계의 다른 구심점을 형성하고 있다'고 언급하고 있다. 눈에 보이지 않는 미세한 에너지의 흐름으로 구성된 에너지가 존재하며 7차크라를 중심으로 구성되어 있다는 설명이다.

또, UCLA에서는 1988년 오라 필드에 대한 공신력 있는 연구가 진행된 사례가 있었다. 힐러가 감지하는 오라 색과 장비를 통해 측정한 결과를 비교 분석하는 실험이었다. 한 피험자에게 전극을 부착한 상태에서 신체를 통해 흐르는 색 주파수와 관련된 저전압 신호 파형들을 기록하고, 동시에 힐러는 피험자의 신체 주변에서 움직이는 오라 색을 감지해 기록했다. 둘 간의 결과는 일치하는 것으로 나타났다.

이렇듯 우리 몸을 감싼 형태의 보이지 않는 빛의 몸, 오라는 고대의 현자로부터 현대의 과학기술에 이르기까지 일관되게 그 존재를 언급하며 규명을 위해 애써왔다. 오라는 달걀과 같은 타원 형태로 우리 몸 주변을 감싸고 있다. 일반적으로 진동 주파수 대역에 따라 7개의 층으로 구분된다. 일부 오라 층에서는 빨주노초파남보(흰색)의 7빛깔 무지개 색이 혼합되며, 또 다음에 설명할 7차크라와 매우 밀접한 관련을 보이기도 한다.

물론, 비가시영역이라는 특성상 오라에 대하여 매우 다양한 분류 체계나 해석을 보여 온 것도 사실이다. 이것은 오라와 관련해 종사해 온 사람들의 직업과 해석 방법, 경험과 지식의 정도에 따라 당연히 차이를 보일 수밖에 없다는 생각이다.

각 오라층들은 고유의 주파수와 진동대역을 가지고 있기 때문에 오라를 인지하는 사람이라고 해도 고차원 진동대의 오라를 감지하지 못할 수 있다. 실제로 많은 사람들이 자신들이 인식하는 단층이나 한 두 층의 오라를 전부라고 생각하는 경우도 종종 있다. 이러한 한계 외에도, 몸의 컨디션이나 감정 상태에 따라 오라의 투영에 문제와 왜곡 등이 발생할 수 있다. 왜냐하면 오라는 주시자의 입장에서 보는 것이고, 자신의 오라가 정상적이지 않을 경우 객관적인 상태에서 상대의 오라를 올바르게 인지할 수 없다. 서로의 오라가 겹치기도 하고 자신의 오라장을 통해 상대의 오라가 투영되기 때문이다.

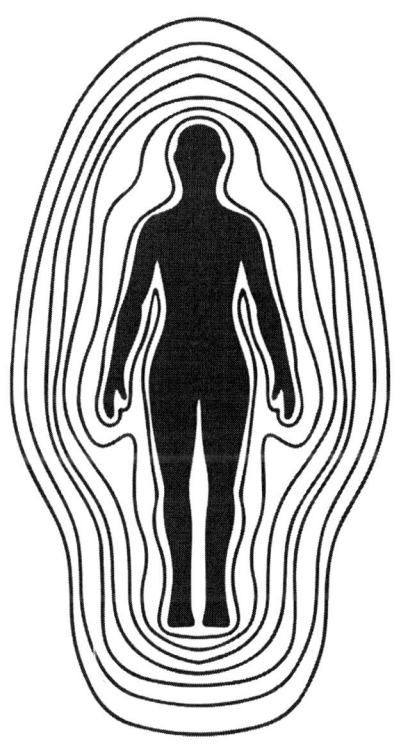

(**그림 인간의 오라장**) 인간의 육체를 둘러싸고 있는 빛의 몸 오라장. 미세한 에너지의 흐름으로 구성된 에너지체로 7차크라와 대응된다. 진동 주파수 대역에 따라 7계층으로 구분된다.

오라는 성스러운 빛의 안개라고도 표현된다. 7개 층의 각 오라는 대응하는 7개의 차크라를 갖는 구조로, 차크라의 상태는 오라에 큰 영향을 주며 그 결과가 반영되어 나타난다. 7개 층으로 인식되지만 주로 하위 3~4개 층 위주로 관찰된다. 우리들은 주로 하위 영역인 감정과 육체적 차원들과 관계가 깊은 생활을 하기 때문이다.

오라라는 이 빛의 장막들은 우리의 감정과 욕망, 지성 등 희로애락과 오욕칠정의 상태와 수준을 그대로 반영한다. 같은 오라의 빛이라도 밝게 혹은 탁하게 우리의 상태에 따라 다르게 나타나는 것이다. 또, 오라는 사람이나 사물 등, 우리의 관계와 관계에 따라 그 에너지장이 겹치며 반응이 일어난다. 민감한 사람들은 오라장이 겹치며 나타나는 미묘한 작용을 느낄 수 있다. 우리 대부분은 밝고 활기찬 사람을 만났을 때 기분이 좋지만 불안하고 초조한 사람과의 관계에서는 왠지 느낌이 좋지 않은 경우를 많이 경험했을 것이다.

오라는 사람뿐 아니라 사물에도 나타난다. 우리가 익히 잘 알고 있는 키를리안 사진기로 촬영한 잘린 잎사귀에서 전체 형상의 에너지장을 볼 수 있듯이, 무생물 또한 오라장을 가지고 있다. 일례로, 우리가 지니고 다니는 지갑이나 지폐는 고유의 오라장을 형성한다, 다만 사람과 관계를 형성하는 사물의 경우는 그것을 만지고 교감한 사람의 에너지 체취가 고스란히 전달되어 반영된 형태로 에너지장의 변형이 일어난다는 점만이 차이가 있을 뿐이다.

사람에게 특히, 포괄적 감정을 반영하고 있는 오라 층에 나타나는 색은 크게 원색과 원색이 혼합된 상태로 나에게 관찰됐다. 원색은 7 무지개 색에 흰색과 검정이 추가되며, 원색의 혼합은 색의 조합에 따라 다양하게 나타난다. 또 원색의 청탁에 따라 다른 양상을 보이기도 한다.

초록색은 내가 가장 선호하는 색이다. 특히 밝은 초록은 치유의 에너지가 넘쳐나는 색이다. 4차크라의 사랑과 수용성을 상징한다. 사람의 평정심을 유지해 주고 따뜻하고 온화한 사랑의 교감을 느껴 너와 내가 사랑으로 하나 되는 그러한 에너지장, 치유의 에너지장을 의미한다. 우리가 마음의 상처를 받았을 때 대자연을 통해 위로 받고 힐링이 되는 이치와 같다. 그러나 초록색이 변형되어 짙게 변형된 경우는 욕구와 욕망에 대한 한과 집착이 많이 나타났다.

빨간색은 육체적 에너지, 열정과 활력, 추진력을 상징한다. 그러나 어두운 검붉은 색이 오라에 나타날 경우 분노와 노여움의 감정을 나타낸다. 화를 참아, 억압된 화가 누적되면 점점 어두운색이 짙어지기도 한다. 간혹 파란 바탕에 회색빛이 혼합된 경우가 있다. 이는 아주 오래된 묵은 화를 참고, 참은 상태에서 화가 드러나지 않는 경우로 푸른 바탕에 잿빛처럼 보이는 경우를 경험하기도 했다.

노란색은 이성과 지성, 그리고 냉철한 상태를 나타낸다. 판단력과 구분력이 좋은 에너지장이다. 생각과도 관계가 깊어, 생각이 많은 현대인들의 색이기도 하다. 노란색의 균형이 깨지면 공허함이나 불안, 걱정을 초래할 수 있다.

파란색 계통에서는 분별심이 많이 관찰됐다. 둘 중 무엇을 선택할지 머리를 많이 굴리는 경우에 나타난다. 어느 것이 나에게 도움이 될까? 계속 선택과 망설임의 차원이다. 여기서 선택이 완료되면 짙은 파란색으로 변하는 양상을 보인다.

보라색은 영적인 에너지를 의미한다. 차크라의 백회와 관련이 있다. 차크라가 열린 상태에서 보라색이 나타나면 영적 교감 상태가 좋은 것이지만, 닫힌 상태에서는 우울증 환자나 우울한 감정, 슬픔이 많은 사람에게 나타난다.

검은색은 암흑의 세계를 의미한다. 암묵적 흑심이 강한 사람들에게 나타날 수 있지만, 반대로 도덕심이 강한 사람이 검정색에 가까운 에너지장을 띄는 경우가 있다. 검은색은 죽음을 의미하기도 한다. 병적 심도가 깊은 사람들은 관련된 특정 부위가 검은색에 가까운 암갈색을 보이는 경우가 많았다.

반대로 흰빛이 나오는 사람 중 죽음에 이른 경우가 있다. 검은색이 나오는 사람은 마음이 아주 탁한 상태에서 죽음에 이르는 사람이고, 흰 빛이 강할수록 마음의 짐을 많이 내려놓은 사람이 죽음에 다다랐을 때 흰빛의 성향을 띤다. 또 흰색은 순수성과 지혜, 평화 등을 의미한다.

금색은 성숙한 영혼, 신성의 색, 창조주의 색을 의미한다. 그러나 일반인들에게는 흔히 관찰되지 않는다.

오라는 상태에 따라 다른 색과 패턴, 형태를 보이지만, 특히 우리가 유의해서 관찰해야 할 부분은 오라의 특정 부분에 나타나는 뭉침, 정체 현상이다. 이는 고통체 부분에서 상세히 다룰 예정이지만, 경험과 사례를 종합해 보면 감정이나 병증이 심화되어 탁하고 검붉은 진한색으로 변한 경우가 대부분이다. 특히 에너지 차원을 넘어 실제 점액성으로 물질화된 상태를 띤다. 한방의 습담에 해당하며, 때에 따라서는 장기의 오행색을 진하게 띠며 나타나기도 한다.

차크라

차크라는 에너지의 주 출입구, 에너지센터를 의미한다. 힐링이나 영적인 수행을 할 때, 신성의 근원으로부터 오는 치유의 빛이 나를 매개로 상대에게 흘러 들어가는 관문이기도 하다. 음식과 각종 영양소가 입을 통해 우리에게 필요한 에너지원을 전달한다면, 육체(비물질 육체 포함)가 필요로 하는 또 다른 생명 에너지(동양의 기나 프라나)의 주 출입구가 차크라인 셈이다.

차크라가 인도의 전통 요가와 관련된 개념이라는 사실쯤은 요즘 누구나 인지하고 있다. 7개 차크라의 위치와 이와 관련된 7가지 스펙트럼의 색상, 육체적·감정적·정신적 기능/특성, 질병과의 상관성 등은 우리가 흔히 알고 있는 상식이 되어버렸다. 그러나 국외의 여러 학술적 조사와 연구를 참고해 볼 때, 우리가 표준처럼 여기고 있는 차크라에 대한 정보들은 오히려 서구를 통해 역수입된 개념이 덧붙여 각색됐다는 사실을 추측케 한다. 전통 요가 철학에서는 4/6/9/11 차크라 등 다양한 차크라와 우리가 알고 있는 경락 개념이 언급돼 있기도 하다. 현재 우리가 포괄적으로 알고 있는 차크라에 대한 지식은 시대를 거치며 수행자들의 경험론이 추가되고, 현대에 이르러 서양의 신비가나 명상가들이 지식화한 결과들이 종합적으로 정리된 산물로 봐야 한다.

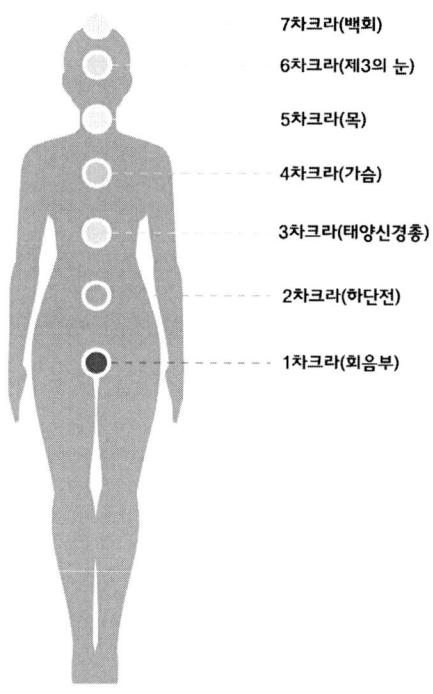

(그림 7차크라 센터) 7차크라 모델은 가장 대표적인 차크라 모형이다. 일반적으로 언급하는 차크라 구조와는 달리, 차크라는 앞뒤 입체적인 에너지 교감 구조를 갖는다. 1번 하위 차크라와 7번의 상위 차크라를 제외하고는 앞뒤 한 쌍으로 작용한다.

요즘 우리가 일반적으로 접하고 있는 차크라의 내용에 대한 주된 문제 중 하나는 획일적이고 표면적 지식 위주의 정보 전달이라는 점이다. 그 속에 담긴 의미 있는 경험 정보가 빠진 그야말로 김빠진 정보들이 대다수를 차지하고 있다. 이 책에서는 기존의 지식에서 그다지 다루지 않는 내 경험과 내면의 통찰을 통해 정립한 내용을 위주로 차크라에 대한 개념을 개괄적으로 재정리하고자 한다.

　차크라는 고대 인도어로 바퀴를 의미하는 것으로 알려져 있다. 이는 에너지를 형상화한 것으로, 원은 차크라의 모양을, 바큇살들은 소용돌이치는 에너지의 회전을 상징화한 것으로 추측해 볼 수 있다. 고대의 현자나 성인들은 내면으로, 혹은 깨어난 제3의 눈으로 그 모양을 정확히 묘사한 것이다.

　현재 널리 알려진 7차크라는 가장 보편적으로 인식되면서 활용되고 있는 대표적인 모형이다. 그러나 에너지의 센터라는 측면에서 본다면 수많은 차크라들이 있을 수 있다. 동양의 경락에 위치한 주요 혈자리들도 차크라인 셈이다. 반면, 7차크라의 특징은 하늘과 사람, 땅을 이어주는 에너지 통로의 중심에 자리 잡고 있다.

　이 센터들은 에너지의 유입이 가장 활발하고, 또 하위의 에너지 통로(예, 경락)에 위치하는 경혈들의 흐름에서 주 유입구이자 상위 전달자 역할을 하므로 대표성을 갖는다. 실제로 힐링에서 상대와 치유의 빛을 공명할 때면 이 7차크라를 중심으로 에너지의 교환이 이루어진다. 또 문제가 있는 장기나 조직에 빛의 파동이 전달될 때도 관련 차크라를 통해 해당 부분에 통로가 연결되는 방식이다.

　흔히 7개의 차크라를 1차원으로 묘사하곤 한다. 그러나 우리의 차크라 에너지 교감 구조는 입체적이다. 즉, 2~6번 차크라는 앞과 뒤의 2중 구조를 갖지만 1차크라와 7차크라는 각각 한 개씩만 존재한다. 이중 앞쪽에 위치한 2~5차크라는 감성을, 1번을 포함한 뒤쪽 2~5번 차크라는 우리의 의지와 관련이 있다. 반면에 앞뒤 6차크라와 7차크라는 정신 작용에 관계한다. 이러한 차크라의 입체 구조는 바바라앤 브렌넌 박사의 책에서도 언급이 되어있지만, 시간이 지남에 따라 나에게 사례가 쌓이면서 그녀의 주장과 거의 유사한 결과를 경험해 왔다.

7개의 차크라는 1번부터 7번까지 빨 주 노 초 파 남 보의 7색깔 스펙트럼으로 순차적으로 표현되고 있다. 각 차크라는 그 색에 해당하는 빛의 파장을 수용하는 기능을 한다. 자각선원의 빛을 통한 힐링에서도 가슴을 확장하거나 치유세션에서 보면 4번 차크라에는 가슴에너지센터와 동조하는 초록색의 빛이 흘러 들어간다. 과거 내 경우에도 목 차크라가 열릴 때, 5차크라와 관련된 파란색 빛을 확연히 경험할 수 있었다.

볼텍스와 같이 회전하는 특성을 갖는 차크라는 일반적으로 고정적인 상태를 유지하기보다는 개인의 여러 조건에 따라 커졌다 작아졌다를 반복한다. 차크라의 크기는 유동적이지만, 직경이 보통 5cm에서 크게는 15cm 정도까지 차이를 보인다. 여기서 15cm는 아주 높은 수준의 영적 상태나 극단의 황홀경을 경험할 때 보이는 크기이다. 또 정상적인 차크라는 시계 방향의 나선형 움직임을 보이지만, 비정상적인 상태에서는 반시계 방향의 회전성으로 반전된다.

차크라의 활성화 정도는 현재 자신의 에너지 그릇의 크기를 나타내는 바로미터 역할을 한다. 차크라는 무엇보다도 우리의 의지와 감정, 생각에 가장 큰 영향을 받는다. 또 우리의 환경요인 중 의식주인 음식과 색, 주거 환경 등도 주요 요인으로 작용한다. 동양의 선도사상은 의식(생각)이 가는 곳에 기(에너지)가 가고 에너지가 흐른다고 말한다. 특히 생각이나 의지, 감정의 긍정성과 부정성 여하에 따라 차크라는 확장이나 축소되며 반복적인 관성에 따라 습관화되면 고착화된 형태로 자리 잡는다.

외부적인 환경요인과 관련해서는, 우리가 진동하는 세상에 둘러싸여 있다는 사실을 주목할 필요가 있다. 빛과 소리는 물론이고 사람과 모든 물체는 진동하고 있다. 우리와 가장 밀접한 관계에 있는 의식주는 음식과 색, 공간이라는 형태로 늘 우리와 영향을 주고받는다. 이들은 고유한 진동수를 가지고 그 주파수 대역에 반응하는 차크라와 공명하여 에너지센터에 영향을 준다. 또, 의식주와의 긍정적/부정적 반응에 따라 차크라는 크기와 방향성이라는 상태가 달라진다.

우리가 일반적인 표준 모델로 언급하고 있는 7차크라에 대해 간략히 살펴볼 필요가 있다.

1차크라는 항문과 성기 사이 회음부에 위치하며 삶의 의지력과 관계가 있다. 1차크라가 발달하면 살고자 하는 의지력, 지구에서 잘 먹고 잘 살아야겠다는 의식이 발달하고 육신을 활용하는 즐거움을 잘 이해한다.

2차크라는 동양에서 이야기하는 단전으로 배꼽 밑에 위치한다. 단전 뒤쪽에는 천골이 위치한다. 주로 성 에너지와 관련이 있다. 이 천골은 성욕과도 관련이 있는데 부정적으로 발달되면 변태가 된다. 변태 성욕자들은 성 에너지를 잘못 활용한 결과라 할 수 있다. 성에 대해 굶주리거나 관계가 원만하지 않으면 이것을 충족하려고 어떤 의도를 갖게 된다. 결과적으로 에너지가 꼬이거나 혼돈이 생기면 변태 성욕자로 발전할 수 있다.

3차크라는 명치 부위로 비위나 간을 다스리는 호르몬과 관련이 있다. 또 사람의 이성적인 판단 능력과 정도를 가늠케 한다. 생각과 감정, 의지를 조절하는 역할을 하므로 극심한 감정의 혼돈에 빠지면 3차크라에서 에너지가 정체되며 왜곡되는 현상이 발생한다. 사람들에게 제일 많이 손상된 차크라 중 하나가 3차크라이다. 이 경우 감정적인 장애를 많이 겪는다고 볼 수 있다. 스스로를 조절하지 못하고 헤어 나오지 못하며 심한 우울증을 겪기도 한다. 질병의 고통에서 헤어 나오지 못하고 평생 낙오자로 사는 경우도 많다.

3차크라 위치에 대해서는 다른 의견들이 있다. 명치 부분을 언급하기도, 동양 경락의 중완을 언급하기도 한다. 그러나 내 경험과 많은 사례를 근거로 살펴볼 때 나는 명치에 비중을 두고 있다. 이 책에서 3차크라는 태양신경총이 위치한 명치 부분을 의미한다.

4차크라는 젖꼭지와 젖꼭지 사이, 심포에 위치한다. 이곳은 사랑을 드러내고 표현하는 중요한 위치이다. 영혼의 통로이자, 영혼의 언어인 느낌이 표출되는 장소이기도 하다. 우리는 일반적으로 주고받는 식의 이기적인 사랑을 많이 경험한다. 그러나 이기심의 사랑은 4차크라가 잘 열리지 않는다. 조건 없이 주는 사랑, 대의적인 사랑을 해야 4차크라가 온전히 개방될 수 있다.

5차크라는 목 아랫부분 움푹 들어간 곳이다. 적극적으로 자기 생각과 감정 의지를 말로 표현하는 능력은 5차크라에서 나온다. 선천적으로 이 차크라가 열리고 확장된 사람들은 말재주가 좋은 경우가 많다. 강연이나 설교를 잘하는 분들은 대부분 5차크라가 잘 발달되어 있다.

6차크라는 눈썹과 눈썹 사이로 심안 즉, 마음의 눈을 뜨는 자리, 영안이 열리는 자리라고 할 수 있다. 6차크라는 동양의 인당 차크라로, 생각의 중심 자리이다. 인당이 열리면 혜안이 열려서 통찰력과 사람을 꿰뚫어 보는 능력이 생긴다.

7차크라는 백회 부분으로 생각과 감정 의지를 통합하는 자리다. 이 차크라가 개방되면 영적인 체험과 현상을 경험한다. 절이나 교회에서 기도를 열심히 하면 백회로 에너지장을 받는다. 에너지를 받으면 머리가 쭈뼛하게 서는 느낌이 있다. 온몸으로 전율이 흐르며 천문이 열리는 현상이 생긴다. 천문이 열린다는 것은 하느님을 보는 체험을 하는 것이다. 기독교에서는 성령체험을 하는 것이다. 뜨거운 열기를 받고, 빛의 은사를 받았다고 하는 신비적인 현상을 이야기기하는 것이다.

일반인들도 차크라의 상태를 확인해 볼 수 있다. 그렇다면 자신의 차크라 상태를 어떻게 알 수 있을까? 좋은 방법은 도구를 사용하는 것이다.

한 가지 예로 펜듈럼이라는 오래전부터 활용되어 온 도구가 있다. 물길을 찾는것은 물론, 에너지를 측정하는 포괄적으로 수단으로 발전해 왔다. 펜듈럼을 각 차크라 위에 올리고 반응을 살피는 방법이다. 이때 선입견이나 방향성 등을 미리 생각하면 안 된다. 그 의지대로 펜듈럼이 움직일 수 있기 때문이다. 그냥 펜듈럼에게 모든 것을 맡기면 된다. 차크라의 에너지 흐름에 따라 움직이도록 말이다.

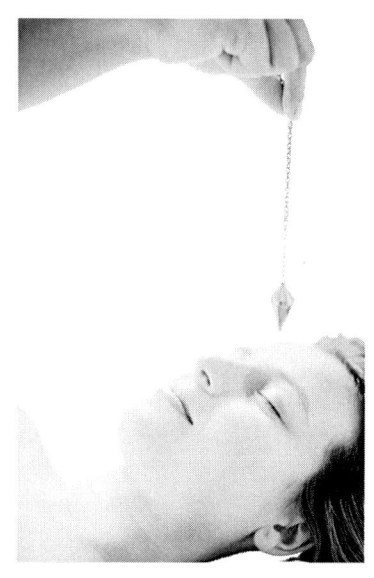

(그림 펜듈럼을 이용한 차크라 상태 확인) 과거로부터 다양한 방면에 응용되어 왔던 펜듈럼은 차크라 센터의 에너지 상태 확인에도 유용하게 활용될 수 있다.

내가 확인한 펜듈럼의 반응은 약 17가지 종류에 이른다. 자세한 설명은 생략하지만, 시계 방향은 긍정적이며 차크라가 열려있다는 신호로 받아들일 수 있다. 시계 반대 방향은 부정적 신호로 우주 섭리에 역행하고 있다는 반증이다. 이 외에도 공격적, 방어적, 능동적, 수동적, 정체 등 17가지 패턴이 발견될 수 있다.

그런데 중병을 앓거나 고통체의 정도가 심한 경우, 또 무기력증에 빠진 사람은 전혀 회전하지 않는 경우도 의외로 많다. 이는 거의 대부분이 막혀 있다는 반증으로, 막혀 있으니 질병과 고통으로 살수 밖에 없는 것이다.

또, 공격성이 아주 강한 사람은 오른쪽 사선을 그리며 매우 빨리 움직인다. 이런 사람은 노여움이 많으며, 분노의 에너지가 너무 커 고혈압 환자가 많다는 특징이 있다. 그리고 수동적이고 방어적인 사람은 왼쪽 사선 패턴을 보인다. 소극적이며 자기를 드러내지 않는 특징이 있다. 여기서 오른쪽과 왼쪽의 기준은 상대의 관점이다.

그렇지만 얼굴과 하반신까지 전체적으로 분포되어 있는 차크라를 직접 사람을 대상으로 확인하려면 번거롭고 부담스럽기까지 하다. 한 가지 좋은 방법은 말초 신경이 발달한 손을 활용하는 방법이다. 수지침과 유사하게 손의 주요 혈자리에 대응하는 차크라 상응점을 간접적으로 확인하는 방법이다. 내가 경험하고 확인한 바에 의하면, 신체에서와 마찬가지로 거의 동일하게 결과를 측정할 수 있었다. 아주 유용하고 편리한 방법이다.

펜듈럼 외에도 차크라를 직접 느끼는 방법이 있다. 이 경우는 가슴 차크라가 많이 발달해야 한다는 전제가 있다. 자각선원 회원 중에도 가슴이 열려 영혼이 깨어난 사람들은 자신은 물론, 상대의 차크라와 공명하는 모습을 심심치 않게 보아왔다.

<u>고통체</u>

앞으로 여러분은 이 책을 읽으며 다소 생소한 개념을 접할 수 있다. 바로 '물질화된 고통체'라는 용어다. 내가 함께하는 힐링 세션과 수행

에서 가장 중점적으로 다루는 부분이기도 하다. 수도 없이 언급되고 반복되는 매우 중요한 용어이자 개념이다. 얼핏 두 단어가 갖는 친숙함 때문에 의미상으로 이해가 갈 것 같기도 하다. 그러나 내가 정의하는 물질화된 고통체는 무수한 삶의 반복(윤회)을 포함해, 우리가 살아오며 쌓아온 부정적인 에너지가 물질화되어 몸에 물리적으로 적체된 실체를 의미한다.

고통체라는 용어는 에카르트 톨레가 처음 개념화하여 사용했다. 그는 이것을 에너지장 형태의 비물질/반물질 정도로 규정했지만, 내 경험에 의하면 실체를 띈 물질 덩어리이다. 한방에서 담음이나 적, 우리가 흔히 볼 수 있는 가래나 트림 등도 그 일종이라고 볼 수 있다. 우리가 살아오며 부정적으로 느낀 아픔이나 감정, 간직한 마음의 상처는 응축되는 현상을 보인다. 부정적 에너지는 무거운 특성으로 응축이나 응어리화 되며, 긍정성은 가벼운 특성으로 퍼져나가는 이치이다.

물론 모든 부정성이 물질화 형태로 확연히 드러나는 것은 아니다. 마음의 상처나 아픔이 반복되며 감정의 골이 깊어져 각인될 때, 또 그 충격의 정도가 심할 때 물질화 형태로 쌓이며 형태를 갖추기 시작한다. 그러면 우리 몸 내부에 하나의 실체로 자리를 잡으며 여러 부작용을 일으키기 시작한다. 또 감정적 영향에 따라 몸 내부의 각기 다른 위치에 자리를 잡는다. 외부의 사념체나 에너지체(빙의)가 물질화되기도 한다. 만병의 근원이 고통체로부터 비롯된다고 해도 과언이 아니다. 고통체를 바로 알고 이에 접근하지 않으면 몸의 이상과 병의 뿌리를 해소 할 수 없다.

고통체는 오히려 톨레의 관점을 초월해 한의학에서 더욱 통찰력 있게 접근하고 있다는 생각이다. 한의에서는 우리 몸과 마음, 정신의 병을 경락체계의 부조화와 이상 현상으로 본다. 이 경락체계는 우리 눈에는 보이지 않지만 기(에너지) 형태로 우리 온 몸을 특정한 질서에 따라 움직인다. 경락을 구성하고 있는 혈자리가 정체되거나 문제가 생기면 그에 상응하는 병이 발생한다는 논리다. 한의에서는 담음이나 적 또한, 이러한 경락 에너지 체계의 이상에서 생긴 물질 덩어리로 바라보는 관점이다. 담음이나 적이라는 실체로 바라보고 있는 것이다.

이 고통체는 오라와도 매우 큰 관련이 있다. 오라에서 이미 언급한 적체된 에너지체가 물질화된 고통체로 나타나는 경우가 대부분이다. 그러나 몸과 에너지체 간의 관계 특성상 오라에서는 인지가 되지만, 몸에서는 아직 고통체로 발현이 되지 않은 경우도 있다. 그러나 오라에 나타난 원인을 제거하지 못하면 시간이 지남에 따라 분명하게 고통체라는 결과로 나타나는 경우가 지배적이다. 또, 앞으로 소개할 사례 부분에서도 힐링과 영적수행과 관련하여 분야별로 구체화된 고통체의 다른 경우를 이미 확인한 상태이다.

고통체의 생성과 작용, 그 이면의 실체에 대해서는 제5장 고통체 부분에서 자세히 다루기로 한다. 지금 단계에서는 만병의 근원과 뿌리로 작용하며, 우리의 몸에 물리적으로 자리 잡고 있는 실체 정도로 이해하고 책을 읽어 나가기에 충분하다.

Part 2

지혜의 시대

| 고통체의 베일을 벗기다
| 자각의 메커니즘
| 신성의 빛
| 천부경의 지혜

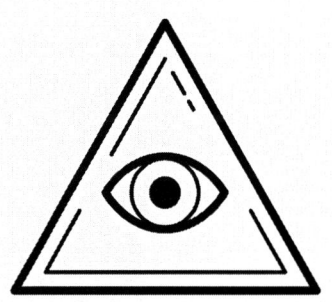

빛

가슴

자각

5장 고통체의 베일을 벗기다

베일 속의 고통체

지금까지 고통체라는 개념은 우리에게 특별히 인식되지 않았던 낯선 개념이다. 고통체(Pain Body)라는 용어는 '삶으로 다시 떠오르기'라는 책에서 에카르트 톨레가 개념화하며 사용됐다. 그는 고통체를 "인간에게는 오래된 기억을 지속시키는 성향이 있기 때문에 거의 모든 사람이 에너지장 안에 오래된 감정적 고통의 축적물을 지니고 있다. 나는 이것을 '고통체'라고 부른다"고 했다. 또한, 번역자는 이 고통체를 업장, 카르마라고 해석할 수도 있다고 언급했다.

나는 이 고통체를 좀 더 구체화했다. 내 경험론과 통찰이 더해지며 물질이라는 개념이 도입됐다. '무수한 삶의 반복(윤회)을 포함해, 우리가 살아오며 쌓아온 부정적인 에너지가 물질화되어 몸에 물리적으로 적체된 실체를 의미한다'고 Part 1 개념 부분에서 정의했다.

물론 고통체는 광의적인 부분과, 물질로 좀 더 실체화된 부분으로 구분된다. 광의적 측면에서의 고통체는 물리적으로 나타난 실체의 배경이 되는 원인자이자 잠재적 요소인 퍼텐셜 에너지를 의미한다. 즉, 반복되는 윤회 속에 쌓아온 부정적인 감정과 기억, 현실에서의 트라우마나 스트레스, 조상/부모로부터의 부정적 유전정보, 문화적 통념과 집단 무의식 등을 그 일부의 예로 들 수 있다. 그리고 이러한 원인자, 잠재적 요소가 누적돼 물질화로 발현된 실체를 협의적으로는 물질화된 고통체라 부른다.

내가 힐링세션이나 수행을 이끌어가며 먼저 주 표적으로 삼는 대상은 바로, 후자인 물질화된 고통체이다. 이 물질 고통체가 영적 수행의 진전을 가로막고 또 건강 차원에서 우리 몸의 정상화를 가로막는 일차 원인자이기 때문이다. 물론 이러한 잠재적 원인자들이 계속 고통체의 물질화에 기여를 해 나가지만, 현재의 장애 뿌리를 제거하지 않으면 역으로 잠재적 에너지들을 해소하거나 정화할 수 없다. 결국 물질화된 고통체들을 정화한 후 신성의 토대를 만들어 큰 부정적 에너지장들을 정화해 나가는 노력이 필요하다.

내가 고통체를 인지하고 의문을 품기 시작한 것은 내 스스로를 치유하면서 시작됐다. 또, 자연스럽게 접어든 타인을 위한 힐링 세션에서 공통적으로 오라의 적체 현상과 이러한 에너지장들이 습담이나 가래 등으로 배출이 되면서였다. 가장 일반적으로 나타나는 고통체 배출 현상은 가래와 색을 띤 끈적끈적한 액체, 가스, 트림, 대소변, 눈물, 침 등이다. 물론 종교 행사에서도 흔히 볼 수 있는 감정의 결정체 눈물도 우리가 접하고 경험할 수 있는 고통체의 한 종류라고 할 수 있다. 그렇지만 가래나 담음과 같은 끈적끈적한 액체의 배출 현상들은 종교적 행사에서 일반적으로 나타난다고 볼 수 없는 것들이다.

    이러한 배출물들의 종류와 그 각각의 실체는 실로 각양각색의 양상으로 나타난다. 병증과 그 중증도, 감정의 종류와 상태에 따라 색과 점도, 배출 위치 등이 차이를 보인다. 나는 오랜 기간 동안 사람들의 고통체를 관찰, 기록해 왔는데, 경험이 축적되면서는 어느 정도 의미 있는 데이터를 추출할 수 있었다.

    나는 수행과 더불어 많은 책을 탐독해 왔다. 그런데 어느 날 에카르트 톨레의 책 '삶으로 다시 떠오르기'를 읽으며 내가 경험한 고통체에 대한 단초를 이해할 수 있는 한 구절을 접하게 되었다. 그는 그것을 오래된 감정적 고통의 축적물이라고 정의했다. 물론 그는 고통체를 물질적인 실체로 언급하지는 않았다. 번역자는 업장이나 카르마로 비유해 부연했지만, 톨레는 에너지장 속에 갇힌 무형 혹은 반물질 정도로 표현하려 했던 것 같다. 그러나 내가 관찰하고 경험한 바에 따르면, 상태와 심각성 정도에 따라 발현 정도가 다르고 분명한 물리적 실체를 띄고 있다. 또, 오라에서도 고통체의 중증도에 따라 뭉쳐있는 형태로 나타나는 다양한 색과 명암을 확인할 수 있다.

    이 고통체는 건강, 특히 병증의 심각성을 반영하는 바로미터일 뿐만 아니라, 우리 자신의 신성과의 교감을 가로막는 허들, 즉 장애물이기도 하다. 또한, 우리가 현실 생활에서 겪고 있는 갖가지 장애의 주요 인으로 작용하기도 한다.

    나는 고통체를 정화하고 배출해야만 하는 이유와 당위성에 대해 확신을 가지고 이야기해 왔다. 그것은 누구나 가지고 있지만 어찌할 수 없었던 것들이었다. 자신만의 심각한 문제(정신적, 감정적, 육체적/욕망적 문제)들은 모두 고통체와 직접적인 관련이 있다. 그뿐만 아니라 트라우마와 대인관계는 물론, 우리에게 가장 현실적인 문제라 할 수 있는 부의 결핍 또한 이 고통체라는 물리적 실체에 고스란히 반영되어 있다. 고통체는 해체의 과정에서 원인 양상들이 밝혀지기도 하지만, 단지 주요하게 나타난 고통체의 해체만으로도 자신을 그토록 짓눌러온 큰 짐 하나는 덜어 놓을 수 있다.

또, 고통체는 이어지는 Part 3 수행 편에서 설명할 가슴 열기와도 매우 큰 관련이 있다. 고통체를 해체하지 않으면 가슴을 열기 어렵고, 다른 한편으로는 가슴을 열어야 고통체의 정화가 수월해지는 아주 미묘한 불가분의 관계를 맺고 있다.

고통체의 뿌리와 근원

인간은 스스로를 나약한 존재로 규정하고 인정하는 에고 지배적인 삶을 살고 있다. 그리고 부모와 사회로부터 일방적으로 주입되고 전달된 교육과 종교적 교리, 문화적 전통 등은 인간에게 피해의식과 죄책감, 죄의식이라는 원죄의 코드를 심어놓았다. 이 원죄 코드는 사람에게 고통의 씨앗 그 자체로 작용해 왔다. 사람으로 태어난 이상 그 누구도 이러한 생태적, 내재적 최면으로부터 자유롭지 못한 것이 사실이다. 성인(聖人)들 조차도 자신 안에 내재된 이 왜곡된 악성 프로그램을 발견하고, 이 또한 신의 섭리이자 잘 짜여진 각본임을 깨달아 신성의 존재로 거듭나기까지 환상과 왜곡된 삶의 길을 걸어왔다.

또, 인간의 역사가 시작된 이래 개인과 사회, 국가는 고통 자체를 생산해 내는 환경에 노출된 채 이를 숙명으로 당연시 해왔다. 생로병사와 의식주 충족, 명예와 출세 등 사회적 갈등에서 빚어진 부작용뿐만 아니라 국가와 부족 간 끝없는 찬탈과 전쟁 등 어느 하나 고통의 시작이 아닌 것이 없어 보인다.

역사적으로 가장 대표적인 위상을 차지하는 종교 중 하나인 불교에서도 부처는 고집멸도(苦集滅道)라는 4개의 성스러운 진리(사성제) 중 '고'를 삶의 가장 근본 바탕을 이루는 진리로 꼽았다. 물론 고집멸도라는 성스런 진리와 8정도라는 방편을 통해 신성의 경지인 부처에 이르는 길을 제시하고 있지만 말이다.

이처럼 고통은 현상적 관점으로 보면 국가와 인종, 개별 인간을 초월해 존재 자체의 당연한 속성처럼 여겨진다. 그러나 역으로 뒤집어 보면, 고통 또한 신이 설계하고 신으로부터 부여된, 신의 길을 찾기 위해 펼쳐진 자연스런 섭리로 볼 수 있다. 그렇지만 이 같은 신성한 의도를 잊은 채 물질계에 태어난 인간은 마주하는 삶 자체에서 잠재적인 고통의 원인에 무방비로 노출되어 있는 상태일 수밖에 없다. 이러한 인식 구조와 환경에 갇힌 상태로 욕망과 감정적 속성이 발달한 인간에게는 오욕칠정이라는 에너지장의 왜곡을 피할 길이 없는 것이다.

생소하고 다소 복잡한 인과 관계를 갖는 고통체를 정리하는 측면에서 그림으로 단순화해 살펴보면 그림 고통체의 계층화 구조와 같이 계층적으로 표현될 수 있다. 가장 중심에는 우리 몸으로부터 빠져 나오는 물리적 고통체가 있다. 이 물질화된 고통체는 습담, 가스, 점액질, 트림 등으로 배출된다. 물리적 고통체를 둘러싸고 있는 2번째 층은 물질화 고통체의 원인자로 잠재적 혹은 가능성의 에너지장이다. 인간이 현생은 물론, 윤회 반복을 통해 쌓아온 부정적 감정, 습, 기억, 스트레스 등이 잠재적인 에너지장을 형성하고 있는 계층이다. 이러한 에너지장이 반복 누적되면 물질화로 발현된다. 3번째 층은 잠재적 에너지장을 초래하는 인간의 인식구조와 환경이다. 교육, 종교 문화 등은 존재의 인식 구조에 영향을 주며, 그 틀을 벗어나면 죄책감과 피해의식을 통해 고통을 불러온다. 그리고 개인, 가족, 사회, 국가라는 주변 환경에서 비롯된 각종 갈등 또한 고통을 유발하는 주요 원인 제공자들이다.

그렇다면 이처럼 인간을 둘러싸고 있는 필연과도 같은 고통(체)의 인과 관계와 그 근본 뿌리는 무엇일까? 무슨 이유로 우리는 스스로 고통을 불러들이고 있는 것인가? 인간을 끊임없이 고통이라는 왜곡의 굴레로 밀어 넣는 근원은 무엇이란 말인가? 이에 대한 해답은 우리의 본질과 관련된, 즉 신과 우리가 합작한 성스러운 이원성에서 찾아야 한다.

인간의 본질은 신성/불성/자성이다. 즉 신이 창조한 개체화된 신(영혼)이다. 신은 우리를 통해 물질 우주를 경험하고자 한다. 신의 절대 영역은 상대성 즉, 이원성이 아닌 전체(일원성)로 이 영역에서는 자신의 완전함과 사랑, 성스러움을 느낄 수 없다. 그렇기에 신은 상대 물질 우주를 창조하고 개체화된 신인 인간을 통해 대리 경험과 체험을 합작하고 고안했다. 체험이라는 속성을 만족시키기 위해서는 비교의 대상이 필요했기에 이원성이라는 성스러운 개념이 창조됐다. 선을 위해서는 상대적 악을, 평화를 알기 위해서는 고통을, 풍족을 위해서는 부족을, 나를 체험하기 위해서는 너라는 개념이 필요했다. 또, 물질 우주에서 이러한 성스러운 이원성을 무난히 체험하기 위해서는 망각이라는 시스템이 필요했다.

(그림 고통체의 계층화 구조) 고통체는 몸 속의 물리적 고통체와 그 원인자로 작용하는 2계층의 에너지적 고통체들이 있다. 또한 이들의 근본 뿌리가 존재한다.

이처럼 이원성과 망각은 신이 체험과 경험을 위해 마련한 성스러운 도구인 것이다. 인간은 무한한 물질 우주의 수레바퀴를 돌며 신의 대리 임무인 체험을 계속해 나간다. 그러나 인간 존재는 무한히 펼쳐지는 경험의 과정에서 신성한 망각 시스템으로 인해 신성이라는 자신의 족보와 뿌리를 잊었기 때문에 여러 왜곡을 불러들이게 되었다. 이것은 분리의 환상, 즉 신과의 분리, 나를 제외한 모든 것과의 분리, 또 삶과 죽음이라는 분리 현상(Part 1 4장 삶과 죽음 편 참조)을 통해 스스로 고통의 씨앗을 키워 나가기 시작했다. 한마디로 신과의 성스러운 약속이라는 망각의 상태에 있었기 때문이다.

나라는 존재는 신과는 전혀 관련이 없다는, 너와 나는 다르다는, 삶과 죽음이 따로라는, 실로 인간의 엄청난 무지와 착각은 우리의 존재 속에 고통의 근원적 뿌리를 깊숙이 내리는 데 기여해 왔다. 우리가 인지하고 자각하지 못하는 사이, 신의 대리 여행자 역할을 시작한 인간의 장구한 세월만큼 왜곡된 에너지를 키워왔다. 계층화 구조를 갖는 고통체는 마치 유기체처럼 그 근본 원인자인 무지와 분리의 착각 등으로부터, 또 자신의 바깥층(1, 2차 원인자)에서 자양분을 공급받아 끊임없이 자신만의 산물들인 고통의 결정체들을 생산해 온 것이다.

이처럼 고통(체)이라는 것은 일차원적으로 단순하게 바라볼 대상이 아니다. 고통은 영혼(신성)을 깨우는 과정에서 스스로 선택한 영적인 체험의 일종이다. 내가 이 책을 통해 소개하는 수행이나 힐링의 핵심은 우리의 본질인 신성을 드러나게 한다는 데 목적이 있다. 좀 더 명확히는 영혼의 갈망을 드러내는 것이다. 신이 부여한 영혼의 갈망은 이 지구상에서 이원성의 고통이라는 체험을 통해 내가 진정 누구인지를 기억해 내고 깨닫게 하는 것이다. 고통이 없으면 인간은 기쁨을 알 수도, 영적으로 진화할 수도 없다. 그렇기 때문에 고통을 진화의 기회로 통찰하면 하나의 과정으로 보이지만, 단순한 고통으로 인식하게 되면 끝없는 마음의 상처가 재생될 뿐이다. 이것이 우리 인류가 갖는 인식의 오류이자 큰 환상이다.

그러나 영혼의 갈망은 쉽게 드러나지 않는다. 영혼의 갈망은 가슴이 변하고 확장되어야 드러날 수 있고, 가슴의 변화는 고통의 승화와 함께 나타날 수 있다. 또 고통의 승화는 가슴의 수용성이 높아져야 용이해 진다.

아이러니하게도 닭이 먼저 인가 알이 먼저 인지와 같이, 서로 모순되어 보이는 고통의 승화와 가슴의 변화는 고통의 최종 결정체인 고통체에서 실마리를 찾아야 한다. 원인자인 고통으로 인해 생한 고통체를 제거해야 가슴이 열리고, 또 고통이라는 일차적 뿌리를 들어낼 수 있다. 이어 열린 가슴은 수용성을 더해 고통체의 해체를 가속화하게 되고 최종 원인자의 실체에 더욱 근접하게 해주는 함수 관계를 갖는다.

고통의 산물이 최종적으로 드러난 고통체는 만병의 근원이라고 해도 과언이 아니다. 현대의학은 수많은 난치병을 수술과 약물, 주사 등에 의존해 치료한다. 의학 기술이 최첨단을 달리며 진보했지만 증상만을 볼 뿐, 이면의 영적이고 비가시적인 시야가 열려있지 않아 한계가 있는 것이 사실이다. 그러나 영혼은 병을 통해, 수술이라는 과정을 통해 배워야 할 무엇인가가 있는 것이다. 부정적인 사고 패턴과 감정이 내 고통과 아픔을 계속 가중시켜 병으로 진행됐다는 사실을 자각하고 수용함으로써 더 나은 삶의 방향으로 이끌라는 영혼의 암시가 담겨있다.

고통체와 질병

앞서 설명한 것처럼 우리는 사람인 이상 누구나 고통체의 잠재적 에너지장을 가지고 있다. 이 잠재적인 에너지장이 계속 반복, 누적되고 발전해 나감에 따라 심각성 정도에 비례해서 물질화 형태로 드러날 뿐이다. 물질화된 고통체는 먼저 오라에 나타나는 것이 일반적이다. 진동수의 차이에 따라 먼저 상위 에너지체에 모습을 드러내고 마지막으로 물질 육체에 현상적으로 구체화 된다고 볼 수 있다.

오라에 에너지장 형태로 나타나는 모습과 체외로 배출되는 물질 고통체는 분명한 차이를 보인다. 오라에 먼저 증상을 보이는 방식은 대부분 문제가 있는 부분이나 기관, 장기에 색이나 명암으로 뭉쳐진 모습의 에너지장을 형성한다. 반면, 물질화된 고통체는 우리 몸을 통해 다양한 종류와 형태로 배출된다. 그렇지만 가장 주목해야 할 대상은 여러 색조를 띄는 점액질 형태의 모습이다. 이 색조는 오라의 색과 비슷한 경우도 있지만 대개는 차이를 보이는 경우가 많다. 또 많지는 않지만, 소변의 양이 많아진다거나 썩은 숙변의 형태로 다량 배설되기도 한다. 잦은 트림이나 방귀의 양상으로 나타나기도 한다. 어떤 분들은 가래나 묽은 타액을 끊임없이 뱉어 내기도 한다. 눈물 또한 다른 형태의 물질화된 고통체의 한 종류로 볼 수 있다.

이렇듯 물질화된 고통체의 종류와 양상은 개개인에 따라 다양한 형태로 나타날 수 있다. 그러나 시간을 거치며 축적된 경험에 따르면 처음부터 단일 고통체가 일관성 있게 배출되기도 하지만, 많은 경우 복합적으로 나타나면서 순서를 보이는 것이 일반적인 관찰 결과다. 주로 초기에는 가벼운 트림이나 가스, 눈물, 혹은 손발이 찌릿한 전기적인 신호 형태로 배출되기 시작한다. 그리고 시간이 지남에 따라 탁하고 끈끈한 점액질이 본격적으로 배출된 후, 점점 그 점도와 탁도, 색조가 엷어지며 맑아지는 특징을 보인다.

이러한 복합적인 과정을 거치는 이유는 고질적인 고통체일수록 점성이 높고 진한 색조의 타르와 같은 특성을 갖는다는 데 있다. 아스팔트 타르와 같이 우리 몸속에 강하게 달라붙어 있어 처음부터 배출되기에는 매우 어려운 상태라고 할 수 있다.

수행이나 힐링이 진행되면서 계속되는 빛의 진동은 점액질의 결합을 느슨하게 하고, 이 과정에서 먼저 기침이나 가스, 찌릿한 전기신호 형태로 분출되는 것이다. 묵고 오래된, 중증의 고통체들은 결속력이 약해지기 시작해야 비로소 해체되어 나오기 시작한다. 나의 경우도 한 덩이의 점액질을 뱉어 내기까지, 초기에는 수많은 트림의 전조 증상과 목을 틀고 온갖 노력을 한 끝에 가까스로 한 덩어리를 뱉어내는 고통을 경험했다.

그만큼 고질적인 한과 집착의 고통체가 내 안에서 뿌리 깊게 자리 잡고 있었기 때문이다.

인간은 생각하는 존재, 감정을 느끼는 존재, 의지를 표현하는 존재이다. 이 생각과 감정, 의지라는 인간의 특성은 한 찰나에 거의 동시적으로 이루어진다. 생각과 동시에 감정이 일어나며, 이와 함께 의지라는 행위 특성이 발현된다.

그렇지만 인간은 대부분 이들을 부정적으로 운용하며 고통체를 합성 시키고 있다. 자기도 모르게 무의식적으로 고통체의 에너지를 증폭시키고 있는 것이다. 그런데 인간은 이 중 감정적인 영향을 가장 크게 받는 경향이 있다. 생각의 부정성과 의지의 부정성은 고스란히 감정에 반영된다. 달리 표현하자면 정신적 스트레스와 육체적/욕망적 스트레스는 감정적 스트레스로 되돌아온다.

그만큼 고통체는 감정과 큰 관련이 있다. 거의 모든 병과 몸의 이상은 이 감정의 산물이라고 해도 과언이 아니다.

그런데 이 감정의 부정성이 적체되면 될수록 관련 장기의 에너지장에 영향을 미치며 병증을 유발한다. 주로 걱정과 근심은 위장에, 분노와 조급함은 간장에 손상을 주며, 슬픔은 폐, 고집은 대장, 두려움이나 공포는 신장과 관련된다. 이는 오라의 적체와 고통체의 관찰 결과로, 주역이나 명리에서 언급하는 내용과 흐름을 같이한다. 인간의 감정과 욕망은 적당히 조심성 있게 사용하면 자신의 보호와 방어기제로 작용하며 안위에 도움이 되지만, 지나치면 병과 고통으로 돌변하게 되는 이중적 면모를 갖추고 있다.

감정을 중심으로 한 오라의 적체와 고통체의 특성은 각종 병증과 그 근원적 실체를 이해하는데 좋은 수단이 될 수 있다.

우리가 주변에서 가장 흔히 접하게 되는 감정 중 하나는 걱정과 근심이다. 돈에 대한 걱정, 건강에 대한 걱정, 관계에 대한 걱정, 무엇을 해도 걱정이 앞서는 세상이다. 특히 돈으로 인한 마음의 상처가 크고, 돈에 대한 근심 걱정으로 삶의 무게에 찌든 사람들은 위장 장애가 많이 생길 수 있다. 부모는 조상으로부터, 자신은 부모로부터 자연스럽게 돈에 대한 결핍과 갈망에 노출된 환경 덕택에 자신도 모르게 무의식으로 합성되는 것이 돈에 대한 걱정 근심이다. 이러한 부정적인 에너지는 계속 합성되고 공명하면서 가족과 대를 이어 고통체라는 물질화 과정과 함께 전이된다.

그만큼 과거로부터 현대에 이르기까지 돈과 물질에 대한 고통은 큰 비중을 차지해 왔다. 돈에 한스러울 정도로 걱정과 집착을 해온 한 수련생은 위장에 아주 짙고 탁한 녹색의 에너지장으로 출렁출렁했다. 30년 이상 고통 받아온 돈에 대한 근심이 부정적 에너지장으로 뿌리를 깊게 내린 경우다. 이런 에너지장의 특성은 색조 외에도 에너지장에 가시와 같은 형태를 보이며 그로 인해 위장을 콕콕 찌르는 자극을 받을 수 있다. 여기서 더 지속되고 방치되면 암으로 진행될 수도 있다. 이 경우 오라에 보이는 에너지 적체 현상은 거의 검은 색에 가까울 정도로 두텁게 뭉쳐있다.

이 수련생의 적체된 위장 에너지장에 빛을 공명시켰을 때 매우 싸늘한 얼음과 같은 냉기를 반작용으로 느낄 수 있었다. 역풍이 불듯이 한기가 술술 딸려 나오는 증상을 체험했다. 이는 한과 집착이 뭉쳐진 음기로 부정이 물질화되면 에너지의 형태가 냉한 성질을 갖기 때문이다. 이때 공명된 빛은 날카로운 에너지장을 감싸면서 가시 형태의 에너지장을 점점 흐물흐물하게 변형시킨다. 빛의 공명이 계속될수록 에너지장의 색조는 녹색을 거쳐 밝은 녹색으로 바뀌게 된다.

짙은 녹색의 에너지 적체 현상을 위장에 보인 이 경우는, 입을 통해 실제 고통체인 점액질로 배출되었을 때 진한 갈색을 띠었다. 점도 또한 아주 끈적한 형태를 보였다. 이 또한 빛의 공명과 함께 에너지장의 색조가 연하게 바뀌듯 탁도와 점도 또한 점점 엷어지며 고통체의 배출이 용이하게 된다.

일반적으로 위장 관련 장애는 탁한 녹색 에너지장으로 시작해 증상이 심해지며 점점 농도가 짙은 녹색으로 변하는 모습으로 관찰되었다. 또, 암으로 전이된 경우는 검은색에 가까운 녹색을 보였다. 반면, 배출된 고통체는 중증의 암갈색에서 경증화 되면서 점점 갈색과 맑은 타액으로 변화하는 특성을 보였다.

물리적인 고통체의 배출로 병증의 호전도 중요하지만, 더욱 중요한 사실은 원인이 된 감정의 변화와 치유라 할 수 있다. 질병의 주요 근본으로 작용한 감정의 변화가 없다면, 또다시 병증으로 나타나는 악순환을 겪을 가능성이 크기 때문이다.

다음은 간이라는 장기를 살펴보자. 간은 우리의 감정 중 노여움과 분노, 조급함과 관련이 있다. 평소 이러한 성향의 사람은 감정이 억압된 세월과 정도에 따라 심해질수록 간의 오라장에 검붉은 적체 현상을 띠게 된다.

강원도 원주에서 온 어느 포클레인 기사는 처음 방문했을 때 내 간에서 따끔따끔한 반응이 일어났다. 오라를 상세히 관찰한 결과 어두운 핏빛으로 간의 2/3 정도가 뒤덮여 있었다. 에너지장이 부어 있고 노여움이 가득한 경우였다. 오라컴이라는 측정 장비에서도 반원 형태로 검붉은 오라가 나타났다. 그는 평소 감정을 표현하지 못하고 삭히는 성향으로 간경화 초기라고 했다. 타고난 성격은 불같지만 감정의 분출구를 찾지 못하고 계속 쌓여만 가는 분노가 그대로 간에 손상을 미쳤다. 계속 누적된 부정적인 에너지는 점액질의 고통체로 물질화되면서 몸과 오라장에 뚜렷한 흔적을 남겼다.

특이한 점은 에너지장이 실리콘처럼 출렁출렁하며 촉수 같은 것들이 길게 뻗쳐 나와 있었다. 병증이 있는 부분에 앞뒤로 길이가 다른 어두운 핏빛의 촉수들이 움직이는 모습을 보였다. 촉수에 빛을 진동시키면 촉수가 움츠러드는 반작용을 보이기도 했다. 빛에 노출되면 촉수가 들어갔다가, 멈추면 다시 나오기를 반복했다. 계속되는 빛의 진동에 어느 순간 장기 안으로 촉수가 들어가는 느낌과 형상이 포착되기도 했다.

이 포클레인 기사는 일차적으로 눈물을 한참 동안 쏟아 낸 후에 점액질의 담음이 본격적으로 나오기 시작한 경우이다. 감정이 격앙되며 분노를 눈물로 쏟아냈는데 눈물이 정화의 물꼬를 텄다. 그는 아주 심하게 코가 막혔을 때 볼 수 있는 짓 누런 가래 형태의 고통체를 많이도 뱉어냈다. 짙고 끈적한 가래는 배출이 반복되면서 점점 농도가 순해지고 맑아졌다. 이는 공통적으로 나타나는 현상으로, 농도가 짙고 점도가 높은 점액물들은 계속되는 빛의 진동 속에 치유 과정을 거치며 부드러워

지고 맑아진다는 것이다.

묵은 원망과 슬픔이라는 감정이 장기인 폐에 질병으로 드러난 경우도 있다. 오랜 폐렴과 합병증으로 고생해 온 한 수련생은 에너지장의 형태가 다소 독특했다. 폐의 기포는 막혀 보이고 납작하게 찌그러진 모습에 어두운색의 에너지장이 폐를 전체적으로 감싸고 있었다. 이분은 평소 오래된 원망의 에너지가 슬픔으로 변한 사례였다. 남에게는 말할 수 없는 부정적 감정을 그대로 차곡차곡 쌓아 놓으며 배신감으로 생긴 큰 실망이 원망과 슬픔으로 발전해 나갔다. 그래서였는지 힐링을 위한 수련을 진행했을 때 초기에는 땅을 치면서 통곡하는 격한 반응을 보였다. 누군가를 향해 '야이, 죽일 놈아'를 계속해 반복하면서 원망을 퍼부어 댔다. 5차례 정도의 힐링 세션 동안 울음이라는 초기 증상의 고통체를 주로 배출했다.

점액질의 고통체는 그 이후에 본격적으로 나오기 시작했는데, 하얀 타르처럼 아주 끈적끈적한 담음 형태였다. 특히, 폐가 빛의 진동에 공명을 하면서는 폐포에 바람이 들어가는 것처럼 부풀고 팽창하는 느낌을 받았다. 동시에 에너지장의 출렁거림을 보이며, 그의 몸도 따라 흔들렸다. 에너지장의 색도 변화를 보였는데, 처음의 어두운 색이 점점 잿빛으로 색조의 변화를 보였다. 오라의 에너지장 변화는 그대로 고통체에 반영된다.

수행과 힐링이 진척되면서는 먼저 오라장에 변화를 보이는 것이 일반적이며, 이는 담음과 같은 고통체의 확연한 변형 상태로 이어진다. 이 수련생이 처음 보인 흰색 타르 형태의 끈적한 점액질은 시간과 함께 차도를 보이며 점점 묽고 맑은 타액으로 배출됐다.

질병의 증상이 감정과 아무 관련이 없었던 것처럼 보였지만, 실상의 근원은 그 감정에 뿌리를 두고 있었던 경우를 흔히 볼 수 있다. 고집과 아집이 센 사람은 대장에 큰 영향을 받는다. 흔히 똥고집, 옹고집의 감정적 영향은 대장을 부정적인 에너지장으로 뭉치게 하고, 그 에너지장이 확장되면서 척추까지 뻗어나가는 사례를 많이 경험했다. 보통 허리의 통증을 디스크로 오인해 수술이나 비수술 처치를 받기도 하지만 원인이 장의 변형에 의해 생긴 사례도 적지 않다.

허리 디스크로 3번이나 수술을 했지만, 병원에서는 더 이상 수술이 어렵다는 의사의 권고에 따라 살기 위한 방도를 찾아 나에게까지 온 남성은 고집의 극치를 잘 보여주는 전형적인 사례였다. 본인의 성격상 안 되는 것은 나를 죽이라고 할 정도로, 고집에 살고 고집에 죽는 고집의 결정체였다.

그에게 나타난 특징은 주황색이 변한 짙은 갈색의 오라 에너지장이 대장의 오른쪽 부분만을 감싼 상태에서 허리까지 뻗쳐 나가 뒤틀고 있는 형상이었다. 고통체는 역시 점액질의 담음이 배출되었다. 처음에는 대장이 반응하며 통증을 호소했지만, 이후 본격적으로 나오기 시작한 고통체는 진한 똥색에 거무튀튀한 반점들이 박혀있는 특징을 보였다. 오라장에 뭉친 색과 배출된 고통체의 색이 비슷하면서도 같지는 않았다.

이 경우는 배출된 고통체가 맑은 타액으로 형태를 바꾸기까지 약 6개월이 걸렸다. 이후 들고 다니며 의존했던 지팡이도 내던졌다.

인간의 감정 중 기쁨이나 열정, 열망 등은 우리의 장기에서 심장과 깊은 관련성을 갖는다. 이러한 감정 또한 지나치면 부작용을 낳는 것이 사실이다. 심장의 본질은 영어 하트가 갖는 상징성과 같이 사랑이다. 그러나 사랑은 모든 감정이 녹아있는 총합이자 본산이라 할 수 있다. 완전한 사랑, 완벽한 사랑은 모든 감정이 승화된 결과이기 때문이다. 이와 같은 이유로 인간에게 있어 사랑의 과정은 때론 예기치 못한 감정의 변질을 불러오기도 한다.

사랑과 열망의 감정이 왜곡되어 고통체를 불러오기도 한다. 신에 대한 일방적인 구애가 나중에는 증오와 노여움이라는 감정으로 변질된 사례가 있다. 소위 사이비 기독교 집단에서 수십 년을 몸과 마음을 바쳐 헌신하고 봉사했지만, 대답 없는 메아리에 한과 집착이 쌓여 고통체가 몸으로 드러난 여성 회원의 경우이다.

그녀에게는 사랑의 변질로 인한 부정적 감정이 단중(양 젖꼭지 사이 4차크라)에 딱딱한 물질로 흔적을 남겼다. 스스로 표현에 의하면 돌덩이 하나가 가슴에 얹힌 느낌으로 그 모양은 혹처럼 볼록 솟아 있었다. 유감스럽게도 당시에는 오라를 관찰하지 못했다. 외부적으로 너무나 확연히 드러낸 모습에 집중하며 놓친 것 같다.

이분에게는 빛의 진동이 아닌 타공법이라는 물리적인 진동을 통해 고통체를 밖으로 유도했다. 가슴과 심장 부위를 두드리며 정체된 고통체의 에너지를 끌어올리는 방법이었다. 이 회원 역시 처음에는 감정적인 서러움을 분출하기 시작하면서, 하나님에 대한 원망과 욕을 끊임없이 내뱉었다. 'x새끼, x새끼 내가 그렇게 찾아 헤맸는데 응답이 없다'

며, '나에게 남은 것은 마음의 상처뿐'이라고 한껏 감정을 퍼부어 대고는 2시간 정도 울음으로 고통체를 해소했다. 그리고 배출한 물질화 된 고통체는 청색 계통의 가래와 같은 담음이었다.

고통체와 연관된 오라가 다소 상징적으로 특이하게 나타난 경우도 있다. 집안 내력으로 무속적인 신기가 있는 여성에게 나타난 고통체와 오라 현상이다. 신당을 차렸던 할머니의 영가가 강하게 연결되어 있었다. 병증은 영적, 정신적 무병이라 할 수 있다.

그녀의 머리 위에는 무당들이 사용하는 5방기(5가지 색깔의 깃발)가 에너지장 형태로 꽂혀 있었다. 그런데 영력이 좀 떨어지는지 3색만이 보일 뿐이었다. 그리고 가슴으로는 답답함과 심장을 조여 오는 두려움이 강하게 느껴졌다.

이 경우에 나타난 고통체는 먼저 말을 통한 감정적 배설로 시작된 후, 눈물 그리고 담음의 순으로 이어졌다. 담음은 누런 똥색 계열의 가래가 주를 이루며, 또 다른 특징은 썩은 냄새가 그렇게도 심하게 풍겼다. 나는 이러한 냄새를 감정체가 썩어 나타나는 현상으로 풀이한다. 경험에 의하면, 똥 냄새는 감정적으로 외로움이나 고독, 답답한 경우에 많이 나타났다.

한 가지 재미있는 사실은 오라의 에너지장에서도 거짓의 가짜 모습이 나타나기도 한다. 우리가 현대 의학의 힘을 빌려 약물을 투여하거나 복용할 때 보이는 오라의 반응이다. 약물이 호르몬의 분비를 변화시키면서 나타난 육체의 생리적 변화가 오라에 반영되었기 때문이다. 이것은 약을 중단하면 가짜의 일시적 현상이라는 것이 확연히 드러난다.

장기적으로 인류가 질병에 대처하기 위한 지혜로운 방법은 억압된 자신의 감정을 풀고 자신의 감정을 솔직히 드러내는 것이다. 이것이야말로 현대의학이 아직도 풀어내지 못하고 있는 각종 난제와도 같은 고혈압, 당뇨, 암, 치매, 중풍, 우울증, 그리고 이유를 알 수 없는 신경계 질환 등의 고질병들로부터 우리를 본연의 상태로 되돌릴 수 있는 근원적인 접근 방법이라는 생각이다.

고통체 해소하기- 미연의 방지와 완충

고통체는 우리의 영적 진보에도 큰 허들로 작용한다. 물론, 신성한 이분법/이원성이라는 나름의 존재 이유가 있지만, 그 또한 고통체의 승화가 이루어져야 만 의미가 있다. 고통체를 해소하기 위한 방법으로는 고통체를 최소화하는 접근 방식과 이미 쌓아 놓은 고통체를 해체하는 방식의 접근법이 있다.

우리가 자의나 타의로 쌓아놓은 고통체는 이미 물질화로 드러난 부분과 잠재적인 에너지장 형태로 발현의 준비를 갖추고 있는 대기 상태의 후보들도 존재한다. 이미 우리 몸속에 물질화 형태로 구체화된 고통체는 분명 해체해야 한다. 이것들은 병증이나 아니면, 우리도 어쩔 수 없는 트라우마 혹은 스스로를 지독히도 괴롭히는 장애로 작용하기 때문이다. 이를 제거하지 않고서는 영적 진보를 기대하기 어려운 것도 사실이다. 잠재성 에너지장 형태는 미래의 조건과 반응에 따라 구체화 될 수도 그렇지 않을 수도 있다.

책 Part 3의 많은 부분이 고통체를 다루고 대응하기 위한 방편이기 때문에, 기존의 고통체를 해체하기 위한 방법은 해당 파트를 참조하기 바란다. 이 절에서는 주로 고통체의 최소화와 미연의 방지 방법을 소개한다.

인간의 감정은 자유롭게 발산되면 에너지로 응축되지 않는 특성을 지니고 있다. 그러나 많은 사람들은 자신의 감정 표현에 충실하지 못하다. 오히려, 숨기고 억제하는 경우가 다반사인 경우가 많다. 용기가 없어서, 두려워서, 혹은 그렇게 배워서, 습관적이기 때문에, 남에게 상처를 줄까 봐 등등의 여러 이유로 우리의 억제된 부정적 감정은 고스란히 우리 안에서 고통체로 성장하며 힘을 키우고 있다.

그렇다면 고통체의 흔적을 가능한 한 최소화하기 위해 우리의 감정을 어떻게 다루어야 할까? 인간은 관계 속에서 살아가기 때문에 나를 중심으로 한 모든 작용에는 감정적 반작용이 따르기 마련이다. 이것은 사람은 물론, 사물이나 벌어지는 현상과의 관계도 포함이 된다. 특히 가까운 관계일수록 감정에 큰 영향을 주고받는다. 우리는 흔하게 가족이나 친구 사이, 직장 생활에서 감정의 상처를 줄 수 있는 큰 위험에 노출되어 있다. 그러나 말이나 행동, 어떤 상황에 직면해 고통을 받을 때 서로 가까울수록 솔직한 감정의 표현이 오히려 조심스러울 수가 있다. 솔직하게 자신의 감정과 느낌을 인정하고 표현하는 것이 가장 좋은 방법이지만 우리는 그렇게 배우지 못했고 준비되지 않았다.

가까운 상대와의 관계에서 감정을 해소하기 위해, 그림으로써 고통체로의 성장을 조금이나마 최소화하고 완충하기 위해 내가 제안하는 방법은 이해 관계의 대상을 간접적으로 소환하는 방식이다. 사람을 앞에 두고 직접적으로 자신의 감정적 고통이나 느낌을 표현하기 힘들 다면 실제와 같은 가상 환경을 만드는 것이다.

감정적인 영향을 받은 후 잠재의식 속으로 사라져 뿌리를 내리기 전에 실행하는 것이 좋다. 적어도 그날의 사건은 그날 마무리한다는 원칙을 갖자.

먼저, 자신만이 혼자 있을 수 있는 시간과 장소를 마련한다. 과거 나의 경우는 자가용이 좋은 안식처가 되었다. 대도시의 자가용 출퇴근이 어려운 경우는 주변의 야외나 옥상 등 최대한 개인적인 공간을 찾는다. 이것도 어렵다면 침실이나 화장실도 자신만의 공간으로 활용하기에 충분하다.

다음은 차분하게 앉아 그때의 감정을 떠올린다. 감정의 충격이 큰 사건이기 때문에 아직도 그때의 불편함에 머무르고 있는 상태일 수도 있다. 여기에서 핵심은 상처받은 감정을 일방적으로 쏟아내고 화풀이를 하는 것이 아니라, 상대와 감정적인 문제에 대해 충분한 대화와 교감을 시도하는 것이다. 물론 아직 감정이 가라앉지 않아 주체가 되지 않는다면, 일단 맺힌 감정을 먼저 풀어내는 것도 좋다고 생각한다.

상대를 앞이나 주변 편한 곳에 가상으로 소환해 앉힌다. 실제 상대가 있는 것이 아니기 때문에 편한 마음으로 하고 싶은 모든 이야기를 해야 한다. 혹여 죄책감이 올라오기도 하지만 그럴 필요는 없다.

그다음에는 자신이 정확히 어떻게 느꼈는지, 사실관계는 어떠했는지, 제대로 표현하지 못한 감정이 있다면 그대로 솔직하게 인정하고 대화를 시도한다. 상대는 있지만 보이지 않고, 보이지 않지만 가상으로 존재하기 때문에 구구절절 하고 싶은 이야기, 참았던 표현을 모두 조곤조곤 풀어내면 된다. 맺힌 감정을 얼마나 리얼하게 풀어낼 수 있느냐, 그것이 관건이다.

처음에는 가상의 존재를 상대로 대화하는 것이 쉽지 않다. 그렇지만 한번, 두 번 반복을 하다 보면 어렵지 않게 자신의 감정을 솔직하게 풀어낼 수 있다. 이러한 상황극을 연출하다 보면 자연스럽게 상대가 응수하거나 반응, 반박이나 해명하는 말들이 내 안에서 돌아오기도 한다. 시간은 짧거나 긴 것이 중요한 것이 아니라, 얼마만큼 자신의 감정을 표현하고 풀어냈느냐가 포인트이다. 그러다 보면 어느새 감정이 조금씩 풀리며 누그러진 자신을 발견할 수 있다.

부부는 가장 많은 시간을 함께하는 인생의 반려자이기도 하지만, 그만큼 관계의 충돌이 많은 대상이 될 수도 있다. 자각선원의 한 회원은 부부간의 관계가 대체로 원만했다. 사회적 위치나 의식 수준도 높은 편이었다. 각자 영적 성장을 추구하며 수행에도 많은 관심을 가지고 도반처럼 살아가고 있는 이상적인 관계였다. 그런데 이 부부에게는 충돌의 씨앗이 되어 감정적으로 격하게 발전되는 부분이 있었다. 여성은 지나치게 정리 정돈을 하지 않는 스타일로 항상 집안이 쓰레기처럼 너저분한 상태였다. 반면, 남편은 깔끔한 성향에 조급하고 짜증을 잘 내는 성격을 지니고 있었다.

어찌 보면 사소할 수도 있지만, 한쪽에는 큰 스트레스로 작용하는 것이 현실이었다. 그 때문에 어느 한계를 넘어가면 충돌이 일어나 큰 감정싸움으로 번지기 일쑤였다. 부부싸움은 칼로 물 베기라는 속담처럼 시간이 지나면 정상적인 관계로 돌아왔지만, 이들에게는 큰 고통을 안기는 문제이자 풀기 어려운 숙제였다.

남들에게는 하찮아 보이지만 큰 고민을 털어놓는 그들에게, 나는 가상의 상대를 설정해 감정을 완충하는 이 방법을 쉽게 적용해 볼 수 있도록 알려주었다. 이 부부는 감정의 충돌이 더 이상 악화되지 않도록 한바탕 충돌 후에는 소모전을 중단하고 각자 조용한 곳을 택해 방법대로 연습과 실행을 하기로 사전에 서로 약속을 정했다. 처음에는 가속화된 감정의 충돌을 중단하기 어려웠지만, 계속 반복되는 노력으로 어느 순간부터 한바탕 소동 후에는 각자 자신만의 공간으로 향하는 것이 습관화되었다고 한다. 이제는 서로 부딪치는 횟수도 더욱 줄어들고 격한 감정의 충돌도 점차 순화되었지만, 더욱 중요한 사실은 스스로 정리 정돈에 신경을 쓰기 시작하며 집안 환경이 이전과 비교할 수 없을 정도로 개선되고 있다는 소식을 알려왔다.

6장 자각의 메커니즘

자각의 단계

이 책의 서두에서 내가 지금과 같은 구도자의 삶을 살아가는 계기가 되었던 전생 체험을 소개했다. 그때 나는 죽음을 앞두고 진정한 참회와 함께 다음 생의 목표와 원을 세우며 죽음을 맞이했다. '다음 생에는 자만과 우월감, 교만과 아집을 버리고 우주적인 참다운 진리를 깨우치리라!'는 한에 가까운 서원이었다. 내 영혼은 이번 생에 진정한 우주적 진리를 그토록 깨닫기 위해 이 지구상에 물질화한 영혼이었던 것이다.

그러나 스스로 내 영혼의 목표가 무엇인지 확연히 알아차리기 전까지 삶은 다른 방향으로만 흘러가고 있었다. 전생에 그토록 큰 한과 집착이라는 고통체의 에너지장을 끌어안고 죽었건만, 무지한 삶을 살며 정리되지 않은 고통체들은 내 삶의 고난과 역경과 합성되면서 정말 견디기 힘든 아픔들을 선사했다. 마음의 상처와 물질적·경제적인 고통, 애정적 갈등 등 고통으로 가중된 삶을 살아가는 과정 중에 신과 나눈 이야기라는 책을 만나게 되었다. 신나이 시리즈 중, 특히 '신과 나누는 우정'과 '신과 집으로' 책에는 관점을 달리한 자각에 대한 설명이 여러 곳에 등장하는데, 자각에 대한 이러한 대목이 유난히 내 이목을 끌었다.

한글과 한자로는 스스로 '자'자에 깨달을 '각'자, '스스로 깨닫는다'로 단순히 해석될 수 있지만, 그 뜻과 의미는 알 듯 말 듯 내 가슴으로 소화되기에는 쉽지 않았다. 자각을 화두 삼아 자각 자각, 자각이 무엇일까 계속 중얼거리며 자각에 깊이 빠져들어 갔던 기억이 선하다. 그러다 어느 순간 내가 가장 원하는 것이 무엇일까를 생각하게 되었는데, 그것이 바로 자각이라는 생각에 이르렀다. 내가 자각에 대한 신나이의 글들과 내면의 참구를 통해 다다른 자각의 묘미는 스스로 알아가는 과정을 가슴으로 확연히 즐기는 것이었다. 그래서 나는 '내가 수행 과정에서 꿈꾸는 것은 결국은 자각이다'라는 결론을 내리게 되었다. 이후 나를 대표하는 키워드이자 브랜드는 자각으로 변하게 되었다.

자각의 묘미는 조금씩 알아가고 깨달아 가는 과정을 즐기면서, 점진적으로 자각의 상태가 높아진다는 것이다. 한도 끝도 없이 높아질 수 있는 것이다. 물론 인간에게 자각의 도달점과 종착역 역시 존재한다. 그것은 신과의 분리, 즉 이원성이 사라지는 지점, 자각하는 관찰자가 사라지는 그곳이다.

그러나 그 자각의 대척점에는 망각이 자리 잡고 있다. 우리들 신을 잃어버린 대부분은 자각이 아닌 망각의 지점에 서 있다. 자각의 단계가 높아지고 자각이 깊어지면 얼마나 망각 속에서 정신 나간 좀비처럼 습에 휘둘려 살아왔는지를 절감하게 된다. 망각은 무의식적 반복이다. 자각은 내 생각과 감정, 의지를 쓰면서도 스스로 알기 때문에 내가 무슨 생각과 의도를 가지고 무엇을 하고자 하는 목적의식이 인지가 되는 상태이다.

그러나 망각은 목적의식이 없이 반응만 하는 상태이다. 창조가 아닌, 과거의 생각과 습이 계속 딸려 오기 때문에 마음속에 무의식적인 기제가 한없이 반복되어도 이것을 스스로 인지하지 못하는 것이다. 망각은 육신의 옷을 입을 때 어머니의 자궁이라는 그 좁은 에너지장을 통과하며 우주로부터 부여받은 자연스러운 장치라고도 볼 수 있다. 우리는 자각을 통해 우주의 망각 장치를 거슬러 인간의 본질인 신성을 회복해야 하는 것이다.

자각은 다양한 얼굴을 하고 있다. 순간순간을 깨어 알아차리는 자각이 있는가 하면, 물질계로 내려오며 자연스레 망각하게 된 기억을 찾는 자각도 있다. 우리는 수많은 삶을 반복하며 상상하지도 못할 고통과 그 결과물인 고통체들을 간직하고 있다. 인간은 고통으로부터 기억해 내는 과정을 거쳐야 한다. 마음의 상처가 깊으면 깊을수록 그 고통의 순간을 기억하려고 몸부림치는 영혼이 있는가 하면, 기억하려고 애쓰며 몸부림만 치다가 절망에 빠지는 영혼도 많다. 그러나 사람은 고통으로부터 승화되면 성장의 길로 들어서게 되고 영혼은 제 길을 찾아 본격적인 여정을 시작할 수 있다.

자각에 눈을 뜨며, 나는 내 과거 생의 경험이 어떠했는지 자각할 수 있게 해 달라고 신께 무척이나 많은 기도를 했다. '제가 누구인지 진정 알고 싶습니다, 하나님! 어떤 과정을 거쳐 내가 이 세상에 왔는지 명확하게 알고 싶습니다'라고 계속되는 기도가 이어졌다. 그 과정에서 어느 날 지인 스님과 수행하며 전생 체험을 확연히 하게 되었다. 기억이 확장되면서 나무니아 무시라는 과거 생의 수행자로의 삶이 떠오른 것이다. 돈과 명예에 대한 탐욕으로 눈이 멀어 진실을 보지 못했던 삶을 회한하며 그 모든 것을 끌어안고 죽는 과정이 너무나 선명하게 뇌리에 박혔다. 그 이후 나는 이 자각의 깊이를 어느 정도까지 확장해야 진정한 자유를 얻을 수 있을까 하는 고민 아닌 고민에 빠지기도 했다. 그러면서 전생에 나를 그토록 붙잡아 맨 자만심과 우월감, 교만이라는 것이 과연 무엇일까에 대해 생각을 많이도 하게 되었다.

결론적으로 자만심이라는 것은 권력과 명예, 사랑과 돈 등과 같은 물질욕을 이 세상에서 극대화하면서 나라는 상을 한껏 드러내고 싶은 욕구인 것이다. 나라는 개체화의 극대화는 물질계에서 부와 명예, 권력, 성적인 사랑을 쟁취하는 것이다. 자만심은 그러한 것들을 마음껏 쟁취해서 누려 보려는 체험을 갈망하는 상태이다. 그러나 이 현상계에서는 물질적인 경험의 극대화, 나라는 개체화가 강해지면 상대적으로 신성을 망각하며 영적 빈곤함이 커지게 된다.

나는 편의상 자각의 수준을 몇 단계로 나누어 구분한다. 그 시작인 첫 단계는 내가 내 자신의 생각과 감정, 그리고 의지를 부정적으로 사용한다는 것을 인식하는 것이다. 여기서는 무엇보다도 먼저, 부정성이 나를 지배한 상태에서 그것에 내가 끌려가고 있다는 사실을 인지하는 것이 중요하다. 그 이전까지는 주객이 전도된 것이다. 그리고는 미약하나마 자신의 생각과 감정을 분리해서 객관적으로 볼 수 있는 힘이 생기기 시작할 때 자각의 초입에 진입했다고 볼 수 있다.

자각의 2단계는 자신의 부정성을 인식하고 알아챈 상태에서 부정성에 대한 전환, 즉 변곡을 일으킬 수 있는 수준의 단계이다. 이 지구상의 대부분의 인간은 아직 생각과 감정의 부정성을 인식하고 분리할 수 있는 진화 수준에 도달하지 못한 상태다. 그렇지만 1단계에서 생각과 감정을 분리할 힘이 있다고 해도 대다수의 경우, 커다란 감정적 에너지와 마주했을 때는 그 한계를 넘지 못하고 함몰되기 십상이다. 2단계는 바로 이러한 치명적인 감정적 허들을 인지하고 멈춰 설 수 있는 의지를 발현할 수 있는 상태이다. 이때 부정성이라는 관성이 방향성을 틀며, 현존의 상태에서 자신이 존재의 주인으로서 힘을 발휘하는 대전환점에 들어설 수 있게 된다.

생각과 감정, 의지는 사속의 속도로 동시다발적으로 발현된다. 그렇지만 생각을 보지 못하면 감정을 다스릴 수 없고, 감정의 제어에 실패하면 의지와 행동의 변화가 일어나지 않는다는 점이다. 중요한 사실은 생각을 보려면 관찰자가 드러나야 한다. 여기서 주시자, 관찰자는 생각이나 에고가 아닌 내면의 현존이 명확하게 드러나는 상태이다. 나의 생각을 주시하는 관찰자가 내면의 하나님이라는 수준의 정도에까지 올라서게 되는 상태가 3단계의 시작으로 볼 수 있다. 내면의 관찰자가 명확하게 드러난다는 것은 나의 생각과 감정, 의지를 내 자신이 분명히 지켜보는 상태로 깨어 있는 자가 되는 것이다. 깊은 자각의 수준으로 지금 이 순간을 깨어 있는 단계가 3단계이다. 순간에 깨어 있으면, 자신의 생각과 감정을 주시하면서 즉시 알아채고 바로 변환할 수 있기 때문에 생각에 속지를 않는다. 에고에 속지 않으면 카르마와 업식의 지배에 속박 당하지 않을 수 있다. 평정심과 현존의 상태에 있게 된다.

자각의 4단계는 분리의 환상이 완전히 깨지며 신성과 내가 하나임을 존재 자체로 자신이 인식하는 상태이다. 분리의 이원성은 신성의 본질인 사랑에서 두려움이 튀어나온 상태이다. 인간이 궁극적으로 추구하는 것은 나와 신이 개별화되어 있다는 오류를 깨닫는 것이다. 내가 이원성의 상태에서 개별화된 존재로 인식을 하는 한, 우리는 생존의 보장성을 위해 두려움을 활용할 수밖에 없다. 반면, 합일의 상태에서는 두려움은 그 본질인 사랑으로 환원된다. 두려움을 안고 사랑 속으로 들어간 것이다. 이것이 바로 분리의 환상이 깨진 상태이다.

자각의 메커니즘

자각의 종착지는 이원성이라는 분리의 환상에서 벗어나 신성과 합일을 이루는 상태로의 도달이다. 개체적 신성인 내면의 신이 드러나는 것이다. 자각은 '현존의 상태로 깨어 존재와 현상을 알아차리고 그 본질을 깨닫는 것을 의미한다'는 것이 나의 생각이다. 이는 자신의 생각과 감정, 의지는 물론, 물질 상대세계의 법칙인 작용과 반작용에서 비롯되는 일체 현상들을 통찰할 수 있는 수준이다. 자각을 여러 측면에서 바라보며 개념화 해 볼 수 있지만, 불교의 위빠사나만큼 상세하고 체계적으로 자각에 접근하고 있는 수행 방편은 없어 보인다.

　석가모니 부처님은 6년 고행 후 그 방식을 버리고 위빠사나, 즉 내면 관찰을 통해 지혜를 증득하며 무상정득정각의 경지인 부처의 반열에 오르신 것으로 알려져 있다. 불교의 대념처경에는 부처님이 깨달음을 얻은 후 '중생의 정화를 위한, 슬픔을 건너기 위한, 괴로움의 소멸을 위한, 진리의 길을 걷기 위한, 열반을 증득하기 위한 유일한 길(일승도, 一乘道)이 사념처 위빠사나이다'라고 하셨다는 대목이 있다. 또 부처님은 대열반에 들기 직전 그를 찾아온 마지막 제자에게 '내 나이 29세에 왕궁을 버리고 생사 없는 진리를 찾아 사문이 되었다. 그때 이후로 50년의 세월이 흘러갔건만, 나의 가르침 밖에서 구경 해탈도에 이르는 사념처 위빠사나를 가르치는 사람은 한 사람도 찾아볼 수 없었다'라고 법문 하신 것으로 되어있다 (김열권의 위빠사나 참고).

　한국과 중국 중심의 북방 불교는 조사선이나 화두선이 주류를 이루는 것으로 잘 알려져 있다. 그러나 미얀마나 태국, 인도, 스리랑카 등의 남방에서는 부처님이 가르침을 펴던 시절의 원음을 기록한 초기 불교 경전을 근거로 위빠사나라는 수행체계를 확립해 지도하고 있다.

　위빠사나는 몸과 감각(느낌), 마음, 일체의 법(현상)이라는 사념처를 지혜로 알아차려 무상, 고, 무아를 통찰함으로써 열반, 해탈에 이르는 수행법으로 알려져 있다. 남방의 여러 선원에서 가르치고 있는 위빠사나의 수행 방편들은 자각선원의 자각에 도달하기 위해서도 훌륭한 방법이다. 수행자나 회원들의 근기와 성향에 따라 위빠사나의 기초를 익히면 도움이 될 수 있다는 생각이다. 나의 경우도 젊은 시절 여러 수행 단체를 찾아 구도에 열을 올렸던 시절, 잠시 위빠사나 수행법과 인연이 닿아 체험해 볼 수 있는 소중한 기회가 있었다.

남방 선원의 위빠사나는 크게 마하시 사야도와 고엔카, 파욱 스님 등이 체계화 한 수행법이 대표적인 위치를 차지하고 있다. 물론 이외에도 많은 위빠사나 선원들이 있는 것으로 알려져 있다. 이들의 위빠사나 수행은 부처님이 가르침을 폈던 원음에 기초를 두고 있기 때문에 서로 근본은 유사하지만 응용에 있어서는 약간의 차이가 있는 것으로 알고 있다.

내가 접했던 마하시 선원의 위빠사나 수행법에서는 몸, 감각, 마음, 법이라는 사념처를 대상으로 좌선과 행선을 병행한다. 자각선원에서 지도하고 있는 수행법을 소개하기 전에 먼저, 부처님께서 권장하신 위빠사나의 기본기를 습득하는 것도 좋은 방법이라고 생각한다.

마하시 선원의 좌선수행은 호흡관찰을 기본으로 한다. 호흡은 복식을 위주로 하지만, 나는 자연호흡을 권장한다. 현대의 일반인들은 복식호흡을 배우거나 연습하지 않는 한 자연스럽지 못하기 때문이다. 또 초보자가 무리하게 복식호흡을 시도할 경우 예기치 못한 부작용이 발생할 수 있다. 본인이 평소에 하는 자연스러운 호흡에 집중 하도록 한다. 자세는 가부좌나 반가부좌, 평좌 등 본인에게 편한 자세로 앉는다. 허리는 편 상태로 눈은 살며시 감지만 힘이 부자연스럽게 들어가지 않도록 한다.

호흡을 하며 배가 일어나고 들어가는 움직임을 면밀히 관찰한다. 일부 다른 남방의 수행 센터에서는 배의 움직임이 아닌 호흡의 출입처인

콧구멍이나 윗입술에 의식을 두기도 한다. 호흡과 배의 움직임을 기준점으로 삼고 관찰하는 과정 속에서 마음의 작용인 생각과 몸의 감각에서 느껴지는 느낌들, 마주하는 현상 등 일거수일투족을 인식하며 알아차리는 것이 중요하다.

먼저, 호흡을 하며 배가 일어나고 들어가는 현상을 관찰한다. 들이쉬면서는 일어남, 내 쉬면서는 들어감을 반복 관찰하다 보면 번뇌망상이 어김없이 출현한다. 이때 생각 없이 망상에 끌려가서는 안 된다. 바로 그 생각을 알아차려야 한다. 생각이 일어나면 즉시 '생각, 생각'하며 단어를 반복하여 생각을 인식 시켜야 한다. 생각을 인식한 후에는 다시 기준이 되는 몸의 호흡과 배의 움직임에 집중한다. 일정 시간 한 자세로 있다 보면 몸의 통증이나 여러 반응이 일어나기 마련이다. 이때 또한 몸의 감각에서 느껴지는 느낌들을 알아차려야 한다. 발이 저리거나 통증이 생기면, 호흡을 통한 배의 관찰에서 감각의 통증으로 옮아가 '통증, 통증'하면서 통증을 자각해 나간다.

이외에도 여러 가지 다른 현상을 경험할 수 있다. 이럴 때마다 그 현상을 알아차리고 다시 기준점인 호흡과 배의 움직임으로 돌아오는 것이다. 깨어 있고, 알아차려 자각이 될 때야 비로소 이러한 일련의 과정들이 제 기능을 할 수 있다. 이렇듯 위빠사나의 실천적 수행법들은 깨어있고 알아차려 자각을 하기 위한 아주 좋은 기초 토대를 제공하고 있다.

행선 또한 이치와 본질은 같지만, 관찰과 알아차림의 대상만 바뀔 뿐이다. 행선의 대상은 호흡과 배의 움직임이 아닌, 발의 움직임에 집중한다. 왼발과 오른발을 천천히 번갈아 가며 움직이는 과정을 면밀히 살피는 방식이다. 처음에는 왼발, 오른발을 한 발짝씩 옮길 때 마다 왼발과 오른발을 인식하여 관찰한다. 천천히 왼발을 디디며 '왼발'을, 다시 오른발을 옮겨 걸으며 '오른발'을 되풀이하며 관찰한다. 가다가 멈추려 할 때는 멈추려 하는 의도를, 멈추어서는 멈춤을 알아차려야 한다. 물론, 일정 거리를 움직이다가 돌아설 때는 돌아서려고 하는 의도와 돌아서는 동작을 알아차린다.

왼발과 오른발의 관찰이 잘 되면, 좀 더 세분화할 수 있다. 각 발을 구분하여 들어 올림과 내림의 구분 동작까지 알아차리는 것이다. 여기서 한 단계 더 들어가게 되면, 동작을 들어 올림-앞으로-내림의 세 동작으로 구분해 상세히 자각할 수 있다. 행선 도중에 눈을 통해 무엇인가를 인식하게 되면 그 자리에 멈추어 서서, 보는 대상을 인식하고 관찰한다. 이때도 인식을 명확히 하기 위해 어떤 대상을 '봄, 봄'하고 단어를 되풀이하면 된다.

이렇듯 위빠사나의 기본 방법론은 크게 어렵지 않아 보인다. 오히려 너무 단순해 지루하다고 느낄 정도다. 그렇지만 일정 시간 동안 의식의 끈을 놓지 않고 현존의 상태를 유지하며 작은 순간과 찰나, 다양한 현상과 반응을 지켜보고 자각한다는 것은 많은 연습과 집중력을 필요로 한다. '연습과 노력만이 답이다!' 이는 모든 세상사뿐만 아니라 수행에 있어서, 내 안의 신성을 깨워가는 과정에서도 정답이다.

그렇다면 부처님께서도 추천하고 전 세계의 수많은 구도자들이 남방의 수많은 명상센터를 찾아 수행을 하는 위빠사나는 현재 제 기능을 하는 것일까? 여러분은 위빠사나 수행을 통해 진정한 자유를 얻고 신성을 회복했는가? 뿌리 깊은 고통체의 감정은 정리 되었다고 스스로 확신할 수 있는가? 물론, 수승한 수행 방편답게 위빠사나를 통해 다양한 경지와 수준에 도달하고, 마음의 평정 혹은 새로운 경험을 했다는 사례도 적지 않다. 그렇지만 모든 수행이 그렇듯, 많은 위빠사나 수행자들이 목표로 했던 수준의 기대치에 다가서지 못하고 있다는 현실 또한 부정할 수 없는 팩트라고 할 수 있다. 도대체 그 훌륭한 수행법에 무슨 문제가 있는 것일까?

결론은 수행법 자체에는 아무 흠결이나 문제가 없다는 것이다. 문제를 찾자면 수행법이라는 도구의 본질을 찾아 제대로 활용해야 한다는 점이다.

자각선원에도 위빠사나를 꽤나 오랜 기간 동안 수행한 경험이 있는 회원들이 더러 있다. 위빠사나 수행을 통해서도 자신이 찾고자 했던 그곳에 도달하지 못하고, 어찌할 수 없는 수행의 한계를 극복하기 위해 자각선원의 문을 두드린 경우이다. 이들과 대화를 나누어 보면 몇 가지 공통점이 발견되곤 한다. 그들 대부분은 위빠사나를 머리 위주로 수행하거나 고통체가 자각의 장애 요소로 심하게 작용하는 경우가 많았다.

위빠사나를 15년 이상 수행했던 모 검사는 지나치게 사리분별력과 아상이 강했다. 지식과 머리로만 이해하는 경향이 심한 경우였다. 이 회원은 관찰에만 머무른 상태에 속한다. 자신이 관찰한 대상을 인정을 해야만 진정한 알아차림인 가슴으로 수용이 될 수 있다. 특히 그것이 마음의 감정 작용이라면 머리로만 관찰해서는 진정한 알아차림의 단계에 이른 것이 아니다. 보았지만 머리로 본 것에 그친 것일 뿐 제대로 보지 못한 상태, 즉 가슴으로 통찰하지 못한 수준인 것이다. 우리 인간을 괴롭히는 번뇌의 주된 원인은 감정적인 부분이 큰 비중을 차지한다고 볼 수 있다. 위빠사나 수행을 하다 보면 해소되지 못한 감정적인 앙금들이 끊임없이 치고 올라올 수 있다. 이것들은 단순한 관찰로 해결될 문제가 아니다. 생각에 이어 관련된 부정적인 감정이 올라올 때 관찰의 대상이 되는 것은 맞지만, 이 감정을 진정으로 인정하는 마음이 빠진 것이다.

노여움이나 수치심을 주시했다면 그 감정을 느낌으로 승화하고 인정해야 한다. 이럴 때라야 알아차림이 가슴까지 내려와 진정으로 통찰이 된 것이라 할 수 있다. 진정한 인정과 수용이 이루어지면 가슴에 큰 변화가 생기게 된다. 카타르시스와 같은 기쁨으로 반전이 되기도 하는데 이를 통해 엄청난 감정적인 해소가 이루어진다. 그러면서 감사의 눈물을 흘리는 경우를 나는 많이도 경험했다.

또 감정적인 해소가 진전되어 발전하면 사람의 삶은 본질적으로 변화된다. 가슴이 열리며 자신의 부정적 감정의 에너지들이 정리되는 만큼 세상을 보는 인식 구조가 달라지고 내면으로부터 좌뇌와 우뇌가 통합하기 시작한다. 중추신경계는 확장되면서, 내가 영원한 생명을 가지고 우주를 경영하는 영혼적인 존재라는 것을 알아가는 수준으로 자각의 단계가 깊어지는 것이다. 머리로 알아차림과 가슴으로의 알아차림은 이와 같이 천지 차이라고 할 수 있다. 이런 의미에서 볼 때 위빠사나 수행으로 큰 진전을 이루지 못하는 대부분의 수행자는 머리형으로 위빠사나를 하고 있다고 볼 수 있다. 위빠사나는 가슴으로 하는 것이다.

나의 경우도 고통체가 빠져서야 비로소 생각과 감정을 제대로 볼 수 있는 힘이 생긴다는 진리를 몸소 체험했다. 고통체가 해소되지 않으면 인간은 자신의 생각 구조를 변화시키기 어렵다는 사실을 절감했다. 고통체가 떨어져 나간 만큼 자각이 진전된다는 사실을 나중에야 알게 되었다. 고통체가 우리를 지배하고 있으면 부정적인 생각과 감정의 응어리 즉, 부정적 에너지장이 무의식을 지배하기 때문에 생각의 유턴(전환)이 일어나기가 어려워진다. 삶에서, 또 수많은 생을 거듭하며 쌓인 한과 집착, 마음의 상처 등과 같은 고통체를 치유하는 과정에서 그 부정성과 감정이 해소된 만큼 자각이 떠오르게 된다. 그렇기 때문에 내면의 신성을 깨우기 위한 수단으로 자각을 하기 위해서는 먼저 고통체를 치유하는 수행을 선행해야 한다.

자각선원의 자각

자각선원에서 자각의 목표와 위상, 방향성은 명확하다. 모든 인간에게 내재한 신성을 깨우는 방편으로써 가장 중요한 역할을 하는 핵심 도구가 자각이다. 자각선원의 자각은 나의 본질이 신성이라는 흔들림 없는 자기 선언에 최종점을 찍는 마침표 역할을 한다. 특히 자각의 방법론은 초기 수행단계에서보다는, 내면의 신성 깨우기 과정에서 집중적으로 활용되어 그때 더욱 빛을 발하며 제 역할을 소화해 낸다. 자각이

제대로 기능성을 발휘하기 위해서는 바로 전에 설명했듯이 고통체의 부분적 해체가 아주 중요한 역할을 한다. 이를 위해서는 Part 3 수행 편에서 자세히 소개될 예정인 고통체를 마주하고 다루기 위한 '우주 파동 언어 영언'을 비롯해 '빛의 힐링'과 '천부경 수련' 등의 사전 단계 수행이 선행되어야 한다. 이러한 일련의 과정을 통해 이생과 전생이라는 장구의 세월 동안 내 자신을 구속해 온 굵직한 고통체들을 정리하고 본격적으로 자각을 위한 단계에 진입할 수 있다.

이곳 선원에서 자각의 핵심은 관찰 대상을 머리가 아닌 가슴으로 확연히 알아차리는 것이다. 또 찰나에 생멸하는 생각과 감정의 흐름을 명확히 분리해 내, 그 틈을 벌려 감정을 확연하게 통찰하고 그것을 느낌으로 승화하는 것이다. 느낌으로 승화되지 않으면 자각의 완결은 없다. 여기에 더해 현존의 상태에서 자각을 더욱 깊이 유지함으로써 내면의 빛(신성의 빛, 영혼의 빛)을 보고, 나아가 가슴과 뇌를 에너지적으로 통합하는 것이다. 우리가 다른 어떤 관찰대상보다도 생각-감정의 흐름에 집중하는 이유는 인간의 일차적인 반응 메커니즘이 생각-감정-의지 형태로 에고가 발현되고 날뛰기 때문이다. 그중 감정은 건강과 부, 관계, 정서 등등 인간의 모든 부정적인 현상들에 있어서 주원인으로 작동하기도 한다.

또 한편으로, 우리 현대인들은 모두 보편적인 깨달음의 시대에 발을 디디어 놓은 상태이다. 지금의 시대는 누구나 평등하고 누구나 깨달음이라고 하는 자신의 신성을 회복할 수 있는 단계에 들어서고 있다. 현재의 우리는 과거의 수행자들과 달리 현실에서 재가로 출가한 사람들이라고 할 수 있다. 이러한 이유로 오늘날 우리의 현실에 맞는 좀 더 적합하고 스마트한 방법을 찾아내야 한다. 지금 현재의 환경과 관계의 룰에 따라야 현명하다. 과거에나 가능했던 단순한 삶 속에서의 수행은 별개로 하더라도, 남방의 위빠사나 수행자들처럼 하루의 모든 시간을 수행에만 전념할 수는 없다. 일상도 중요하고, 삶은 또한 수행의 다른 단면이기 때문이다. 어떻게 오전 3시부터 저녁 11시까지 조금의 식사와 물만으로 하루 종일 수행에 올인 할 수 있겠는가!

이러한 현실적인 고민과 나의 무데뽀적인 실험정신이 경험론적으로 자각의 몇몇 방편들을 이끌어 냈다. 먼저 나는 생각-감정-의지로 이어지는 흐름에 대한 자각에 앞서, 가장 중요한 감정이라는 실체에 접근해야 한다는 생각이다. 지피지기를 해야 하는 것이다.

자각의 준비단계로 내가 추천하는 첫 번째 방법은 자신의 가장 모나고 아픈, 어찌할 수 없는 감정 구조를 파악하는 것이다. 그리고 그것을 인정하는 훈련이다. 이 방법은 자각의 준비는 물론 자연스럽게 자각의 1.5단계 정도에까지 도달할 수 있도록 돕는다.

우선, 내 자신을 가장 괴롭히고 아프게 하는 감정이나 마음 구조를 1순위부터 10순위까지 리스트를 작성해 본다. 대략 상위를 차지하는 몇 가지의 감정은 그 순서가 명확하지 않을 수 있다. 이 체크리스트를 가지고 매일 일상에서 감정적으로 부딪힐 때 마다 어떤 감정이 심하게 올라오고 큰 충격으로 작용하는지 항목을 체크하고 기록해 본다. 그러면 대략적인 통계 윤곽이 잡히며 나의 감정적 성향이 드러나 우선순위가 명확해지기 시작한다. 노여움, 서러움, 부러움, 근심 걱정, 죄책감,

피해의식, 불안 등등. 이것은 일종의 훈련이다.

이렇게 반복적으로 감정적 성향을 분석하기 시작하면 주시자의 관점으로 객관적인 관찰의 힘이 조금씩 자리를 잡아가기 시작한다. 이런 상태가 훈련을 통해 점점 익숙해지기 시작하면 감정이 올라올 때마다 인식의 속도가 빨라지고 감정이 수그러드는 것을 알 수 있게 된다. 제동 장치가 작동하기 시작하는 단계이다. 자기 분석을 통해 내가 개선해야할 마음 구조가 노출되면 감정 패턴을 보게 되면서 이를 인지하게 되고, 인지가 되면 조금씩 자신과 감정의 분리가 이루어지는 선순환의 고리가 생긴다. 더불어 노출된 적(敵)은 힘을 잃어 가기 시작한다. 자연스럽게 감정의 인지-분리-제동-변곡이라는 1, 2단계 수준의 자각에 접근해 나간다.

그러나 관건은 첫째도 연습, 둘째도 훈련이다. 그간의 경험을 되돌아보면 뒷심이 부족해 막바지 문턱을 넘지 못하는 경우를 종종 보아왔다. 단순하고 쉬워 보이지만 절대로 얕볼 수 없는 대상이다. 쉬워 보일수록 어려운 법이다. 자신의 무의식이라는 습 때문이다. 종이 한 장의 벽을 넘기가 그렇게 어려운 것이다.

또 다른 준비 단계이자 자각의 토대를 튼튼히 할 수 있는 방편이 있다. 전통적인 위빠사나 수행법 역시 자각의 토대를 굳건히 할 수 있는 검증된 훌륭한 방법이다. 그러나 많은 회원들을 통해 머리로 치우치기 쉬운 단점을 발견한 이상, 가성비 측면에서 좀 더 현실적인 방편을 추천한다. 좀 더 흥미를 가미해 관찰 대상을 가슴으로 인정하기 쉬울 뿐 아니라 매우 직관적이고 언제 어디서나 쉽게 연습해 볼 수 있다는 장점이 있다.

바로 인간을 구성하는 기본적인 감각기관을 활용하는 방법이다. 인간은 신체적으로 5개의 감각기관을 소유하고 있다. 그리고 육감이라고 불리는 비 육체적인 감각기관이 있다. 이들 6개의 감각기관을 관찰대상으로 하면 직관적이면서 가슴으로 인정하기도 쉽다. 순서는 안-이-비-설-신-의 차례로 약 5분씩 30분 정도를 반복하는 것이다. 이 또한 다다익선이다. 혼자의 시간을 확보할 수 있으면 언제든지 장소에 구애받지 않고 연습해 볼 수 있지만, 주로 화장실이나 출퇴근 시간이 자신만의 시간 확보에 효율적이라는 생각이다.

자세는 크게 구애받을 필요 없이 편하고 자연스러우면 된다. 먼저, 눈을 감아도 좋고 떠도 좋지만, 두 경우를 모두 해보는 것이 좋다. 눈을 감은 상태에서 차분히 눈꺼풀을 응시해 본다. 우리는 통념적으로 눈을 감으면 약간의 빛이 들어올망정 캄캄하기만 할 것이라고 생각한다. 그러나 자세히 관찰을 해보면 우리가 얼마나 습관적이고 주의력 없이 살아왔는지를 실감할 수 있다. 평소 인식하지 못했던 다양한 현상이나 반응들이 나타난다.

불규칙한 음영이나 모양들, 밤하늘의 별들을 보는 듯 한 장면들, 파란 점들이 나타나기도 한다. 더 나아가 제3의 눈과 같은 모양, 푸른 뭉침의 빛들이 회전을 하기도 하고, 더러 기하학 문양이 목격될 수도 있다. 일반인의 눈을 통해서도 충분히 관찰이 가능하다. 자신의 감각기관으로 직접 관찰하고 알아차리기 때문에 정말로 가슴으로 느끼게 된다.

눈을 뜬 상태에서는 약간 허공을 응시하는 듯한 모양새가 좋다.

우리는 평소 공간이나 대기보다는 사물에 초점을 맞추고 있다. 그렇지만 조금만 의식을 기울여 보면 우리의 눈으로도 평소 보지 못한 여러 무형과도 같은 물질의 움직임을 포착해 볼 수 있다는 사실을 깨닫게 된다. 미립자와 같이 매우 빛나고 산란하는 점들이나 밝은 배경의 벽을 통해서는 불규칙한 음영의 뭉침을, 또 착시현상과는 확연히 다른 투명한 물체의 움직임, 색을 띤 격자 모양의 배열 등등 눈과 빛이 협업해 만들어 내는 현상의 일종들을 알아챌 수 있다. 이에 대해서는 7장에서 신성의 빛 중, 물질의 빛 부분에서 좀 더 자세한 내용을 확인할 수 있다.

눈에서와 같이 다른 감각 기관을 통해서도 평소 의식하지 못했던 정보들을 관찰하고 알아채면 된다. 귀를 통해서는 가장 명확하게 인식되는 소리부터 시작해, 자연에서 내뿜는 조그마한 소리들, 알 수 없는 곳으로부터의 진동 소리와 심장과 맥이 뛰는 소리, 귀의 물리적 구조로부터 들려오는 고유의 소리, 어떤 수행자는 지구가 회전하는 소리까지 들린다고 한다.

코로는 일반적인 냄새를 맡을 수 있지만, 숨을 통해 들어오는 공기의 쌉쌀하기도 하고 맵기도 한 표현하기 어려운 냄새도 있다. 숨을 천천히 들이쉬며 가능한 모든 느낌을 동원하여 냄새를 관찰하고 알아차리면 된다.

혀를 이용해서는 음식을 먹을 때 아주 주의 깊게 맛을 느껴보는 방법과 음식물이 없는 상태에서 혀를 굴려보며 침과 구강 내부의 맛, 느낌을 감지해 보면 된다.

몸으로는 차분히 마음을 가라앉힌 상태에서 머리에서 발끝까지 의식을 이동해 가면서 특별하게 느껴지는 부분을 관찰해 본다. 평소와 다르게 가렵거나 미세한 통증이 느껴지기도 한다. 때론 특정 부위에 중압감이나 찌릿한 감촉, 얼얼한 부위가 주의를 끌기도 한다. 또 피의 흐름에 따른 압력감, 민감한 사람은 소위 기(氣)의 흐름이 느껴진다고 이야기 한다.

육감의 경우는 사람마다 편차가 클 수밖에 없다. 깨어남의 정도, 수행의 경험, 남녀의 구분 등등에 따라 많은 차이가 있고 주관적이다. 핵심은 호흡을 고르고 편하고 안정된 상태에서 명상하듯이 내면으로 들어가, 물리적인 반응이 아닌 비물질적인 파동이나 진동을 느껴보는 것이다. 내면으로 깊이 들어갈수록, 다른 차원의 의식체(4장 참조)로부터의 미세한 파동이 감지된다. 이 파동이 온몸을 거쳐 뇌에 감지되며 생각으로 변환, 구체화 될 수 있다. 극단적으로 이야기하자면 우리의 5감과는 별도로 느껴지는 총체적 느낌 정도로 이해하면 좋을 듯싶다.

이상에서 간단하게 소개한 5감(6감) 훈련의 장점은 관찰력과 주의력이 높아지고, 평소 인지하지 못했던 현상에 흥미를 느끼며 연습에 좀 더 몰입할 수 있다는 장점이 있다. 더불어 자기 자신의 확실한 감각기관을 통해 인지했기 때문에 인정의 수용성이 높아져 머리에서 가슴으로 알아차림의 전이가 쉽게 일어난다. 이 방법을 준비 단계의 감정 구조 파악하기 훈련과 병행하면 2단계까지의 도달에 상승효과를 기대할 수 있다.

앞서의 두 단계를 통해 알아차림이 정립되고 부정성에 맞설 힘이 갖추어지기 시작한 사람은 자신을 바꿔야겠다는 무의식적 기제가 꿈틀

거리며 영혼의 자각이 시작된다. 즉 영혼의 갈망이 드러나는 단계이다. 자기관찰을 통해 내면에 대한 자각이 일어나고 스스로의 변화에 대한 욕구가 일어날 때, 영혼의 충동이 내면에서 시작되는 것이다. 자연스럽게 더욱 내면의 깨달음으로 이끌어 가게 된다. 자신도 이러한 이끌림에 더욱 길을 찾고 노력을 기울여 나가게 된다.

이런 과정에서 지속적으로 관찰을 통해 자신과 생각-감정의 분리 노력이 커지고 좀 더 근본적인 생각의 뿌리에까지 찾아 들어가기 시작한다. 결국 자신도 모르게 무의식적으로 반복적으로 생각에 끌려 들어간다는 사실을 깨닫게 된다. 이런 상황을 인지하기 위해서는 생각과 생각의 이면을 제대로 직시해야 한다. 자기 생각을 자신이 명철하게 볼 수 있는 관찰 능력이 생겨야 한다. 생각의 습 또한 수정해야 하는데, 이를 위해서는 생각에 이어 꼬리를 무는 생각을 봐야 한다. 한 생각이 일어나면 뒤를 이어 생각이 반응하게 되는데, 인간의 에고 특성상 대부분 부정적인 생각이 반응을 일으킨다.

그래서 착안을 한 것이 생각 뒤의 반응을 관찰하는 만트라를 고안하여 훈련과 수행을 하도록 하는 것이다. '생각 뒤에 반응하는 부정적인 생각과 감정을 자각합니다'라는 문장을 반복하게 함으로써 생각과 감정을 인식하고 그것들에 깨어 있도록 주문을 거는 것이다. 생각 뒤의 생각을 보고, 또 그에 따라 동시다발적으로 달라붙어 일어나는 감정 구조를 인식시켜 감각 능력을 깨우는 훈련법이다. 그러면서 동시에 관찰자와 생각-감정을 분리하는 구조이다.

반복 훈련이 습관화되면, 무의식적으로 순간을 보는 감각과 눈이 떠지기 때문에 생각 뒤에 부정적인 생각이 떠오르게 되면 반사적으로 인식이 일어날 수 있게 된다. 그러면서 부정적인 생각과 부정적인 감정이 반응하는 것을 멈추게 하는 것이다. 물론 반복 훈련이 수월하지 않다. 그러나 개인차가 있기는 하지만, 어느 순간 물이 끓듯 임계점에 다다르게 된다. 한 생각을 이어 생각과 감정이 전광석과 같이 일어나듯, 생각 뒤에 일어나는 생각과 감정에 반응하여 알아차림이 위력을 발휘하는 순간이 찾아온다. 자각의 3단계 도달을 위한 이 만트라 수행의 좀 더 실질적이고 구체적인 사례는 Part 3 수행의 시대 15장에서 확인할 수 있다.

4단계의 자각을 성취하기 위해서는 깊고 세밀한 자각 상태에 이르러야 한다. 이를 위해서는 명상이 깊어지고, 몸을 포함한 의식체들의 에너지가 고도로 활성화 되어야 한다. 이러한 이유로 하라선과 수인공 등을 통해 차크라를 더욱 활성화함으로써 자각력을 더욱 극대화 시켜 나간다. 또한, 상단전과 중단전, 하단전을 지구중심 및 우주 근원과 하나로 정렬시켜 가며 이원성이 사라진 전체의식 상태로 통합해 나가야한다. 이 부분 또한 구체적인 수행 방법과 사례는 15장에서 다루기로 한다.

자각의 과정 중, 3단계와 4단계는 몸과 의식체의 에너지장이 활성화 되어 있기 때문에 집중력과 힘을 발휘할 수 있다. 그러나 준비와 초기 단계에서 가장 큰 적은 혼침과 무력감 등이다. 일정 시간 집중에 따른 피로감이나 에너지의 과열 현상 외에도, 지루함과 피하고 싶은 충동, 집중력 저하, 졸음이나 의욕 상실 등의 반응이 나타날 수 있다. 대부분 백회와 인당, 가슴 차크라가 정체 혹은 과부하가 생긴 경우 일어나는 현상이다. 이때는 자리에서 일어나 3개의 차크라들을 손끝을 모아 약 10분 정도 번갈아 가며 두드려 준 후, 잠시 걸음을 걷고 몸을 움직이면 큰 도움이 된다.

부처님께서도 제자들에게 졸음 극복을 위한 법문을 하셨다. 참고삼아 간략히 요약하면 다음과 같다.

첫째, 혼침이 오면 그 생각에 더 이상 주의를 끌지 말 것.

둘째, 그래도 혼침이 오면 이미 듣고 배운 법을 마음속에 떠올려 생각하고 되새길 것.

셋째, 그래도 혼침이 사라지지 않으면 배운 법을 세세하게 암송하고 힘차게 정진했던 경험을 상기할 것.

넷째, 그래도 사라지지 않으면 귓불을 잡아당기고, 손바닥으로 팔다리를 문지른다.

다섯째, 그래도 졸음이 오면 자리에서 일어나 세수하고 사방을 둘러보고 하늘의 별을 본다.

여섯째, 그래도 혼침이 생기면 빛에 대한 내면의 인식을 확립하고 낮에 그러했듯이 밤에도, 밤에도 그러했듯이 낮에도 또한 맑고 트인 마음으로 밝음에 가득 찬 의식을 개발한다.

일곱째, 그래도 사라지지 않으면 마음을 집중하여 경행한다.

여덟째, 그래도 혼침이 있으면 마음을 집중한 채 사자 모양새로 두 발을 포개어 오른쪽이 바닥으로 가도록 조심스럽게 눕는다. 그리고 일어난 즉시, "다시는 드러눕거나 기대는 즐거움에, 잠자는 즐거움에 빠

지지 않으리라"고 결심하고 마음 챙겨 나간다. (증지부 58경- 초기불전 연구원 참고)

　혼침과 무력감이 엄습했을 때 방편도 물론 중요하지만, 더욱 중요한 것은 그 방편을 실행하고자 하는 의지와 실천이다. 십중팔구는 방편은 알되, 게으름과 나약함에 시도 자체를 포기한다는 것이다. 무엇보다도, 그냥 그 자리에서 일어나는 연습과 힘을 길러야 한다. 노력과 연습만이 답이다. 나의 소중한 경험담이다.

7장 신성의 빛

    나는 우리가 살아가고 있는 역사적 흐름의 현시점을 지식에서 지혜로 넘어가는 시대, 지혜가 점차 열려가고 있는 시대로 규정한다. 이러한 지혜의 초입에 들어서고 있는 이때, 우리는 이 책에서 가장 형이상학적인 주제 중 하나에 도달했다.

    신성의 빛, 이 빛의 실체는 무엇일까? 과학이 물리적인 빛의 현상과 실체에 대해 많은 진실을 밝혀 놓았지만, 아직도 빛은 수많은 베일 속에 쌓여 있는 미지의 대상으로 보인다. 이런 상황에서 신성의 빛을 논하고 거론한다는 것 자체가 바위로 계란 치기처럼 느껴지는 것도 사실이다. 과학이 현재의 빛에 대한 지식과 통찰에 이르기까지 오랜 세월이 걸렸다. 전자기파의 형태로 매질이 없는 파동이자 입자의 이중성을 갖는 신비한 물질의 빛이라는 결론에 도달하는데 말이다.

    어려운 난제를 풀기 위해서는 기존의 방식으로 접근해서는 승산이 없다는 것이 평소 나의 소신이다. 발상의 전환이나 전혀 다른 개념으로 접근해야 할지 모른다. 나 자신은 빛을 힐링에 도입하고 운용해 온 수행자이다. 나는 그 빛을 근원의 빛, 신성의 빛, 창조의 빛 등으로 부른다. 그 빛은 전체이자 하나인 신성으로부터 나온, 아니 그 자체가 신성의 한 표현이자 또 다른 신성의 형태로 확신하고 있다. 현대의 과학적인 틀과 잣대로 증명하지 못할 뿐이다. 어쩌면 학술적, 과학적 증명이라는 시도 자체가 모순이나 첫 단추를 잘못 끼우는 행위가 될 수도 있다.

    나는 이 신성의 빛이라는 주제를 내 자신의 경험과 통찰력을 살려 현실적으로 접근해 보려 한다. 그 과정에서 현대 과학 교육을 받고 문명의 이기를 충분히 맛본 한 사람으로서, 상상력을 발휘하고 적절한 지식과 지혜를 혼합하여 풀어볼 작정이다. 기존의 과학 또한 이와 다르지 않다는 것이 나의 판단이다. 많은 과학적 발견과 증명이 꿈이나 상상, 독특한 가정에서 시작됐다. 그들과의 차이라면 실험을 통한 입증이나 수학적 공식으로 규명하느냐, 아니면 반복되는 경험과 현상에 직관을 결합하고 통찰력을 부여해 이치적으로 풀어 가느냐의 문제로 보일 뿐이다.

빛의 원조 논쟁: 천지창조의 빛 vs. 우주 빅뱅의 빛

우리는 빛으로 둘러싸인 세상 속에서 살고 있다. 잠에서 깨어나 눈을 뜨기만 하면 태양이 빛의 향연을 펼쳐낸다. 밤이라고 해도 예외가 아니다. 1년 12달, 하루 24시간 끊임없이 빛에 노출되어 있다. 인공의 조명으로부터 가전제품, 자동차, 빌딩 등에 이르기까지 모든 문명의 이기들은 가시와 비가시의 넘실대는 빛의 파동을 뿜어내고 있다.

자연과 세상 또한 빛이 이루어 낸 작품들이다. 아름다운 숲과 나무들, 호수, 그림 같은 정원, 웅장한 도시의 자태와 현란한 불빛 등 드러나는 모든 것들은 바로 빛의 마법이다. 인간의 눈앞에 펼쳐지는 모든 대상은 빛의 작용으로 우리에게 인식되는 것들이다.

통상 빛을 이야기하면 많은 사람들은 기독교의 천지창조(태초)의 빛이나 우주 빅뱅의 빛을 먼저 떠올린다. 종교와 현대 과학이 빛이라는 생명의 원천을 놓고 대립하는 부분이다. 성서와 과학이 빛의 기원을 어떻게 해석하고 받아들이는가에 대해서는 일반인들도 어렴풋이 이해하고 있다. 아마도 빛이라는 단어가 가장 많이 등장하는 책자는 기독교의 성경, 바이블이 아닐까! 성경의 주요 구절을 찾는 성구사전에는 빛이 언급되는 구절이 무려 200회 이상이나 발견된다고 한다.

기독교 성경 창세기에는 빛과 관련된 창조의 과정이 잘 나타나 있다. 신은 첫째 날 빛을 만들고, 넷째 날에는 빛을 낼 수 있는 해와 별이라는 광명체를 만든 것으로 나온다. 여기서 태양의 빛과 첫째 날의 빛이라는 두 종류의 빛이 등장한다. 첫째의 빛은 '하나님이 이르시되 빛이 있으라 하시니 빛이 있었다'고 하는 빛이다. 두 번째의 빛은 빛을 낼 수 있는 태양과 별 같은 광원의 빛이다.

이 두 빛은 다른 성격의 빛으로 우리가 다루고자 하는 형이상학의 빛에 대한 단초나 실마리가 될 수 있다. 즉, 일종의 물질과 비물질의 빛을 암시하고 있다. 물론 성경의 구절을 있는 그대로 우리가 전개하고자 하는 빛의 실체에 접근하는 근거와 논조로 삼으려는 의도는 아니다.

과학 빅뱅의 빛

반면, 우주 빅뱅설은 현재 과학계에서 일반적으로 받아들여지고 있는 표준 우주 모형이라 할 수 있다. 많은 과학자들은 약 180억 년 전 빅뱅이라는 대폭발과 함께 우주 창조가 있었고, 이를 통해 물질 우주가 모습을 드러내게 되었다는데 인식을 같이하고 있다.

빅뱅 당시 상황에 대해 우리나라 대표적인 양자물리학자인 김상욱 교수의 표현을 살펴보자.

그는 "태초에 빅뱅이 있었지만, 초기 우주는 너무 뜨거워서 우리가 오늘날 물질이라고 부를 수 있을 만한 것은 존재할 수 없었다. 우주가 팽창함에 따라 온도가 낮아졌고, 물이 얼음이 되듯 '물질'이 등장하기 시작했다. 빅뱅 이후 38만 년쯤 지났을 때, 수소, 헬륨과 같은 원자들이 생겨났고 이때부터 빛도 존재할 수 있게 되었다. 이 이전에는 빛과 물질이 한데 뒤엉킨 '어떤 것'이 있을 뿐 빛은 홀로 존재할 수 없었다. 이때 탄생한 빛은 지금까지 우리 주위를 떠돌고 있다. 이 빛을 우주 배경 복사라 하며, 그 발견에 노벨물리학상이 주어지기도 했다. 우주는 38만 살 되던 해, 자신의 모습을 빛에 남겨 놓은 것이다"라고 언급했다.

빛의 원조 논쟁과 관련해 서양의 대표적인 종교인 가톨릭의 교황이 가세해 눈길을 끈 적이 있다. 교황 비오 12세가 1951년 현대 과학의 우주론의 의미를 토론하는 로마 교황청 과학 아카데미에서 대폭발 이론을 언급한 것이다. 그는 "이 모든 것이 우주가 유한한 시간 속에 장엄한 출발을 하였다는 사실을 가리키는 듯하다"고 말했는데, 교황의 이 발언에 대한 해석을 두고 당시 과학자들과 많은 사람들에게 큰 반응을 불러일으킨 것으로 알려져 있다. 신학자들은 '성경이 말하는 천지창조가 바로 대폭발을 말한 것이다'와 '그렇지 않다'로 분열되었다고 한다. 교황의 발언 내용은 1952년 8월 발간된 영문판 원자물리학자 회보에 주요 부분이 소개되기까지 했다.

물질의 빛

우리의 생활은 빛으로 시작해 빛으로 끝난다고 해도 과언이 아니다. 공기와 마찬가지로 빛 또한 너무 친숙하고 당연시 여기면서 그 존재 가치를 잘 느끼지 못하는 대상 중 하나이다. 과학이 아닌 문화와 경험으로 우리가 인식하는 빛은 밝게 빛나는 물체, 빛이 나오는 물질이다. 태양과 달, 별, 전등, 불빛 등이 대표 적이다.

한마디로 인간에게 빛은 빛이 나와야 빛인 것이다. 아마도 '빛난다'라는 단어에는 '빛이 나온다'라는 뜻이 함축되어 있을 것이다. 이런 의미에서 밤하늘에 반짝이는 별들은 빛을 내뿜는다. 그러나 천체의 별들은 태양과 같이 스스로 빛을 내는 항성이 있는가 하면, 태양 주위를 도는 수성, 금성, 지구 등과 같이 항성의 빛을 반사해 빛나는 행성이나 달과 같은 위성도 있다. 후자의 경우는 빛을 내는 물체가 아닌 빛을 반사하는 물체에 불과한 것이다.

유사한 맥락으로 이 세상은 후자의 별들이 빛을 내는 것처럼, 태양이나 인공조명이 내는 빛을 반사하는 물체들로 가득하다. 우리 눈에 보이는 대상 모두가 반사된 빛, 즉 인간이 식별할 수 있는 빛의 색이다. 인간이 눈으로 인식하는 모든 것들은 바로 이런 종류의 반사된 색들인 것이다. 엄밀히 이야기하면 빛이 아닌, 눈이라는 감각 기관을 통해 해석, 변환된 색을 보는 것이다.

햇빛이나 조명과 같이 빛이 나오는 광원이 물체에 닿으면 물질의 특성에 따라 빛을 흡수하거나 반사한다. 물체가 모든 빛을 흡수하면 검은색, 모든 빛을 반사하면 흰색을 보게 되며, 어떤 특정의 색만을 반사하면 그 색을 인식하게 되는 구조이다. 사람의 눈에는 기능적으로 Red/Green/Blue라는 빨간색과 녹색, 파란색 등의 3가지 색을 식별하는 세포가 있다. 원추세포라는 이 세 종류의 세포가 3색을 인식하고 조합해 우리가 보는 모든 색들을 펼쳐낸다.

일반적으로 인간은 빛을 보이는 대상으로 국한하지만, 과학에서 실제로 다루는 빛은 보이지 않는 영역까지 확장되어 빛으로 정의된다. 조금 전에 설명한 것과 같이 인간의 감각기관의 한계 때문에 인간이 인지 할 수 있는 빛은 극히 일부분에 불과하다. 과학이 밝혀낸 빛은 전기와 자기가 결합된 전자기파동으로 진공상태에서 1초에 30만 킬로미터의 속도로 퍼져나간다. 빛의 종류는 파장에 의해 구분된다. 우리가 3종의 색 조합으로 인식할 수 있는 가시광선 외에도 파장이 짧은 감마선에서부터 X선, 자외선, 적외선, 마이크로파, 라디오파 등이 있다. 빛은 파장이 짧을수록 진동 주파수가 높아지고, 파장이 길수록 초당 진동이 느려진다. 이러한 파장의 주파수를 우리가 인지하느냐 그렇지 못하느냐의 차이이다.

만유인력을 발견한 물리학계의 대부 뉴턴은 빛에 관해서도 관심이 많았던 것으로 알려져 있다. 그는 빛의 프리즘 실험을 통해 가시광선을 7 빛깔의 무지개색으로 분리해 냈다. 또 뉴턴은 역으로, 분리된 무지갯빛 전부를 렌즈로 모아서 프리즘에 반대로 다시 보내 원래의 빛으로 되돌리는 실험도 성공했다. 즉, 투명한 흰빛은 여러 색의 빛의 집합체라는 것을 증명해 냈다. 이렇듯 빛은 이미 여러 파장대의 색을 가지고 있다. 설명했듯이 물체가 색을 갖는 이유는 특정한 색의 빛만을 반사 시켰기 때문이다.

우리의 주요 광원인 태양에서는 연속적인 형태의 다양한 파장의 빛을 방사하고 있다. 그렇지만 대기권을 거쳐 우리에게는 제한된 파장의 빛들만이 도달하는 것으로 알려지고 있다. 인간에게 유해한 파장들이 걸러진 일종의 보호 장치를 거쳤다고 볼 수 있다. 대신 우리는 과학기술의 발전으로 인공적인 빛들을 생성해 문명의 이기에 활용하고 있다.

잘 아는 것처럼 X선은 인체 투시나 공항검색대에서 사용되며 감마선은 암 치료에 활용된다. 자외선은 살균효과가 있어 음식 컵 소독기나 미용/건강을 위한 선탠기기에서 흔히 볼 수 있다. 또 적외선은 열감지나 리모컨 등에 사용되며, 우리가 편의점에서 음식을 데우는데 사용하는 전자레인지는 마이크로파를 응용한 전자제품이다.

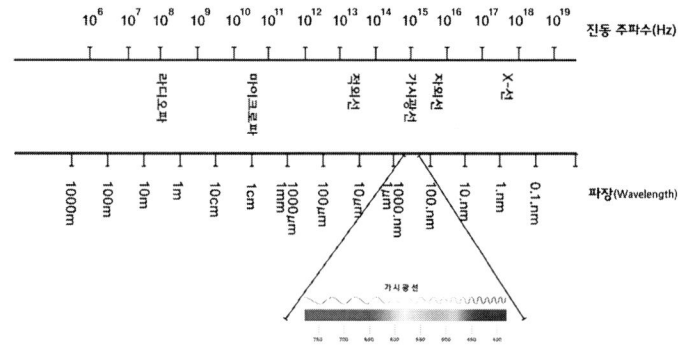

(그림 빛의 진동과 파장) 온 세상 모든 현상은 진동하는 빛이라고 해도 과언이 아니다. 그러나 우리가 인식하는 빛의 범위는 매우 제한적이다. 인간은 단지 가시 영역대의 파장을 갖는 빛 만을 볼 수 있다.

현대의 삶을 바꾸어 놓은 대표적인 정보화기기인 스마트폰도 빛의 일종인 라디오파를 사용한다. 그리고 밤을 낮처럼 환하게 밝혀 놓은 전등이라는 도구는 가시광선의 좋은 예이다. 이렇듯 보이지 않는 빛들이 우리 주변 곳곳에 침투한 상태로, 인간은 그야말로 빛들의 그물망에 둘러 쌓여있는 형국이다.

태양이라는 대표적인 물질 빛의 특성을 알아본 지금, 우리 스스로에게 질문을 던져볼 필요가 있다. 과학에서 밝혀낸 다양한 파장의 빛들만이 존재하고, 그것만을 빛이라고 할 수 있나? 다른 형태의 빛은 없는 것인가? 진동과 파장으로 빛을 구분한다면, 거의 제로에 가까운 파장의 빛과 무한대로 긴 파장의 빛은 무엇일까?

또, 과학이 아닌 경험 현상의 빛은 무엇인가? 우리가 이미 언급한 빛의 몸이라는 오라의 빛과 명상 상태에서 보는 빛, 종교적 신비체험을 통해 경험하는 신성한 빛들, 수행자들이 보는 또 다른 형태의 빛의 현상과 경험은 무엇인가?

<u>우리가 인식하는 빛의 현상들</u>

우리가 눈으로 바라보는 모든 세상이 사실은 빛이 반사하는 현상의 일종임을 살펴보았다. 그렇지만 우리의 눈은 인간과 과학이 알고 있는 것 이상으로 많은 것을 볼 수 있다. 물론 명상이나 신비체험, 수행자의 빛과 같은 고차원적 빛을 의미하는 것이 아니다. 일반적인 빛의 현상과 고차원적인 빛 사이 정도라고 이야기할 수 있다.

눈의 인지 한계는 주의력과 편견, 또 잘못된 지식의 결과라고 할 수 있다. 사람의 일반적인 인식은 눈을 감거나 아주 컴컴한 곳에서는 암흑만이 있을 뿐 아무것도 보이지 않는다고 단정한다. 공간도 마찬가지이다. 우리가 바라보는 물체 사이나 허공에 대해 그 무엇도 보이지 않는다고 단정한다. 물론 대기 중의 뿌옇거나 황사와같이 아주 미세한 물질의 작용은 예외로 하고 말이다.

우리가 좀 더 세심하게 관찰 한다면, 눈을 통해 이전에는 인지가 되지 않았던 다양한 현상을 목격할 수 있다. 물론 이것은 우리 눈이 빛을 통해 일으키는 착시 현상을 의미하는 것은 아니다. 우리 눈은 물체를 바라보고 난 후 빛의 잔상이나 보색 등과 같은 착시 현상을 일으키기 때문이다.

먼저 눈을 감아보자. 무엇이 보이는가, 암흑만이 존재하는가? 눈꺼풀을 통해 빛이 투과되기도 하지만, 밤에 이불을 덮고 손으로 눈을 가려 빛을 차단해도 감은 눈으로 무엇인가를 볼 수 있다. 아주 촘촘한 밝은 점 같은 것들과 개인차가 있을지 모르지만 다양하고 불규칙한 밝은 선이나 띠, 뭉쳐진 밝은 모양들에 이르기까지 다양한 모습으로 나타난다. 그렇지만 이것들은 동공에 자연적으로 가해지는 압력이나 마찰 등과 같은 미세한 작용이 반응하며 일어나는 전기적 현상이 전자기를 발생시키며 눈의 신경세포가 인식한 결과일 것이란 생각이다.

공간 또한 이미 편견을 갖듯이 아무것도 보이지 않는 투명한 상태는 아니다. 실내의 약간 그늘진 곳에서 벽을 배경으로 공간을 투영해 보면, 흰 점이나 명암이 일정하지 않은 불규칙한 영역들이 관찰된다. 이는 눈을 감았을 때 나타나는 현상과 마찬가지로, 눈 자체의 물리적인 반응이 감지되는 부분과 아주 미세한 입자나 분자들이 빛과 반응해 일어나는 결과라고 추측해 볼 수 있다. 이때 주의할 점은 벽이 아닌 공간을 보아야 한다는 것이고, 사람에 따라 자신의 동공이나 수정체의 이상이 투명한 물체들로 나타나 보이기도하기 때문에 관찰에 어려움이 따를 수도 있는 점을 염두에 두어야 한다.

물리적인 빛의 현상 외에, 반(비)물질적 빛의 현상이 관찰되기도 한다. 자각선원의 한 회원은 잠에서 깬 후, 밝은 태양이 비추는 방안에서 벽을 배경으로 공간에 노란색 격자무늬가 나타나는 현상을 경험한다. 편안하게 공간을 주시하는 가운데 약 1cm 내외의 노란색 격자가 나타나기도 하고 의식적으로 관찰이 가능하기도 하다. 이러한 빛은 가시광선 중 노란색을 인식한다는 측면보다는 비물질의 다른 차원의 빛의 진동에 반응한 결과라고 할 수 있다.

또 다른 빛의 현상을 확연하게 관찰할 수 있는 대상과 환경이 있다. 이전 빛의 현상들이 다소 정적이라고 한다면, 이번 경우는 움직임이 아주 활발하고 불규칙성을 띠는 사례라고 할 수 있다. 어찌 보면 눈을 감거나 뜬 채로 공간을 주시한 상태에서 보이는 밝은 점들과 비슷해 보일 수 있지만, 관찰을 직접 경험해 보면 전혀 다른 양상이라는 것을 분명히 알아챌 수 있다.

이를 위해서는 먼저 환경이 갖추어져야 한다. 나는 개인적으로 하늘 보기를 좋아한다. 의도적으로 하늘을 쳐다보며 구름과 푸른 창공을 자주 관찰한다. 가끔은 야외에 의자를 놓고 편안한 이완 상태에서 하늘을 물끄러미 관조하곤 한다. 그런데 언젠가 푸른 하늘을 바탕으로 무엇인가가 불현듯 인식되기 시작했다. 처음에는 무엇일까 하는 궁금함에 의도적으로 다시 보려고 했지만, 관찰이 어려웠다. 몇 번을 시도한 끝에 무심하게 하늘을 배경으로 바라보아야 재현이 된다는 사실을 알아 차렸다.

그것도 맑은 날 푸른색의 하늘을 배경으로 햇볕이 잘 내리쬐는 환경이 갖추어져야 더욱 확실하게 나타난다는 점이다. 물끄러미 눈에 힘을 빼고 하늘을 배경으로 공간을 응시하면, 점과 같이 아주 작은 투명 물방울 같은 입자들이 빠르게 움직이며 활동하는 모습이다. 가끔은 실내에서도 유사한 광경을 어렴풋이 경험할 수는 있지만 야외에서 시도해야 정확히 관찰할 수 있다. 또 이 투명 물체의 정체는 좀 전 언급한 실내나 눈을 감은 상태에서 관찰되는 고정 형태의 빛나는 점과는 확실히 다르다는 점이다.

이 신기한 미세 존재에 대해서는 후에 우연히 책을 읽으면서 알게 되었다. 내가 이 책에서 줄 곧 언급하고 있는 바바라 앤 브렌넌 여사의 기적의 손치유라는 책에서였다. 브렌넌 여사 역시 거의 동일하게 투명 물체 현상을 언급하고 있었는데, 그녀는 이것의 존재를 우주 에너지장의 일종으로 규정하고 있다. 그러면서 시각적인 관찰 내용은 물론, 이런 에너지장들이 맛과 냄새, 소리와 빛까지 가지고 있다고 설명하고 있다.

여기까지는 일반인 누구나 조금만 더 세심히 관찰한다면 정상적인 눈을 통해 유사한 현상을 경험할 수 있다. 즉, 물질적 차원에서 벌어지는 현상학적 광경이라 할 수 있다. 그렇다면 소위, 신비적이라고 부르는 빛의 현상은 무엇을 의미하는가?

<u>의식의 빛</u>

이제 본격적으로 물질 현상의 빛이 아닌 다소 다른 양상의 빛, 신비 측면의 빛에 대해 문을 두드려 봐야 할 차례이다. 우주 에너지장은 소리는 물론 빛까지 가지고 있다고 언급한 브렌넌 여사의 주장과 같이,

빛이라는 현상은 우리가 익히 알고 있는 광원에서 나오는 전자기파 형태의 빛 외에 다른 원천의 빛이 존재할 수 있다. 단지 빛의 차원이 다를 수 있을 뿐이다. 아직까지 현재의 과학이 밝히고 규명하지 못한 수준이라고 생각하면 된다. 시간을 적분해 앞으로 천년 후의 미래라면 지금의 과학이 밝힌 빛의 존재밖에 없을 것인가? 물론, 아니다라는 것이 답일 것이다.

서양의 책이나 자료를 읽다 보면 Subtle Energy(SE)라는 용어를 자주 접하게 된다. 아직 밝혀지지 않았지만 실제로 작용하고 있는 미묘한 에너지라는 의미로 사용되고 있다. 우주 에너지장 또한, 아직 공식 과학에서 다루지 않고 있지만 SE 일종으로 볼 수 있다. 지금까지 현재의 과학은 이 우주에 존재하는 힘을 4개로 한정하고 있다. 중력과 전자기력, 강력과 약력이 그것이다. 그러나 일부 과학자는 동양의 기와 같은 토션이나 스칼라 에너지를 기존의 힘에 추가해야 한다고 주장하기도 한다.

기나 프라나, 차크라와 같은 동양의 신비적 개념이 아직은 과학적으로 밝혀지지 않은 SE의 전형적인 예라 할 수 있다. 현대 과학 또한, 우리가 보이지 않는 에너지장의 바다에 살며 그 영향(지자기나 전자기 등등)을 깊이 받고 있지만 인식하지 못할 뿐이라고 이야기한다. 그러나 과학에서 지목하는 이런 종류의 영향은 4가지 힘을 이용해 설명할 수 있기 때문에 엄밀하게 SE라고 할 수 없다는 것이다. 반면, 기나 차크라의 에너지 자체를 공인된 장비를 통해 직접 측정하는 것은 불가능 하지만, 생체나 정서, 물질에 미치는 영향을 간접적으로 감지하고 측정할 수 있기 때문에 곧 과학을 통해 밝혀지게 될 것이다.

SE는 기존에 알려진 4개의 힘 너머에 존재하는 에너지 실체로 빛보다 빠르며 의식과 관계가 있을 것이라고 주장하는 서양의 과학자들도 있다. 그리고 육체는 물론, 정신적, 영적인 치유의 근원이라고까지 이야기 한다. 이러한 사상은 동양의 수행자들에게는 전혀 새롭지 않은 개념이기도 하다. 다만, 그들은 과학적으로 접근해 왔고, 동양은 현상적으로 경험해 왔다는 차이가 있을 뿐이다.

다시 여기서 물질로서의 빛과 반물질 같은 애매한 경계의 빛을 넘어 비물질 개념의 빛으로 돌아가 보자. 비물질의 빛 또한 큰 틀의 Subtle Energy(SE)와 관련이 있다. 아직은 밝혀지지 않았지만 현상적 경험적으로 존재하기 때문이다.

인간이 일상적으로 접하는 물리적인 빛 외에도 우리는 다양한 빛 현상과 마주한다. 때에 따라 물질 빛의 현상인지, 또 다른 빛의 나툼인지 구분이 모호한 경우도 있다. 또 규명하고 남들에게 이해시키기 어렵지만 누군가에는 분명히 존재하는 주관적 개념의 신성의 빛이라 불리는 현상도 엄연히 존재한다. 많은 사람들이 경험하고 있는 비물질의 빛으로는 이미 언급한 것처럼, 빛의 몸 오라와 종교의 빛 체험, 깊은 명상 상태에서 마주하는 현실과 같은 빛의 세상, 각성한 수행자들에게 보이는 다양한 빛의 문양들에 이르기까지 열거하자면 실로 다양하다.

나의 경우도 힐링과 수행 지도 과정에 다양한 빛들이 출현하며 실제로 이를 운용한다. 한창 수행에 몰두했던 과거에는 일주일 동안 눈을 뜨나 감으나 온 세상이 연녹색의 빛으로 물들어 있기도 했다. 회원들 또한 나와의 세션 중 치료나 수행에서 직접 빛을 경험하는 사례가 다반사이다.

내가 바라보는 비물질의 빛이라는 관점은 한마디로 의식의 빛이다. 즉, 근원 차원에 빛의 원천이 존재하고 그 원천은 모든 가능성을 잠재한 빛의 파장을 담고 있다. 다른 의미로 무엇이든 창조 가능한 빛의 질료로 대기 중이다. 이 원천은 의식에 공명하며, 모든 주파수 대역을 함축하고 있다. 물질의 빛(태양)은 연속적인 반면, 파장이 유한하지만, 이 빛의 원천은 시작도 끝도 없으며 하나이며 전체를 이룬다. 이로부터 물질의 빛은 물론, 모든 세상 만물이 나투어 창조될 수 있다.

근원 차원은 불교의 공의 상태로 달리 이야기 할 수 있다. 불교에서 언급하는 공은 아무것도 없는 텅 빈 상태가 아닌, 무한 질료로 가득 찬 가능성의 원형이다. 색불이공, 공불이색. 색즉시공 공즉시색. 색과 공은 그 자체가 한 쌍으로 음과 양의 양면이 하나를 이룬다. 공에서 우주 삼라만상이라는 색의 현상이 펼쳐지고, 다시 만물은 공의 상태로 회귀하는 것이다.

그러나 공이라는 근원 차원에서 현상 세계에 드러난 대상들은 상위에서 하위로 단계와 계층을 거쳐 모습을 보인다. 달리 이야기하면, 우리가 보는 물질 세상의 만물은 모두 상위 빛의 바탕이나 틀이 있다는 것이다. 만물은 단층 구조가 아닌 일종의 복층 구조인 셈이다. 일례로 인간의 경우 여러 계층의 빛의 몸과 물질 몸으로 구성되어 있으며, 식물과 동물, 무생물 또한 오라 계층을 가지고 있다. 이 빛의 몸은 또 다른 의식체(4장 참고)로 기능하며 진화의 정도에 따라 다른 다층의 구조를 갖는다. 색과 공에서와 마찬가지로, 이 또한 물질체 이면의 빛체라는 또 다른 음양의 조합이다. 이러한 유사성은 우주의 질서와 이치는 모두 근원적으로 같기 때문이다.

그렇다면 오라나 종교적 빛의 체험, 명상에서 마주하는 빛들은 왜 색을 동반한 빛으로 나타나는가? 그것은 만물이 빛의 속성이라는 틀을 갖기 때문이기도 하지만, 우리의 인식 구조에 실마리가 있기도 하다. 인간은 오감 중 시각이 대부분을 차지한다. 뇌를 거쳐 인식 메커니즘이 형상화에 맞추어져 있다. 명상 상태에서 다른 차원을 인식할 때도 주로 시각화라는 영상을 통해 이루어진다. 우리는 빛이라는 형상이 자연스러운 상태인 것이다.

그런데 누구는 비물질의 빛을 보고, 다른 이들은 전혀 상상조차 할 수 없는 경우도 있다. 비물질의 빛 또한 파장과 진동으로 이루어져 있기 때문에 그 영역대의 주파수를 처리할 수 없는 상태라면 전혀 인지할 수 없다. 보통 뇌에서 이러한 진동대를 포착, 증폭해서 현재 의식에 정보를 넘겨주어야 우리에게 해석될 수 있다. 그러나 많은 사람들은 이러한 진동 영역을 수신하는 송과체가 굳어 있어 제 기능을 발휘할 수 없다. 또한 비물질 빛을 볼 수 있다해도, 진동 주파수 대역의 처리 능력에 따라 개인차가 날 수밖에 없다.

일부 사람들로부터 여러 오라의 계층 중, 처음에는 내면에서만 감지된 후 시간이 가면서 눈을 뜬 상태에서도 오라를 구분할 수 있었다는 말을 듣는다. 그 이유는 우리의 의식구조가 초점을 여러 곳에 맞출 수 있느냐에 따라 달라진다. 보통 우리의 의식은 감각기관에 초점을 맞춘다. 그러나 오라나 비물질의 빛을 인식할 경우는 초점의 대상이 다른 곳으로 향한다. 가령 명상을 할 때, 처음에는 5감에 의식이 가지만 깊어질수록 의식의 초점은 다른 차원으로 향한다.

그렇지만 훈련과 습관이 반복되면 의식의 교차 인식 상태가 발전하면서, 눈을 뜬 상태에서 감각기관의 정보를 받아들임과 동시에 오라의 진동 대역도 병행해 처리될 수 있다. 그러나 이때는 어느 한쪽에 의식을 두느냐에 따라 다른 기관은 활성화의 상태가 떨어질 수 있다.

비물질의 빛은 한마디로 의식의 빛이라고 했다. 근원 차원에 모든 가능성을 잠재한 빛의 원천이 존재한다고 설명했다. 나는 이 빛의 바다에서 치유와 수행에 필요한 빛을 공명해 활용한다. 설명했듯이 모든 가능성의 빛이 존재하기 때문에 사람에 따라 다른 빛을 공명할 수 있다. 끌어당김의 법칙이나 시크릿 등의 원천이다. 그러나 그대로 존재하며 누구나 공명하여 활용할 수 있는 빛의 원천이 사람에 따라 천차만별 다른 결과를 가져온다. 누구는 가능하고 누구는 전혀 반응이 없다는 것이다.

그 주원인은 이미 언급한 송과체의 활성화와 관련이 있다. 송과체가 제 기능을 하기 위해서는 온몸의 기혈이 순환되면서 부드럽게 바뀌어야 한다. 더불어 중요한 사실은 이전에 중요하게 언급한 고통체와 가슴이 결정적인 역할을 한다. 고통체가 쌓여있고 가슴이 열리지 않으면 수용성이 결여되면서 가슴과 뇌의 송과체와 하나로 연결이 될 수 없다. 또 하나, 빛의 원천과 공명을 하기 위해서는 수신의 역할을 하는 송과체 외에 송신 기능의 뇌하수체가 활성화 되어야 한다.

빛의 원천과 공명을 이루기 위해서는 고통체를 덜어내고 가슴을 활짝 깨워야 한다. 그것을 시작으로 일정한 수행 과정을 통하면 뇌를 활성화하게 되면서 뇌와 가슴이 하나로 통합되어 자신의 신성이 온전히 드러나게 된다. 그러면 근원의 빛과 위상차가 균형을 이루며 공명이 수월해진다. 공명의 의미는 생각이 아닌, 느낌을 수반한 존재의 상태로 전이하는 것이 핵심이다. 가슴과 뇌가 하나로 통합 연동이 된 후, 원하는 존재의 상태에 머물러 공명하는 것이다.

8장 천부경의 지혜

　천부경은 우주 삼라만상의 모든 순환 법칙이 완벽히 녹아있는 수리 철학서라 할 수 있다. 나는 이 천부경을 통해 다양한 영적인 체험뿐만 아니라 마음의 수많은 업장과 에고 관념의 청소에 큰 도움을 받았다. 아니, 내 마음속 심연의 자리에 들어가는 데 천부경만큼 도움 되는 경전은 없었던 것 같다.

　천부경은 그야말로 깨달음의 신성 그 자체라는 생각이다. 깨달음을 갈구하는 많은 수행자들이 천부경을 독송하고 천부경을 필사하기도 하며 천부경을 수없이 암송한다. 천부경은 우주 삼라만상의 순환 법칙이 그대로 녹아있는 그야말로 우주의 무한 에너지와 연결할 수 있는 신비스러운 경전이기 때문이다.

　내 경험에 의하면 천부경은 원심분리기와 같은 작용을 하는 것 같다. 원심분리기를 계속 돌리게 되면 최종적으로 핵만이 남게 되는데,

천부경은 바로 이처럼 우리의 정수만을 드러나게 하는 기능성을 발휘하는 것이다. 천부경을 독송하게 되면 우리를 구성하는 진동체(파동체)가 저주파의 업식 에너지와 수많은 두려움으로부터 파생된 서러움, 노여움, 공포 등 에고의 고착화된 관념들을 깨는 효과가 있다. 앞으로 수행 편에서 살펴보는 것처럼 고통체를 분해하는 데 큰 역할을 한다.

모두가 아는 바와 같이 지구상에는 참으로 다양한 종류의 경전들이 존재한다. 경전은 현상세계와 존재계의 진리를 포함한 우주의 법칙과 순환원리를 다양하게 펼쳐 놓은 것이다. 그러나 우리가 알고 있는 대부분의 경전은 인간 내면의 가장 깊은 심연 속에 숨어있는 신성을 찾아낼 만큼 본래의 순도를 유지하고 있지는 않은 것 같다. 그러나 천부경에는 그 짧은 81자에 이 모든 것이 지혜와 에너지장으로 녹아있다. 이 천부경 수련을 통해 몸이 진동체로 바뀌는 것을 체험하게 되면 천부경의 오묘한 우주 순환법칙의 파동 에너지를 인정할 수밖에 없다. 천부경은 바르게 하면 할수록 내 몸을 우주와 교감할 수 있는 공명체로 바뀌게 하는 오묘한 수행법이다.

업식이나 에고가 강한 사람은 몸의 근육과 경락계, 신경계를 비롯한 우리의 모든 조직들 속에 에고의 에너지장이 녹아있기 때문에 처음부터 몸을 진동체로 만들기가 대단히 어렵다. 우리의 에고가 닦이면 닦일수록 진동체는 강화되고 마음의 변화가 생기게 된다. 내 자신도 처음에는 천부경을 독송할 때 몸이 진동체로 확장되면서 다양한 트림, 가스, 담음이 올라오는 것을 체험했다. 고통체라 불리는 이것은 우리들 몸속에 녹아있는 수많은 업장들과 에고들이 원심분리기의 원리로 떨어져 나오는 현상이라 할 수 있다.

　천부경을 하면 할수록 우리의 몸은 빛의 진동체로 바뀌게 된다. 이 진동체는 두려움으로부터 파생된 인간의 부정적 에너지들이 녹아있는 육신속의 신성을 발견하는 데 강력한 원동력이 되고 가슴을 열 수 있는 힘을 부여한다. 천부경의 또 다른 효과는 가슴의 무한한 생명 에너지를 깨울 수 있는 신성으로 우리를 좀 더 가깝게 안내한다는 점이다. 또한 천부경의 고요한 파동 에너지에는 우리의 뇌 속에 있는 송과체를 깨울 수 있는 힘이 있다. 송과체의 각성을 통해 여러 초자연적인 현상을 경험한 사람들이 많지만, 천부경을 통해 송과체가 각성되면 다양한 영적인 현상과 에고가 동시에 들끓는다는 것을 인지해야 한다.

　가슴이 열리면 열릴수록 천부경의 본질을 심정적으로 이해하고 신성의 깨달음을 이해할 수 있는 수용성이 그만큼 커지게 된다. 가슴속의 무한한 영혼의 각성이 일어나는 체험을 하는 것은 우리의 뇌 속에 수많은 번뇌와 탁기들이 다양하게 빠져나왔을 때만이 가능하다. 그렇기 때문에 우리의 본질을 에워싸고 있는 에고의 업장들과 과거 생의 수많은 윤회를 거듭하며 쌓아놓은 부정적인 에너지장들, 오만과 자만의 삶의 경험 정보를 초기화할 필요가 있다.

　천부경은 우주의 순환법칙이 완벽하게 녹아있는 에너지의 보고이기도 한다. 이 에너지가 우리 뇌의 송과체를 강력하게 자극할 때 머리에서 영성이 깨어난다. 그러나 송과체가 닦이면 닦일수록 우리의 의식은 확장되지만 좌우 뇌 속에 쌓인 감정적, 이성적인 모든 복합된 부정 에너지는 물론, 그만큼 에고도 함께 날뛸 수 있다는 사실을 인지해야 한다. 그리고 송과체를 매개로 한 창조주의 영적인 에너지는 인간인 이상 누구에게나 열려있지만, 그 안테나를 세우고 주파수를 잡아내는 것은 가슴의 역할이다.

이러한 가슴의 개방과 왜곡 정도에 따라 혼선을 유지할지, 아니면 우주의 온전한 정보를 수신할 것인가가 결정된다. 인간에게 진정한 가슴이 열릴 때 현실은 창조되며 신성으로의 모든 문과 가능성은 활짝 개방된다. 또, 우리는 가슴이 열리면 양심의 길을 따라 자연스럽게 내면의 길을 찾게 된다. 천부경을 통해 수많은 시행착오를 하나하나 극복하는 과정에서 우주의 에너지장과 공명이 되면 될수록 심연자리가 열리는 체험을 하게 된다. 이 천부경은 뜻을 알기보다 천부경에 녹아든 에너지를 따라 자연스럽게 우리의 몸과 마음, 정신을 움직여야 한다. 천부경은 우리의 모든 부정성을 떨쳐낼 수 있는 원심분리기와 같기 때문이다.

나는 내 과거의 생을 똑똑히 기억하고 있다. 바로 전생의 삶에서는 우월감과 자만심으로 가득 찬 무소불위의 교주로 행세하다 과욕이 화를 불러 비참한 생을 마감했다. 내가 죽을 때 이러한 탐욕에 빠져 스스로 몰락해 버린 교주의 삶을 뼈저리게 후회하고 얼마나 가슴을 치며 울부짖었는지 모른다. 그러면서 다음 생만큼은 교만과 아집, 자만심과 우월감을 버리고 우주적인 참다운 진리를 깨우치는데 모든 삶을 바치겠다고 스스로에게 약속했다.

나는 우리 가슴속에 거하는 신성(창조주, 하나님, 신)을 믿는다. 나는 종교를 초월해 영성으로 가는 문을 열고 싶다. 그러나 장구한 세월을 거치며 왜곡된 종교의 틀은 인간에게 신과 만날 수 없도록 수많은 두려움과 죄의식, 그리고 여러 사회 규범과 규율을 심어 놓았다. 그러나 인간은 영원한 자유의지로 신에게 다가가는 노력을 멈추지 않을 것이다. 아니 멈출 수 없다. 지금이 그러한 움직임이 서서히 움트고 있는 시대이다.

그러나 영혼이라는 자유의지는 가슴으로 열어야 한다. 우주의 에너지장은 항상 우리들과 공명 상태에 있다. 우리가 준비가 되어있지 않을 뿐이다. 우리는 그것을 가슴으로 내려 온전하게 앎의 자리로 바꾸어야 한다. 우리에게 이를 막는 왜곡된 파장들과 부정적 에너지들이 얼마나 많은가는 우리의 몸을 높은 진동체로 바꾸지 않으면 제대로 알 수 없다.

이를 위해서는 우리 마음의 문을 여는 것이다. 뇌로만 아는 사람들이 너무나 많은 현실이다. 이 지구상에는 깨달음을 갈구하는 수많은 수행자들이 존재한다. 그러나 머리로 깨닫는 것과 가슴으로 깨닫는 것의 차이를 분명히 알고 넘어가야 한다. 그런 의미에서 천부경은 우주의 에너지장을 가슴으로 연결시켜주는 수승한 방편 중 하나이다. 가슴의 에너지장은 또한, 하단전과 통합되어 천진인 삼합을 완성해야 전체의식으로 승화될 수 있다.

Part 3

수행의 시대

| 수행 방편과 로드맵
| 자각선사와 신나이 수행
| 가슴, 삶과 신성을 여는 마스터키
| 우주의 언어 영언
| 문자 밖의 진리 천부경 수행
| 빛의 힐링
| 내면의 신성 깨우기

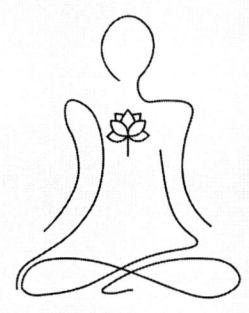

9장 수행 방편과 로드맵

　자각선원의 수행 목표는 명확하다. 최종적으로는 우리 안에 고이 간직된 채 아직 드러나지 않은 영혼을 깨워 내면의 신성과 합일하는 것이다. 5개 영역으로 구분된 순차적 수행 과정 또한 각각의 지향 목표를 제시하고 있다.

　수행을 위한 과정은 그림 수행 로드맵과 같이 크게 사전 준비 단계와 실제 전문화된 수행 단계로 구분된다. 준비 단계는 본격적인 수행에 앞서 필요한 기본 요건을 갖추고 일상에서 수행의 지속성을 유지하기 위해 필요한 과정으로 이루어져 있다. 실제 본 수행이라고 할 수 있는 수행 1/ 2/ 3은 10단계의 수행 방편으로 이루어져 있다. 수행 로드맵에서 제시된 방편들은 내면의 신성을 깨워 지금의 내가 있기까지 몸소 체험한 결과로 얻은 소중한 자산들이다. 지난 35년간의 경험과 시행착오를 거치며 체계화하고 연구한 노력이 집약된 결과라고 할 수 있다.

수행 체계는 최대한의 기대 효과를 발휘할 수 있도록 과정을 일반화하고 정형화하는 노력을 기울였지만, 절대적이라는 의미는 아니다. 경우에 따라서는 순서를 바꾸거나 건너뛸 수도 있다. 일부 방편에서는 불가피하게 중복적이거나 유사한 내용이 반복될 수 있다. 특히 실제 수행을 지도하면서는 개인적인 특성이나 상황을 고려해 개별 맞춤형의 조합 형태로 응용되기도 한다.

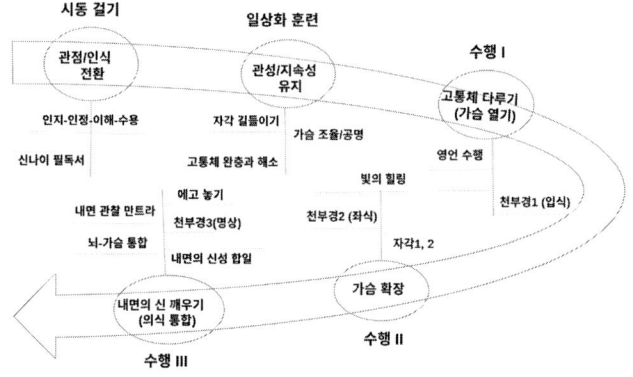

(그림 자각선원 수행 로그맵) 자각선원의 수행과 힐링은 5개 영역 10단계의 수행 방편으로 이루어져 있다. 크게는 사전 준비 단계와 본 수행 단계로 구분되어 진행된다. 사전 준비 단계는 본격적인 수행을 위해 필요한 방편들이다. 이후 세부적인 10개의 수행 도구를 통해 정화와 신성의 문을 열어간다.

먼저, 사전 준비 단계는 시동 걸기와 일상화 훈련 과정으로 구성된다.

시동 걸기 단계는 자동차의 시동을 거는 것과 유사하게 수행의 본격적인 시동에 필요한 방편들이 포함되어 있다. 자동차의 초기 시동에는 가장 큰 에너지가 들어간다. 점화 플러그에 불꽃이 튀고 여기에 휘발유라는 에너지가 분사되면서 폭발이 일어나 엔진이 가동되기 시작한다. 수행 과정도 마찬가지로 큰 에너지의 폭발을 일으켜 존재를 구동시키기 위한 촉매제, 시발점이 있어야 한다. 지금까지의 잘못된 인식의 틀이나 사고 체계에 대해 가히 폭발적이라 할 만큼 커다란 관점의 전환이 일어나야 한다.

일상화 훈련 단계는 본 수행 과정에서 핵심이라고 할 수 있는 자각과 가슴, 고통체를 어떻게 일상에서 지속적으로 다룰 수 있는지에 대해 초점을 둔다. 이 중 자각 길들이기 방법은 따로 지면을 할애해 설명되지는 않았지만, 실제 수행 지도 시에 간단하게 안내할 수 있는 효과적인 방법이다. 간단히 설명하자면, 자각의 중요한 포인트는 언제 어디서나 자각을 할 수 있도록 준비되어야 한다는 것이기 때문에 '자각이 항시 자각되도록' 유도하는 방법이다. 주 핵심은 노래와 음악의 리듬을 응용하는 것으로 이 훈련법을 활용하면 항시 자각이 일상화되고, 자각을 자각할 수 있는 상태로 준비될 수 있다는 장점이 있다.

가슴 조율/공명 방편은 가슴을 열고 확장하는 본 과정의 여러 수행법들에 대한 보조적인 방법으로 응용될 수 있다. 11장의 내용 중 '가슴 깨우기 연습'에서 자세히 설명될 이 방법은 자신이 경험했던 감동 시나리오들을 기억에서 되살려 일상에서 반복적으로 적용하며 가슴을 확장해 볼 수 있는 유용한 연습 방법이다.

고통체 해소 훈련은 일상생활에서 반복적으로 노출되는 고통체의 환경을 최소화함으로써 더 이상 고통체가 무의식적으로 쌓이지 않도록 완충하는 방편의 일종이다. 고통체는 보통 우리와 가장 가까운 곳에서 시작되어 무방비로 노출되는 경향이 있다. 직장이나 가족이 가장 좋은 예이다. 이러한 관계에서 불가항력적으로 발생하는 고통체를 해소하기 위한 훈련으로, 고통체를 유발한 관계 대상을 간접적으로 소환하는 방식이다. 현실적으로는 그 대상을 직접 앞에 두고 감정적인 고통이나 느낌을 표현하기 어렵기 때문에 실제와 같은 가상 환경을 만들어 해소하는 방식이다. (5장 참조)

이상의 시동 걸기와 일상화 훈련 방편들은 비록, 전체 로드맵 중 한 부분들을 차지하고 있지만 전 주기 과정에서 지속적으로 반복되어야만 몸과 마음에 뿌리내릴 수 있다. 그때서야 비로소 무의식적 발현이 가능해지면서 언제 어디에서든지 자유자재로 활용할 수 있는 유용한 도구로 자리 잡는 것이다.

실제 본 수행에 해당되는 10단계의 방편에 대해서는 표 수행 단계별 목표와 방편을 참고하여 개략적인 이해와 주요 목표를 살펴볼 수 있다. 자세한 내용은 이후 각 장을 통해 개념과 실제 사례를 중심으로 소개된다.

표 수행 단계별 목표와 방편

단 계	목 표	주요 방편	비 고
시동 걸기	관점/인식의 전환	신과 나눈 이야기 필독서(10장)	신나이 1~3권
		인지-인정-이해-수용(1/2/3장)	기존의 무지/관념의 틀 전환
일상화 훈련	관성/지속성 유지	자각 길들이기	자각을 자각, 자각 기초
		가슴 조율/공명(11장)	감동 시나리오 재현
		고통체 완충과 해소(5장)	가상 상대 감정 정화
수행 1 (초급 단계)	고통체 다루기 (가슴 열기)	1. 영언수행(12장)	우주 파동음 - 감정별 고통체 뿌리 공명
		2. 천부경 1- 입식(13장)	
		3. 빛의 힐링(14장)	고통체 분해 고통체 확장 해체
수행 2 (중급 단계)	가슴 확장	4. 천부경 2- 좌식(13장)	
		5. 자각 1, 2(6장)	자각 1: 감정 구조 파악 자각 2: 6감 자각
수행 3 (고급 단계)	내면의 신성 깨우기 (의식 통합)	6. 에고 내려놓기(15장)	부정 파동 내려놓기
		7. 내면 관찰 만트라(15장)	자각 3: 생각과 감정 뒤의 반응 자각
		8. 천부경 3- 명상(13장)	
		9. 뇌-가슴 통합(15장)	뇌-가슴-하단전 정렬
		10. 내면의 신성 합일(15장)	자각 4: 상/중/하 의식체 통합

10장 자각선사와 신나이 수행

우연을 가장한 필연들

내가 신과 나눈 이야기를 접한 것은 1998년, '99년 정도로 기억된다. 무척이나 삶의 고단한 일들이 많았던 시절이라 내 생애 가장 중요한 신나이와의 조우 시기도 가물가물하게 느껴진다.

나는 이 책을 쓰고 있는 지금 현재까지, 한국에 출간된 신나이 12권(한 권은 임의 번역 가제본)을 모두 통독하고 50번 이상을 재독하면서 많은 분들로부터 질문을 받아왔다. 이것이 또한 이 글을 쓰는 이유기도 하다.

그중 하나는, "신의 메시지를 요약하면 뭐냐?"는 것이다. 성질이 급하고 결론을 선호하는 한국인다운 질문이다.

주옥같은 방대한 신의 메시지와, 그렇지만 어찌 보면 잘 정돈되지 않는 듯 보이는 책의 성격상 그분들의 심정은 이해된다. 나도 처음 읽었을 당시 비슷한 느낌이었기 때문이다. 너무나 가슴에 와닿는 문구와 핵심 사상이 많았기 때문에 무엇을 어떻게 소화 흡수하고, 가장 중요한 내 삶에 과연 어떻게 실용적으로 적용해야 할지 막막했던 것이다. 솔직히 말하자면 그 당시에는 실용적이라기보다는 실리적이라는 표현이 더 맞는다고 생각했다.

신나이 시리즈 첫 3권은 12권 중 핵심의 핵심을 담고 있다. 우리 인간이 생각하고 상상할 수 있는 거의 모든 분야를 포괄하고 있다. 개인사와 관련된 대부분의 모든 문제와 의문들을 비롯해, 사회와 경제, 국가적 이슈는 물론, 전 우주와 존재계에 이르기까지 스펙트럼의 폭은 장대하며, 그 펼쳐지는 내용은 가히 우주의 판타지 드라마 같았다.

신나이 시리즈에서 신은 닐 이라는 아주 평범한 개인을 통해 우리에게 존재를 드러냈다. 1권은 세상과 자신의 처지에 대한 닐의 분노에 찬 독설과 항의에 신이라는 존재가 반응을 보이며 시작된다. 닐은 그동안 자신에게 일어났던 운명과도 같은 불운한 현실에 대해 이 모든 것의 근본 원흉을 신이라고 간주하고 그에게 온갖 불평불만을 퍼부어 대는 편지 형태의 글을 쓴 것이다. 1권에서 신은 약 13가지에 이르는 개인 차원의 본질적인 주제들에 대해 친절히 답변하지만, 그러나 신은 1권에서 3권까지의 핵심 주제와 방향성을 미리 예견했다.

이후에도 신은 닐의 요청에 따라 각기 다른 주제로 당신의 관점을 강요가 아닌, 개별화된 신인 우리 자신이 스스로 선택할 수 있도록 기회를 제시해 주고 있다. 그중에는 911 테러와 같은 시대적인 위기 상황에서 다급하게 대화가 이루어지기도 했다. 또 전 세계 37개국에서 독자층을 형성하며 그들의 공통 상념으로 맺혀진 주제를 중심으로 자연스럽게 이야기가 펼쳐지기도 한다. 닐 이라는 원저자가 활동하는 미국에는 우리가 아는 13권 이상보다 더 많은 책들이 출판되어 있다. 그런데 닐은 언제까지 신과의 교감을 이어 갈까, 그리고 그는 원하기만 하면 신과 계속 소통할 수 있을까?

물론 그러리라 확신한다. 왜냐하면, 신이 책에서 분명하게 언급을 해왔기 때문이다. 그러나 더 중요한 것은 전 세계에서 신나이가 읽히며 신의 사자(使者)들이 기억을 되찾고 자신의 역할을 어떤 식으로든 해나가며 신과의 연결이 더욱 강해지고 있기 때문이다. 신의 사자로 신을 향한 바램과 요청이 필연을 창조해 가고 있는 것 이다. 우리의 작용이 크면 클수록, 신의 반작용은 그 이상으로 돌아오는 것이 법칙이다.

신나이 인연

나의 경우도 20여 년이 지난 지금은 확신할 수 있지만, 초창기는 신나이를 만난 것이 우연이라 생각했다. 또, 신나이를 만나기 전 내 자신에게 불어닥친 그 모진 시련과 광풍이 지금 돌이켜 보면 나에게 주어진 사명을 위해 하나하나 제때 준비되어 있었다는 생각이다. 그리고 내가 신을 필요로 할 때, 정말로 필요로 할 때 신나이는 우연을 가장해 나에게 다가왔다.

나는 어린 시절과 30대, 그리고 40대 등 3번에 걸쳐 제 인생의 획을 그을만한 큰 충격의 경험과 신비를 체험했다. 30대에는 천부경 수련을 하며 일체 만물과 혼연일체가 되어 그들과 소통을 주고받으며 지구의 생명체가 미생물, 어류에서부터 인간까지 그 진화 과정이 파노라마처럼 펼쳐지기도 했다. 이때는 영언이라는 우주의 음성을 터득해 지금도 수행과 지도에 활용하고 있다.

40대 초에는 이 장의 주제인 신과 나눈 이야기가 내 인생에 자연스럽게 흘러들어 내면의 신을 직접 영접하는 계기로 이어졌다. 이때 또한 번 영적으로 퀀텀 점프를 하며 굳건한 영성의 토대를 마련해 지금에 이르고 있다.

7살 어린 시절에는 하부스라는 단군 할아버지를 조우하며 너무 놀라 패닉 상태에 빠지기도 했다. 그 당시 토착 불교 성향의 부모님들은 내가 신을 받는 줄로 착각해 이를 물리치기 위해 굿을 하는 해프닝도 일어났다.

당시, 그 할아버지는 내가 저녁과 밤 사이 무렵 집 근처의 공동우물가에 소변을 보러 갔을 때 모습을 드러냈다. 불교 산신탱화에 나오는 흰 수염을 휘날리며 도포 자락을 입고 계신 바로 그런 모습이었다. 나에게 이리 오라고 손짓하시며 큰 지팡이를 내게 주려는 몸짓이었다. 나는 너무 놀라 뒤로 자빠질 지경이었고, 약 10분 동안을 멍하니 얼어붙은 채 움직이지를 못했다.

이 사건 이후 나는 말없이 자기 안에 갇혀 사는 아이로 변하기 시작했다. 또, 이때부터 무슨 이유인지 모르게 삶과 죽음에 대해 생각을 많이 하며 상여에 큰 관심을 보였다. 상엿소리가 좋아, 상여 행렬을 뒤 따르기도 하고, 비 오는 날에는 동네의 상여 보관 창고에 들어가 한 동안을 웅크리고 앉아 그대로를 즐기기도 했다.

이런 상태는 초등학교와 중학교, 고등학교를 거치며 공부보다는 다른 세상, 정신세계에 대한 관심으로 이어졌고 대학교에 입학해서는 자연스럽게 우주의 이치와 섭리를 다루는 역서에 관심을 두고 탐독하기 시작했다. 그러면서 재미로 교수님들의 명리를 해석해 주며 용돈을 챙긴 기억이 새롭게 떠오른다.

대학 생활을 시작하며 성인으로 자신의 자율권이 보장되자, 나는 삶과 죽음, 인생에 대한 의문을 던지며 주변의 스님들을 찾아 법문을 듣고, 또 내재한 그 많은 궁금증들을 토해내며 스님들을 곤혹스럽게 만들기도 했다.

한번은 평소 지인인 조계종, 태고종 스님들과 함께 서울 북한산 산신기도에 동참한 적이 있었다. 3일을 자지 않고 하는 집중수련이었다. 마지막 날 꿈을 꾸는 체험을 했는데 커다란 호랑이가 내 목을 물어 등에 앉힌 후 그 산등성이 전체를 한순간에 돌며 뛰는 장면이었다. 스님들은 내가 북한산 산신의 가피를 입었다고 하며 앞으로 큰 역할을 할 것이라고 격려 섞인 해몽을 하기도 했다.

그러나 이러한 예견이나 내 의도와는 다르게, 인생이 어느 순간 꼬이고 시련이 닥쳐오기 시작했다. 결혼 후 몇 년이 안 되어 친구에게 당시 10억이라는 거금을 보증해 준 것이 잘못되며 빚더미에 올라서 쫄딱 망해버렸다. 당시 자동차 부품 액세서리 사업을 운영하며 특수를 누리고 있었지만, 모든 것이 물거품으로 변해버린 상황이었다. 평소 말이 없고 자신에 갇혀 살던 나로서는 모든 분노와 고통을 집어삼키며 그 부정적 에너지를 안으로 삭혔고, 그 화는 내 몸에 위 천공이라는 큰 상처와 흔적을 남겼다. 두 번의 수술을 겪으며 침술과 보이지 않는 손길의 도움으로 회복이 됐지만, 이후 내 삶은 정상적인 사회와 현실로부터 도피할 수밖에 없는 상황들로 이어졌다.

줄 것이 아무것도 없는 상황에서 빚 독촉을 피해 숨을 곳으로 무작정 찾은 곳은 계룡산의 굿 당이었다. 그곳에서 500여 명의 무속인 들의 허드렛일을 도우며 그들의 일거수일투족을 지켜봤다. 신내림이나 굿 등에 필요한 제물용 돼지를 등에 지고 수 킬로미터에 이르는 거리를 매일 나르며, 밤에는 굿당 한쪽에서 잠을 청할 수밖에 없었다.

이들은 굿을 하며 공수라는 신의 메시지를 전하곤 한다. 물론 여기에서 신이란, 신나이의 신과는 다른 존재들이다. 그렇지만 당시 나는 무속인들이 신들의 말씀이라며 공수를 쏟아낼 때, 저 신이라는 것이 무엇인가? 어떤 신인가? 진짜 신인가, 아니면 가짜인가? 너무나 의심이 들었다. 확인할 길은 없었지만 진짜 사람이 아닌 어떤 신 같은 존재의 메시지인 것은 같은데, 마음의 상처가 담긴 한 맺힌 소리를 너무 많이 했다. 그러다 보니 절대적이나 고차원의 신 같아 보일 리가 없었다. 지금의 눈으로 판단해 보면 주로 조상신 계열이 대부분이었다.

그러면서 조상신을 포함한 그 문화적인 신과 진짜 신의 차이점은 뭘까? 그리고 이 광대한 우주를 있게 한 영적인 존재가 있을 텐데 그것은 누구일까? 등등의 호기심이 자연스럽게 꼬리에 꼬리를 물고 이어졌다. 그러던 중 우연히 신과 나눈 이야기라는 책이 나의 눈에 꽂히는 계기가 찾아왔다.

내가 신나이 1권을 손에 넣게 된 것은 청주의 한 서점이었다. 당시, 청주의 가장 번화가에 일선문고라는 서점이 있었다. 그 책방의 1층 왼쪽 편 입구에서 세 번째 칸에 그 책이 있었는데 그때 눈높이가 나보다 약간 위에 있었다. 지금도 너무나 생생히 그때의 장면이 떠오른다.

당시 굿당에서 일을 하던 중 집에 옷을 가지러 왔었던 기억이 있다. 버스를 기다리는 동안 시간이 남아 버스 정류장과 10여 미터 거리에 있던 서점에 들어가게 되었다. 신과 나눈 이야기가 그때 한참이나 많이 읽히고 있었을 때라 10권 정도가 눈에 띄었다. 아마 '98년, '99년 정도로 기억된다. 그 서점에서 신나이 책이 내 눈에 쭉 빨려 들어왔다. 내가 신에 대한 관심과 호기심, 무속의 신에 대해 의심을 갖기 시작했을 때, 내 눈에 '신과 나눈 이야기'의 그 신이라는 글자가 크게 꽂힌 것이다. 그런데 그 책을 잡아 드는 순간 온몸에 전율이 왔다. 소름이 쫙 끼치며 이게 대체 뭐지?란 생각이 들었다. 당시는 평소 그런 종류의 소름 끼침을 자주 경험했던 것도 아니고, 지금으로 해석하자면 일종의 진동 주파수가 나와 공명된 것이다.

책을 구입해 굿당에서 머리말을 읽게 됐는데, 넝마주이와 9번의 결혼 생활 실패 등 인생 쪽박 스토리가 나와 비슷하게 공감이 되었다. 내 자신도 거지 신세나 마찬가지로 오갈 데 없이 산에서 무속인의 굿을 도와주고 뒷정리나 하면서, 한 귀퉁이에서 잠을 자야 하는 처지가 되니 닐이 어찌나 불쌍하게 여겨지는지 몰랐다. 그러나 실제로는 나 자신을 동정하는 것이었다. 동병상련을 느끼며 굿당에서 짬이 날 때마다 한두 페이지씩을 읽는데 그 당시는 크게 와 닿지는 않았다.

신을 정말 궁금해하며 이 책을 처음 접했을 때 전율이 나를 쭉 훑고 지나갔지만, 계속 그런 전율이 오지는 않았다. 전혀 그렇지 않았다. 내가 책을 들고 온전히 집중해서 읽을 때만 나에게 전율의 느낌이 온다는 사실은 나중에 알게 되었다.

그런데 반전의 기회가 때를 맞춰 찾아왔다. 굿 당의 고된 노동에 항문 탈항이 되는 웃지 못할 일이 생겼다. 50~60kg의 돼지를 등에 지고 먼 거리를 하루에 7~8회씩 반복을 하면 항문에 힘이 과하게 들어가기 때문에 탈항이 생기는 것이다. 일을 할 수 없으니 탈항이 아물 때까지 엎드린 상태로 신나이 책을 읽는데 눈물이 그렇게 쏟아졌다. 너무 서러워 닭똥 같은 눈물을 뚝뚝 흘리면서 이렇게 저렇게 자세를 취해도 아프기만 하니, 신세 한탄 밖에 나오지 않았다. "하나님, 왜 이렇게 제가 이렇게 살아야 됩니까?" 라고 대성통곡을 하면서 책을 읽는데, 이때부터 책의 느낌이 조금씩 달라지기 시작했다.

나는 이 책이 전하는 신의 메시지가 나에게 느낌으로 다가오기까지 계속 읽고, 또 읽고 그렇게 했다. 내가 처음 읽었던 책은 너덜너덜 할 정도였다. 간절하고, 간절함으로 구하는 자에게는 신이 반드시 나타난다는 것이 나의 경험이다.

자각선원의 신나이와 천부경이라는 양날개

나는 현재 청주에서 자각선원이라는 수행과 힐링을 위한 센터를 운영하고 있다. 김광우라는 이름과 같이 빛의 친구가 되어 사람의 몸과 마음, 영혼을 신성의 빛으로 깨워 신의 길로 이끄는 사명을 천직으로 삼고 있다. 나의 아버지가 선견지명이 있었는지 '빛 광, 벗 우'라고 지어 주신 이름에 따라 내 인생의 흐름은 그렇게 줄 곳 이름대로 이어져 오고 있다. 회고해 보면, 7살부터 시작되어 지금까지 흘러온 구도의 여정은 정말 딱딱, 미리 잘 짜여진 각본과도 같았다. 빛의 친구 광우를 준비시키기 위해 길을 틀고 정련을 위한 담금질 과정이었다고나 할까!

빛과 함께하는 수행과 힐링에서 나에게는 두 개의 큰 양 날개가 있다. 그것은 바로 신나 나눈 이야기와 천부경이다. 천부경과 신나이는 거의 동시대에 시차를 두고 나에게 다가왔다. 신나이의 핵심과 놀라우리만치 궤를 같이하는 천부경에 대해서는 이 책에서 여러 번 언급했지만, 남들은 천부경을 몇 년간 독송해도 별 반응이나 능력이 생기지를 않았다. 그런데 특이하게도 나의 경우는 천부경 수련 일주일 만에 치유 능력이 발현되기 시작했다. 천부경을 독송하며 사람들에게 손을 올려놓으면 치유의 효과가 나타나기 시작한 것이다.

상대의 가슴에 손을 얹고 천부경 81자 구절의 흐름을 타기 시작하면 백회에서 짓누르는 압력감과 함께 우주의 볼텍스 에너지가 빛의 기둥을 세우는 것이 확연히 느껴졌다. 단지 일주일일 뿐인데 왜 그런 능력이 생기는지 이유를 몰랐다. 빛의 에너지장이 나를 통해 상대에게 전달되면 그의 심장이 떨리며 쿵쾅쿵쾅 요동과 함께 울고불고 난리를 치는 경우가 많았다. 가슴이 열리며 감정의 폭발 속에 나타나는 현상으로 볼 수 있다.

이러한 천부경 수련을 계속 이어가던 순간, 어느 날 갑자기 내 입에서 툭 터지는 소리는 '집으로 돌아가고 싶어'였다. 그렇지만 집이 어딘지, 무슨 의미인지, 왜 그런 말이 튀어 나왔는지를 몰랐다. 그러다가 만난 책이 신과 나눈 이야기이다. 신과 나눈 이야기는 내 개인적인 경험상 참으로 경이로운 책이다. 나는 불경과 성경을 탐독했지만, 개인적으로 눈물을 흘리면서 가슴 벅찬 감동을 느끼며 흐느껴 운 것은 이 책을 통해서가 유일하다. 이제까지 만난 책 중 두려움을 뛰어넘는 방법을 확실하게 알려준 책은 신나이가 유일하다는 확신이다.

나는 이전까지 한마디로 너무나도 두려움에 찌든 삶을 살아왔다. 가장 기본적인 행위인 먹고 사는 것이 두려웠다. 왜? 생존이 내 마음대로 안 됐기 때문에, 또 생존의 위협을 너무나 많이 받았기 때문이다. 나는 직업을 열다섯 번이나 바꿨다. 그래서 경제적으로 너무나 많은 고통을 받았다. 현실에서 도피하려고 산에 들어가 무속인들의 내림굿도 500명 이상을 지켜봤다. 그 과정에서 한과 집착이라는 것이 얼마나 무서운가를 뼈저리게 느끼는 계기가 됐다. 그런데 이 신과 나눈 이야기 책에서 한과 집착을 이해할 수 있는, 한과 집착을 승화하는 실마리를 찾게 되었다.

신나이 1권 20페이지에는 '신은 누구에게, 어떻게 이야기하는가?'라는 저자의 첫 질문이 등장한다. 이에 대해 "나는 모두에게 말하고 언제나 말한다. 문제는 내가 누구한테 말하는가가 아니라 누가 내 말을 귀담아 듣는가다"라는 신의 답변이 이어진다. 우주에 보편적으로 편재한 우주의 에너지장은 지금 이 순간에도 누구를 가리지 않고 볼텍스 형태로 모두에게 동등하게 내려오고 있다. 그러나 이를 의식하는 인간이 거의 없을 뿐이다. 신은 모든 사람에게 이야기하지만 귀담아 듣는 사람과 귀담아 듣지 않는 사람의 차이가 있다는 지적이다. 신은 인간 모두에게 우리가 상상할 수 있는 모든 수단을 통해 우주 섭리와 진리의 가르침을 전하고 있다. 하지만 인간은 고통의 끝자락에 이르러서야 만이 귀를 기울이기 시작하고, 이때가 되어서야 대부분 영혼의 의식이 발현되기 시작한다. 고통스럽다, 힘들다, 이 불행한 삶을 벗어나고 싶다는 마음이 절실할 때, 신을 알고자 하는 가슴을 열기 시작한다.

고통과 두려움에 절어 있던 나는 신나이를 만난 이후 3년 동안 두려움의 해결 방안에 대해 신께 갈구했다. 두려움을 내려놓으려면 어떻게 해야 하는지를 알려달라고 간절히 기도했다. 그러자 어느 날 '두려움 없는 믿음과 용기로 나에게 오라'는 내면의 가슴에서 울리는 말씀이 터져 나왔다. 신나이 메시지는 우리에게 '너희들은 행복하고 건강하고 풍요롭다. 항상 신과 함께 산다'는 사실을 끊임없이 재기억 시키고 있다. 그런데 인류의 삶, 나의 삶은 두려움으로 신을 대하고, 두려움과 근심 걱정으로 돈을 바라보고 있었다. 불안하고 초조한 삶에 대한 두려움으로 늘 쫓기는 삶을 살고 있었다.

그러나 두려움을 내려놓으려면 또, 어떻게 해야 하느냐가 이어지는 의문일 수밖에 없었다. 신과 나눈 이야기 메시지에는 '가슴의 변화, 믿음의 변화, 용기'라는 구절이 있다. 나는 가슴의 변화, 믿음의 변화, 용기 이 대목에서 박수를 쳤다. 나 자신을, 내 가슴을 변화시키자! 그런데 문제는 당시 내 가슴이 너무나 딱딱하게 두려움으로 굳어 있었다는 것이다. 내 삶은 두려움과 근심걱정으로 늘 불안하고 초조했기 때문이다. 먹고 사는데 너무나 고통스러운 나머지 삶에 대한 두려움으로 가슴이 한껏 쪼그라들어 있었다. 가슴이 꽉 막혀 닫힌 상태로 가슴을 열고 싶은데 가슴이 열리지 않는 것이 가장 큰 문제였다.

그래서 주먹으로 내 4차크라 가슴을 하루에 3천 대, 4천 대씩을 계속 두들겨 댔다. 가슴을 변화시키기 위해 피멍이 생긴 가슴에 스스로 부항을 떠서 어혈을 뽑아내기도 했다. 그런데 치유자 입장에서 인간 가슴을 치유하다 보니 우는 사람과 울지 못하는 사람의 차이를 알게 되었다. 그렇지만 정작 나 자신은 잘 울지 못하는 사람이었다. 그것은 내 가슴 안에 너무나 많은 아픔이 있었기 때문이었다. 그래서 몇 개월에 걸쳐 부항을 뜨고 또 어혈을 지속해서 빼내고 나서야 가슴이 조금씩 열리며 덜 아파지기 시작했다. 사혈과 함께 가슴을 열고자 하는 염원이 담긴 기도를 하면서, 그때부터 눈물이 주르르 나기 시작했다.

인간은 가슴이 정말 찢어지게 아프게 되면 반작용으로 그것을 치유하려는 무의식이 발동한다. 그리고 그 아픔을 치유하는 과정이 영혼이 깨어나는 과정인 것이다. 신과 나눈 이야기의 또 다른 핵심 중 하나가 두려움으로 사는 세상을 끝내라는 가르침이다. 두려움은 치유를 가로막는 에너지장이다. 신나이는 두려움을 내려놓을 때 너희들은 하나님의 가슴과 함께 공명한다는 사실을 가르치고 있다. 그러나 인간은 생존에 대한 두려움이 크게 몰려오면 심장이 위축되어(오그라들어) 흔히 말하는 새 가슴이 된다. 이 새 가슴을 벗어날 수 있는 위대한 가르침을 준 책은 나에게는 불경도 아니고 성경도 아닌, 신나이 책이다. 내 영혼이 구하는 진리가 이 책에 담겨 있기 때문에 똑같은 진리의 말씀인데도 불경이나 성경을 외우면서는 내 가슴에 큰 변화가 없었다는 사실이다.

신과 나눈 이야기를 새롭게 이해한다는 것은 자기 삶을 이해하는 것과 같다. 우리가 지구라는 생명 공동체에서 살아가는 동안 우리는 두려움으로 사는 삶이 훨씬 더 크다. 생존과 불안에 늘 시달리기 때문이다. 이 생존의 불안을 우리는 수천 년 동안 이어왔다. 부처님, 공자님, 맹자님, 예수님, 알라 등 수많은 동서양의 현자들이 두려움으로부터 자유로울 것을 가르쳤지만, 우리는 지금도 두려움 내려놓기를 두려워하고 있다.

나는 신나이의 역할 중 하나가 인류 전체의 두려움을 내려놓을 수 있는 장을 열어준 것이라고 생각한다. 우주 섭리가 하나라는, 너와 내가 하나라는 가르침을 통해 의식의 장을 확장하면 지구상의 모든 문제점을 해결할 수 있다. 이것은 인간에게 진리와 같은 분리의 환상과 두려움이라는 무지를 끝낼 수 있는 위대한 가르침이다. 또 신나이는 지구의 미래, 인류 공동체의 행복과 건강을 위해 번영의 신성과 함께하는 삶을 꾸릴 수 있는 의식 상승의 촉매라는 생각이다. 전쟁 없는 인류, 공영 공존하는 인류, 풍요로운 인류, 병의 고통과 두려움으로부터 자유로운 진동 에너지를 가지고 있는 인류를 만들어보라는 가르침으로 많은 사람에게 새로운 각성을 불러일으킬 힘을 갖추고 있다.

물론 신나이는 서양 사람이 썼지만 불경의 사상이 들어 있고 동양 천부경의 사상이 녹아있다. 기독교적인 사랑과 자비, 용서와 인류애적인 모든 내용의 가르침이 이 신과 나눈 이야기에 다 들어 있는 것이다.

또, 신나이는 지구상의 모든 경전의 합본이며 나에게는 경전 중의 경전이다. 물론 남에게는 진리가 아닐 수도 있다. 그러나 나를 깨워 내 안에 잠자고 있는 고통체를 치유하고 상처를 어루만져 주면서 내면의 영혼이 집으로 돌아가는 여정을 밟는 데 아주 충실한 교과서 역할을 해준 것이 신나이 책자이다.

신나이를 탐독하고 천부경 81자를 독송하는 수련을 계속해 나가면서는 우주의 볼텍스 에너지가 빛으로 더욱 강하게 공명하기 시작했다. 그때 눈앞에서 녹색 빛이 엄청나게 찬란하게 비치는데, 3일 동안 눈을 뜨나 감으나 휘황찬란한 연녹색 빛을 본 적이 있다. 그 녹색 빛이 왜 보이는지 무엇인지 의미를 알기 위해 인터넷을 검색하고 온갖 자료들을 다 뒤지는 과정에서, 기적의 손 치유라는 책이 또 우연히 나와 마주치게 되었다.

미국의 바바라 앤 브렌넌 여사라는 분이 쓴 이 책은 우리 같은 치유사를 양성하기 위해 그녀가 세운 아카데미의 교과서이기도 하다. 이 책에는 우주에서 내려온 빛이 영혼을 치유하는 과정에서 어떤 색이 어떻게 쓰이는지, 용도와 각각의 역할에 대해 자세히 설명하고 있다. 또, 한 영혼의 사명이나 역할에 따른 색, 즉 빛을 언급한다.

설명에 의하면 연녹색은 '영혼의 치유자 혹은 영혼의 치유자를 양성하는 자'라고 표현되어 있다. 이때 나는 적지 않은 놀라움과 함께 '결국 그렇게 되겠구나, 내가 그런 길로 가고 있구나'라고 직감적으로 알게 되었다. 기적의 손 치유는 미국인이 저술했지만 동양의 수행 체계를 과학적으로 자세하게 밝혀 놓았다. 수천 년의 역사를 자랑하는 동양의 형이상학 세계를 서양 사람이 기적의 손 치유라는 책을 통해서 말이다. 그녀는 우주에 본래부터 편재하고 있는 생명 에너지, 빛에 대해 과학적으로 또 경험적으로 접근하고 있다. 이를 통해 인간을 감싸고 있는 오라장을 치유해 마음을 변화시키는 방법과 차크라 치유법, 각성을 통해 진동을 높여 영적 스승을 만나는 방법 등을 너무나 잘 밝혀 놓았다.

기적의 손 치유나 신과 나눈 이야기, 천부경 등은 모두 하나같이 보편적으로 존재하는 우주 에너지장의 비밀을 명시적으로 또는 암묵적으로 풀어내고 있다. 우주 그 자체는 빛과 소리, 그리고 아직 밝혀지지 않은 에너지체가 진동하는 에너지장이라고 할 수 있다. 이 진동에너지는 내 몸을 통해, 바로 내 몸에 깃든 아직 잠들어 있는 영혼을 깨운다는 것이 내 경험이다. 영혼을 깨우는 힘, 그것이 바로 빛과 소리인 것이다.

치유자로서의 본격적인 여정의 삶을 살기 이전, 나는 스스로의 치유과정에서 가슴의 중요성을 너무나 뼈저리게 느꼈다. 무엇보다도 굵직한 시련과 역경을 마주하며 가슴의 상처가 너무 많았던 내 자신은 꽉 막힌 가슴으로 옴짝달싹할 수 없는 그런 상태였다. 다행히 천부경과 신나이, 기적의 손 치유라는 책들의 지식을 내 것으로 지혜화하며 스스로 가슴을 여는 법을 터득했다. 그러면서 자연스럽게 빛을 통해 사람들의 가슴의 진동을 끌어올려 영혼을 각성시켜 주는 교감자 역할을 하고 있는 중이다.

11장 가슴, 삶과 신성을 여는 마스터키

신성으로 가는 유일한 길 - 가슴의 허들을 넘어라

이 책을 한마디로 정리하고 핵심 단어를 표현하라고 한다면 그것은 바로 '가슴'이다. 가슴을 깨워 삶을 원하는 방식대로 창조해 나가고 궁극에는 우리의 본질인 내면의 신성에 도달하는 것이다. 그만큼 이 책을 통틀어 가장 핵심적인 주제가 가슴이라고 할 수 있다. 자각선원의 모든 길은 가슴으로 통하고, 가슴은 인간의 삶과 신성의 문을 여는 마스터키라고 할 수 있다. 가슴 깨우기가 목표이자 타깃, 주연이고 나머지 주제들은 이를 위한 수단과 방편, 조연들이라 해도 과언이 아니다.

그러나 가슴만큼 다차원적인 의미로 해석되는 단어도 흔치 않다. 우선 가슴은 일차적으로 우리의 물리적인 신체 위치를 가리킨다. 또 사람의 감정을 표현하는 수단으로도 사용된다. 외국에서는 심장과 사랑의 상징이다. 종종 수행자들에게 마음과 혼동을 일으키는 대상이기도 하다. 그리고 영적인 에너지체인 4차크라를 특정하기도 한다.

그렇다면 자각선원에서 그토록 소중하고 고귀하게 간주하는 가슴은 과연 어떤 위상을 차지하고 있을까? 결론부터 이야기하자면 자각선원의 가슴은 4차크라와 밀접한 관련이 있다. Part 1 차크라와 오라, 의식의 계층에서 설명한 바와 같이 차크라는 오라의 에너지체들 모두에 걸쳐 작용하며 특히, 가슴은 중단전의 감정체와 깊은 관련이 있다. 달리 이야기하면 4차크라는 영혼체까지 연결되며 이곳은 영혼의 중심점이라고도 할 수 있다. 또, 더욱 중요하게 기능적이고 의미적 측면에서 가슴은 바로 우리가 찾고자 하는 영혼, 즉 내면의 신성을 잇는 통로라고 할 수 있다. 또 영혼의 언어인 느낌은 가슴을 통해 표현된다.

우리는 일상에서 가슴과 연관된 표현들을 의식적으로 혹은 무의식적으로 많이 사용하고 있다.

가슴 벅차다. 가슴이 끓어오른다.
가슴이 터질 것 같다.
가슴 뭉클하다. 가슴이 저민다.
가슴 훈훈하다.
사랑의 느낌이 가슴으로 전해져온다. 등이다.

여기서 지칭하는 가슴과 관련된 표현들은 일반적인 에고(마음)의 감정이라기보다는 내면 깊은 곳에서 우러나오는 일종의 미묘한 느낌 형태의 파동이라는 것을 직감하게 한다. 오욕칠정의 감정 상태가 아닌, 영혼의 언어인 느낌이 가슴을 매개로 표출되는 방식이다.

물론 가슴의 본질을 가장 대표할 수 있는 대상으로 차크라와 영혼의 통로를 꼽았지만 가슴-심장-감정-마음-차크라는 모두 다른 진동 영역으로 표현된 하나라는 가슴의 다른 모습 혹은, 왜곡된 형태라 할 수 있다. 일례로 형이상학적 에너지체 4차크라는 육체의 내부 기관인 심장과 직접적으로 대응된다. 가슴 차크라가 막히면 물리적인 심장에 병증이나 문제가 생길 수 있다. 또 심장의 이상은 신체 가슴 부위의 답답함이나 불편함을 유발한다. 영혼의 중심, 영혼의 통로인 가슴(차크라)이 부정적인 감정(고통체)에 둘러싸이면 순수 영혼이 아닌 에고(마음)가 중심이 되어 우리를 통제한다. 에고라는 장애물에 둘러싸여 본질의 가슴이 열리지 않으면 우리 내면의 신성과 극적인 상봉은 이루어질 수 없는 구조이다. 모두는 각기 다른 차원의 가슴을 대표하는 하나의 집합체이자 공동운명체 성격이다.

내면의 신성에 도달하는 왕도는 첫째도 가슴, 둘째도 가슴을 깨우는 것이다. 가슴의 관문을 넘지 못하고서는 자신의 내면, 신성에 도달할 방도가 없다. 수억 겁의 고통체와 업장으로 막혀있는 허들, 장애물을 치워야 그 빛을 볼 수 있다. 가슴, 심장 주변은 수많은 생과 삶의 부정적 결과물이자 사생아라고 할 수 있는 고통체의 에너지장 영향으로부터 자유로울 수 없다. 그 영향으로 가슴차크라는 생명력을 잃고 신성의 근원으로부터 다가오는 우주의 생명력과 에너지장을 흡수 할 수 없다.

일차적으로 가슴을 깨우고 확장시킨 후에는, 그다음 추가적으로 상·중·하단전을 통합하고 일체화하여 일원성으로 회귀해야 한다. 가슴의 벽을 넘지 못하면 신성의 빛이 춤추는 모습도, 가슴을 통한 하단전 의식체와의 통합도 이룰 수 없다.

모든 길은 가슴으로 통한다

'All roads lead to Rome'이라는 명언이 있다. 로마제국이 번영했던 시절 모든 길이 로마로 통하듯이, 이 책에서 언급하고 있는 주요한 핵심 주제들은 가슴과 분리해 생각할 수 없을 정도로 서로 긴밀하게 연결되어 있다. 이들 간의 상관관계를 개략적으로라도 살펴본다면 전체적인 그림과 맥락 파악에 큰 도움이 될 수 있을뿐더러, 가슴과의 작용 방정식을 이해할 수 있다.

가슴이라는 관문을 통과하지 않으면, 가슴을 가로막고 있는 큰 허들을 넘지 못하면 이 책에서 제시하는 여러 방편들 또한 제 기능을 발휘할 수 없을지 모른다. 오랜 베일을 벗고 실체를 드러낸 고통체는 물론이고 자각이나 빛의 힐링, 내면의 신성 깨우기 등과 같은 수행의 정수들과 가슴은 떼려야 뗄 수 없는 불가분의 관계를 유지하며 서로 미묘하게 이어져 있다. 그뿐만 아니라 형이상학적 에너지체나 빛의 파동과 공명하는 뇌의 각성과 활성화에도 큰 역할을 한다.

<u>가슴-고통체</u>

이 책의 차별화된 부분 중 하나는 바로 고통체의 실체를 명확히 밝

혀냈다는 점이다. 특히, 고통체는 만물에 작용하는 음양의 법칙과 같이 가슴과 불가분의 관계를 이룬다. 동전의 양면, 손등과 손바닥처럼 한 쌍으로 작용한다고 볼 수 있다. 둘 간의 관계는 흡사 시소의 기울기나 풍선효과를 연상케 한다. 고통체가 쌓이면 그만큼 가슴은 닫힌다. 역으로 가슴이 열린 만큼 고통체가 자리할 상대적 위치와 힘이 상쇄된다. 마치 상호 모순과도 같은 미묘한 상관관계를 이루며 힘겨루기를 하는 형국이다. 그러나 자각선원의 수행법에서는 먼저 고통체의 해체를 통해 가슴을 확장하고, 확장된 가슴을 통해 수용성을 높여 고통체의 분해를 촉진하는 상승 선순환(善循環) 방식으로 접근한다.

인간의 감정은 육체적 질병은 물론, 정서와 심리 상태에 이르기까지 큰 변수로 작용한다. 사랑과 감사, 행복 등 긍정적인 감정은 가슴을 확장하지만, 사람들 대다수가 뿜어내는 부정적 감정은 탁하고 무겁기 때문에 수렴하고 뭉치는 속성을 갖는다. 이는 1차적으로 심장 주변에 고통체의 에너지장을 형성하면서 차츰 가슴차크라를 정체시키는 결과를 초래하고, 이어 뭉친 고통체의 장은 인체 내부의 에너지 흐름을 타고 각 장부와 기관에 영향을 미친다.

이러한 고통체들은 각종 병증과 정신적인 문제들을 양산할 뿐만 아니라, 더욱 중요하게는 영혼의 통로를 막고 있기 때문에 신성의 발현을 근본적으로 차단하는 주요 원인으로 작용한다는 것이다.

가슴-자각

얼핏 자각과 가슴은 큰 관련성이 없는 듯 보인다. 가장 대표적인 자각 수행법이라고 할 수 있는 위빠사나가 세상에 알려진 이래 이 훌륭한 도구는 동서양의 수행자들에게 지혜 증득의 역할을 톡톡히 해냈다. 또, 단순하고 체계적인 방법론이 정립되어 있어 누구든 쉽게 접근할 수 있다는 장점이 있다. 효과 또한 기존의 다른 어떠한 방편과 견주어도 탁월하다는 평가를 받고 있다. 마음의 평정과 새로운 경험은 물론, 다양한 경지와 수준에 이르렀다는 사례도 적지 않다. 세상을 이분법적 갈등과 집착의 대상으로 바라보는 것이 아닌, 존재와 현상 작용을 지혜로 꿰뚫어 봄으로써 본질을 통찰한 결과이다.

자각의 핵심은 가슴에 있다. 이러한 이유로 자각선원에서는 자각의 실천에 있어 가슴을 강조한다. 좀 더 구체적으로는 가슴으로 자각을 하도록 훈련과 연습을 반복한다. 관찰 대상을 먼저 인식한 상태에서, 인정과 이해, 수용 단계를 거쳐 머리에서 가슴으로 확연하게 내려와 알아차리도록 한다. 그럼으로써 대상과 주시자를 분리하고 더욱 틈을 벌려 통찰해가며 가슴의 느낌으로 승화해 나간다.

그렇지만 6장 자각에서 설명했듯이 고통체가 빠지지 않으면 순수한 자각에 이르기가 어렵다. 가슴을 통한 인정과 수용에 한계가 있는 것이다. 무엇보다도 먼저 고통체를 정리해야만 한다고 강조하는 이유가 바로 여기 있다. 그러나 가슴이 열려 자신의 부정적 갈등의 에너지들이 정리되는 만큼 세상을 보는 인식 구조에 큰 변화가 찾아온다.   또한 가슴이 크게 확장되어 자각의 깊이가 절정에 이르면 자신의 본질을 깨닫고 이원성이라는 분리의 환상에서 벗어나 신성과의 합일에 도달할 수 있는 기회가 주어진다. 머리형 자각과 가슴으로의 자각은 이와 같이 그 수준이 천양지차라고 할 수 있다.

가슴-빛의 힐링

나를 매개로 이루어지는 빛의 힐링은 신성의 빛이 작용한다. 신성의 빛은 의식의 빛이다. 의식의 빛은 공명의 빛이다. 이미 전체로서 편재한 빛인, 신이 선사한 이 프리에너지를 활용하는 관건은 빛과의 공명 여부에 달려있다. 신성의 빛과의 공명 수단은 당연히 영혼의 통로인 가슴과 큰 관련이 있다. 가슴이 고통체 등으로 막혀 있다면 공명의 채널은 단절된 것이고, 설사 공명이 된다 해도 간섭작용으로 왜곡되기 십상이다.

빛의 작용 또한, 가슴을 통해 상호 교감을 이루며 반응한다. 치유의 빛의 대명사인 밝은 초록빛은 나를 통해 빛기둥이 형성이 된 후, 내 가슴을 통해 상대의 가슴에 회오리를 치듯 파동처럼 흘러 들어간다. 이때 상대 가슴의 확장과 활성화 정도에 따라 힐링의 빛은 수월하게 전달되기도 하지만, 막혀 튕기거나 어렵게 일부만 수용되는 경우도 다반사이다. 물론 힐링의 빛은 그 자체로 강력하기 때문에 고질적인 고통체가 너무도 큰 업장으로 작용하지 않는 한 가슴을 열고 깨우는데 큰 역할을 한다. 여기에 더해 인간 존재는 기분과 느낌에 따라 가슴을 일시적으로 확장할 수 있는 능력을 갖추고 있다. 그 때문에 힐링 세션에서는 충분한 교감과 믿음을 통해 상대의 가슴을 수용적인 상태로 유도하는 것이 중요하다.

이렇듯 가슴을 열지 않으면 빛의 힐링조차도 벽에 부딪히는 경우가 많다. 가슴은 정말로 한 존재에게 있어 마법의 요술 방망이와 같은 신비한 대상이다. 너무도 중요한 형이상학적 실체이기에 신은 대비책을 마련한 듯하다. 바로 고통체의 큰 업장으로 신음하는 인간을 돕기 위해 가슴을 열기 위한 또 다른 방편이 신을 통해 나에게 드러났다. 우주의 파동음, 영언이 그것이다. 이 영언 수련은 가슴의 고통체로 옴짝달싹 할 수 없는 존재들을 돕기 위한 아주 유용한 방편이다. 우리의 감정적 고통체들에 대응해 그것들을 해체하고 배출할 수 있는 다양한 영언 수련 도구는 12장에서 자세히 확인할 수 있다.

가슴을 대표하는 차크라는 그 자체로 가슴의 상태를 대변하는 바로미터라고 할 수 있다. 사람에 따라서는 자신의 가슴에 대한 개방과 느낌을 잘 알고 있는 경우도 있지만, 그렇지 못한 경우도 적지 않다. 이런 상황에서는 먼저, 가슴의 상태를 객관화 시키는 노력이 필요하다. 나의 경우는 상대의 가슴차크라와 공명이 되어 차크라의 회전이나 움직임의 느낌을 공유하기도 한다. 또 오라장 형태로 확인이 가능한 경우도 많다. 그렇지만 일반인들은 보조 수단을 이용해 자신이나 상대의 가슴 파악하는 것이 중요하다.

보조 수단은 오래전부터 전해 내려오는 방법론과 도구를 활용하는 것이다. 펜듈럼이라는 간단한 도구를 활용해 가슴차크라의 활성화 정도나 이상 여부를 간단히 체크해 볼 수 있다. 주로 물길을 찾는데 사용된 도구이었지만, 발전을 거듭하며 다양한 분야에 활용되고 있는 방법이다. 펜듈럼을 가슴차크라 부위에 놓고 움직임을 세심히 관찰하면 그 움직임에 따라 약 17가지 패턴을 보이게 된다. 활용 시 주의 사항은 집중력이 필요하고 또 선입견이 개입되면 안 된다. 이에 대한 자세한 내용은 Part 1 차크라 부분을 참조하기 바란다.

가슴-뇌

가슴과 뇌, 뇌와 심장은 상호 수시로 동기화를 위한 작용이 일어난다. 물리적으로는 뇌가 우리 몸의 모든 기관과 장부, 신경, 세포들을 통제하고 관리하는 듯하지만, 형이상학적 영역에서는 가슴이 생명력의 파동을 발산하는 주체로 작용한다. 영혼의 진동과 파동을 전달하는 매개역할이다. 그러나 가슴이 깨어나고 활성화 정도가 부족하기 때문에 가슴의 파동이 뇌에 전달되기에는 한계가 있다.

이것은 뇌의 각성이나 뇌의 기능성과도 깊은 관계가 있다. 가슴이 충분히 확장되면 뇌는 저절로 깨어나게 된다. 영혼이라는 본질, 신성의 생명력이 뇌라는 신체의 생명력을 깨우는 형국이다. 가슴이 깨어나면 신성의 파동이 뇌를 각성시킨다.

에너지 영역에서는 뇌를 담당하는 상단전, 인당차크라와 가슴차크라가 우리 중심부를 관통하는 에너지 통로를 통해 소통되어야 한다. 그러나 대개는 각 차크라가 비활성화되어 있고, 또 중심 에너지 통로가 막혀있기 때문에 가장 중요한 두 에너지체 사이가 단절된 상태이다. 그 결과는 육체 차원의 뇌와 심장의 기능성에 고스란히 영향을 미치게 된다.

진정한 삶을 여는 마스터키

그렇다면 가슴과 우리의 삶은 과연 얼마나 관련이 있을까? 다른 관점으로 바라본다면 우리의 삶은 가슴에 종속 되어 있다고 해도 과언이 아닐 정도이다. 인간은 에고적인 삶을 위해 부와 건강, 관계, 지식을 추구한다. 한마디로 잘 먹고 잘살기 위한 물질 욕구가 기본이 되고 삶에서 경쟁력을 갖추려 하는 것이다. 물론 욕구 자체는 크게 문제가 될 것이 없다. 기본 욕구는 우리의 안전을 지키고 생명을 영위하는 데 필수적이다. 불교에서도 이고득락을 목표로 한다. 그러나 이원성에 종속된 경쟁과 갈등, 투쟁이 문제일 따름이다.

그렇다면 이원성에 바탕을 둔 갈망과 쟁취가 아닌, 우주의 섭리와 이치에 따른 욕망의 성취와 너와 내가 함께 윈-윈하는 그런 길은 없는 것인가? 남의 것을 취해 내가 이득을 보는 그러한 동물적인 수단이 아닌, 신성의 길을 따라 우주의 이법을 따르는 왕도는 무엇일까!

그에 대한 해답은 바로 가슴이다. 가슴을 열고 가슴을 깨우면 우리의 본능과 영혼의 안내에 따라 자연스러운 길을 걸을 수 있게 된다. 나의 바람대로 창조를 이루어 나갈 수 있다. 우주에 존재하는 그 모든 것의 원초적 질료들과 가슴의 공명을 통해서이다.

자각선원에서 가슴을 깨운다는 그 한마디에 모든 가치를 부여하며 수십 년의 영적인 방황과 갈구를 끝내고 찾아온 회원들이 적지 않다. 그들은 가슴의 중요성과 위상, 가치를 본능적으로 절감하고 있는 것이다. 가슴이 열리면 건강이 회복될 수 있다. 가슴이 제 역할을 하면 이리저리 헤매지 않고 통찰력을 발휘해 풍요로운 삶을 개척해 나갈 수 있다.

관계 또한 다르지 않다. 인간은 사회적 동물이다. 사람에게 가장 큰 고통과 절망은 사람과의 관계에서 나온다. 그런데 그 관계는 모두 에고의 관계, 즉 에고의 작용과 반작용이라는 함수에서 기인한다. 가슴의 길을 따라 대인관계, 자연과 우주와 관계를 조화롭게 이루어 간다면 관계로부터 자유로워 질 수 있다.

사업을 하는 A회원은 투자를 하는 사업가였다. 영적인 구도에도 관심이 많았지만, 현실적으로는 번번이 모래성처럼 무너지는 투자에 대한 해답을 찾고 싶은 경우였다. 그의 투자 대상은 주식과 선물, 최근 유행하는 암호화폐 등이었다. 그의 투자 실적은 나쁘지 않았다. 오랜 경륜과 직감이 발달해 투자에 대한 기대치가 높았다. 그러나 문제는 돈이 들어오면 쌓이지 않고 모두 손에 모래를 쥐듯 소리 없이 빠져나가며 실체가 없어지는 것이었다.

그분과의 상담과 오라의 판독에서 돈에 대한 불안과 두려움으로 가득찬 에너지장을 확인할 수 있었다. 평소 무의식 차원의 심리는 돈을 버는 것이 아닌 돈이 없어지는, 사라지는 의식 파동으로 가득 차 있었다. 물론 이러한 에너지 상태는 과거의 삶으로부터 현생까지 이어지며 누적된 고통체들이 복합적으로 작용하는 것이다.

이 회원의 경우는 가슴의 활성화 정도와 의식수준, 고통체 등에 있어서 전반적으로 극히 나쁘지도, 좋지도 않은 보통 정도의 수준이었다. 그는 자각선원에서 일반적으로 제시하는 평범한 수행 과정을 통해 고통체들을 해체하고 가슴을 깨어 나가기 시작했다. 물질화된 고통체들 중 주요한 부분들이 정리되고 나자, 이분의 돈에 대한 인식과 안목이 달라지기 시작했다. 그러자 새어 나가는 돈들이 눈에 보이며 대책을 세울 수 있게 되었다. 가슴의 확장을 통해 영혼이 점차 깨어나며 본능과 영혼의 안내에 따라 투자를 이성적으로 해 나갈 수 있게 된 것이다. 이후 수입 지출의 균형이 눈에 띄게 차이를 보였다. 불필요한 지출은 대폭 줄어든 반면, 수익이 계속 증대되며 잔고와 현찰은 늘어만 갔다.

또, 자각선원에는 관계에 있어 극적인 반전이 일어난 회원이 있다. 당시 고등학생 시절 부모의 손에 이끌려 온 청소년이었다. 틱장애와 분노조절 장애, 대인기피 장애는 물론 자폐 성향도 있었다. 당연히 사회성과 사람과의 관계지수는 제로에 가까웠다. 처음 방문했을 당시 자각선원 실내로 들어오기까지 몇 시간을 부모와 실랑이하며 저항하고 버티기도 했다. 존재의 상태로 보면 최악의 수준이었다.

수행과 힐링에서는 상호 소통과 신뢰가 중요하다. 눈을 마주하고 대화를 나눌 수 있어야 소통과 믿음이 쌓여 갈 수 있지만, 이 정도 수준에서는 잠시라도 이야기를 나누기가 힘들 정도였다. 이때는 나의 모든 사랑과 헌신을 쏟아 부어야 한다. 나에게 주어진 사명감을 다시 한번 가다듬으며 진정으로 다가가는 수밖에 없었다. 그 소년의 수준에 맞추어 최대한 설득의 노력을 해 나갔다. 그러면서 신에게는 이 아이에게도 희망과 신성을 회복할 수 있는 자비를 베풀어 달라고 기도하며 가슴 대 가슴으로 빛을 교감해 나갔다. 역시 지성이면 감천이었다. 계속되는 시도 속에서 어린 친구는 조금씩 나의 진정성을 느끼기 시작했고, 마음의 문을 열며 자신을 해체해 가기 시작했다.

이때가 큰 전환점이 될 수 있는 순간이다. 그 또한 자신의 문제와 한계를 극복하고자 하는 큰 열망이 내면에 있었기에 졸탁의 순간에 가슴을 열기 시작한 것이다. 이 어렸던 학생은 지금도 자각선원의 회원으로 수행에 매진하고 있다. 이제는 어엿한 대학생이 되어 자신과 같은 처지의 사람들을 돕겠다는 뜻으로 관련 학과에 진학해 곧 졸업을 앞두고 있다. 그가 앓던 틱장애 또한 사라졌다. 여러 장애들 또한 이제는 더 이상 그의 사회성에 문제가 되지 않는다. 나는 자신의 노력이 나의 사명과 만나 인생이 반전된 경우를 접하며 너무 감격스럽고 눈물이 나기까지 했다.

이와 같은 사례와 여정은 꼭 이 학생에만 국한된 경우는 아니다. 신은 우리에게 신성을 부여했고, 이 지구 삶을 통해 본인이 원하는 경험을 창조하도록 허용했다. 그러나 신은 우리에게 그 경험조차도 선택을 바꿀 수 있는 의지를 허락해 스스로 창조해 나갈 수 있도록 신의 권능을 부여하셨다. 나는 신에게 감사할 따름이다. 누구나 자신이 진정 바라는 존재가 될 수 있음을 허용한 신에게 무한한 감사와 영광을 돌릴 뿐이다.

가슴 깨우기 연습

가슴을 깨우고 신이 부여한 본래의 상태로 가슴을 회복할 수 있도록 돕는 것이 자각선원의 수행 방법들이다. 가장 최종 단계인 내면의 신 깨우기를 제외하면, 대부분의 방편들은 고통체 분해와 가슴열기를 위한 수행법이라 해도 과언이 아닐 정도이다. 자세한 수행 절차와 방법론은 12장부터 15장까지 이어진다.

그러나 본격적인 수행에 앞서 누구나 갖추고 있는 신의 부여 재능을 활용해 가슴을 자유자재로 확장해 볼 수 있는 비법이 있다. 물론, 이 방법은 가슴을 온전히 열 수 있는 근본적인 방편은 아니다. 그러나 티끌 모아 태산이 되듯, 작은 물방울이 바위를 뚫듯 반복 연습과 숙달이 이루어지면 큰 진전을 볼 수 있다. 더욱이 언제 어느 때라도 본인의 의지에 따라 가슴을 깨울 수 있다.

인간은 누구나 사랑의 경험이 있을 것이다. 남녀 간의 사랑은 물론, 동물과 자연, 지고의 존재 등 사랑의 대상에는 한계가 없다. 현재와 과거를 통틀어 가장 사랑으로 충만해 가슴이 터질 것 같은 순간으로 시간 여행을 떠나보자. 처음 연인과 사랑에 빠졌을 때, 그 당시 심정과 느낌, 기분은 어떠했는가? 사랑스러운 아이가 태어났을 때의 순간을 기억하는가? 어린 시절 아이들의 재롱과 귀여움에 너무도 행복한 순간을 떠올릴 수 있나?

나는 내 스스로 내면의 신에 다가갔을 당시 그 감동과 느낌은 언어로는 형용할 수 없다. 이러한 감동의 순간, 사랑으로 충만했던 순간 가슴은 어떠했나? 그 순간은 걱정도 우울도, 어떤 부정도 문제가 되지 않는다. 열린 가슴으로 뿜어져 나오는 사랑의 파동에 모두 행복해 보일 뿐이다. 지나치는 사람 모두가 행복해 보인다. 평소 불편한 관계의 대상도 더 이상 내 감정을 불편하게 하지 않는다. 시쳇말로 곰보도 보조개로 보일 수 있다.

이러한 조건은 물론 외부적으로 만들어진 것이다. 그러나 우리는 기억이라는 장치를 가지고 언제든지 그때의 감정과 느낌을 소환할 수 있다. 물론 강도의 차이는 있을 수 있다. 내가 제안하는 '원할 때 가슴 열기 방법'은 바로 이러한 원리를 이용하는 것이다. 연습으로 숙달이 되면 너무도 큰 영적인 무기가 될 수 있다. 그러기 위해서는 우선 자신이 가장 행복했던 순간, 사랑으로 넘쳐났던 기억을 떠올려야 한다. 연기자들이 자신의 역할에 몰입하듯이, 그 기억을 온몸으로 느끼며 그때의 순간을 기억해 내야 한다. 그럴 때 온몸에 전율이 오는 현상을 누구나 한 번쯤 경험하고 있을 것이다. 상황에 따라 몇 가지 경우의 기억을 시나리오화하는 것이 중요하다. 인간은 환경에 따라, 조건에 따라 느끼는 감정, 감동의 수준이 달라진다. 때에 따라서는 하나의 시나리오에 지루함을 느껴 감동이 반감될 수도 있기 때문이다.

시나리오들이 준비되면 이후는 노력과 연습이 결과를 좌우한다. 내가 추천하는 좌우명은 삶과 수행에서 '연습과 노력'이다. 차 안에서 화장실에서, 홀로 걸을 때도 좋지만 이번 방법에서는 취침 전 실행을 추천한다. 하루를 마무리하는 잠자리에서 연기자가 되어 자신의 기억에서 시나리오를 꺼내 가슴으로 느끼고 느껴 가슴으로 전해오는 전율을 경험해 보자. 잠자리는 에너지의 충전과 회복에도 도움이 되지만, 긍정의 에너지를 입력하고 다음 날 일어났을 때 가슴 충만하게 하루를 시작할 수 있다는 장점이 있다. 해서 되지 않는 일은 없다. 그 길의 방향이 목적지로 향하는 올바른 방향이라면 나머지는 시간의 문제로 누구나 목적지에 도달하게 된다. 이때가 되면 우리는 어느 순간 감정과 가슴을 좌지우지하는 마법사가 되어 있는 자신을 발견할 수 있을 것이다.

12장 우주의 언어 영언

영언의 탄생

　영언에 대해서는 2장 자각선사 이야기에서 잠시 소개했지만 천부경 수행을 하면서 부수적으로 터득한 소중한 수련 방편이다. 엄밀히 이야기하면 내가 터득했다기보다는 나를 통해 우주의 신비 중 하나가 드러난 것뿐이다. 단순하지만 효과적인 면에서는 매우 독보적이고, 어디에서도 찾아볼 수 없는 독창성과 독특함을 지니고 있다. 가슴을 열고 고통체를 배출해 내는데 영언만큼 훌륭한 수단과 방편을 찾아보기 어렵다는 것이 내 생각이다. 물론 힌두교나 불교 등의 종교에서도 유사하다고 말할 수 있는 사례들이 있다. 만트라나 다라니, 주문 등이 좋은 예라 할 수 있다. 특정한 의미가 없는 소리나 음의 파동이 에너지 차원에 작용하면서 효과를 가져온다고 알고 있는 것들이다. 그러나 영언은 가시적인 측면에서 비교할 수 없을 정도의 효과를 직접 확인 할 수 있다.
　우리는 흔히 우주 근원의 소리라는 '옴'이나 '수리수리 마하수리 수

수리 사바하'와 같은 구업(口業) 정화 진언을 자주 암송한다. 마음을 굳게 먹고 몇십 분을 앉아 외어 봐도 특별한 반응이나 효과를 느끼지 못하는 경우가 많다. 이유는 그러한 신성한 소리와 공명할 수 있는 자신의 진동 수준이 높지 않거나 아직 충분히 사이클을 맞추지 못했기 때문이기도 하다. 그렇다 해도 우리가 미묘한 반응을 느끼지 못했을 뿐, 에너지적으로는 미약하나마 작용에 대한 반작용이 분명히 일어난 것은 사실이다.

반면, 영언은 물리적인 반응과 느낌, 그로 인한 고통체의 배출이라는 정화의 결과를 확인 할 수 있다는 점에서 분명한 차이를 보인다. 물론 상대 세계인 이 물질세계에서 100%라는 수치는 불가능하므로 영언 수행자 모두가 효과를 본다고 말할 수는 없지만 말이다.

영언이 탄생하게 된 동기는 정말 우연 같은 필연이었다고 할 수 있다. 천부경 수행을 하면서 나도 모르게 무의식적으로 한글이지만 한국말이 아닌 언어(말)들이 튀어나오기 시작했다. 도저히 이해할 수도 없고 영문을 알 수가 없어 내면을 통해 신이라는 존재에게 해답을 구하게 되었다. 물론 계속되는 영언과 그에 따르는 반응과 결과를 지켜보며 경험적, 통계적으로 기능적인 측면과 효과를 예측할 수 있었지만, 신을 통해 정확한 의미와 효과에 대해 메시지를 받고 싶었다.

내가 내면의 신과의 끊임없는 시도와 교감을 통해 알게 된 영언의 실체는 가슴에 맺힌 앙금을 푸는데 효과가 있는 우주의 파동음이었다. 두려움이 큰 사람이나 자기 자신을 잘 드러내어 표현하지 못하는 사람들, 너무나 참고 참아 응축된 고통체가 크게 작용하는 사람, 수많은 전생을 거듭하며 풀리지 않는 응어리로 뭉친 사람들의 앙금을 풀어주는 역할을 한다는 것을 알게 되었다. 특히, '가슴속에 얼룩진 한과 집착 때문에 자기 자신을 표현하지 못하고 고통체가 심장 표면의 에너지장을 꽉 채우고 있는 사람에게 이 영언을 표현하게 하면 심장에 뭉친 에너지장이 벌어지는 역할을 한다. 이 영언을 계속하면 밖으로 해체되어 나오는 감정체와 함께 물질화된 고통체가 덩어리 채로 나온다'. 이러한 내면의 신의 소리가 내 입을 통해 밖으로 터져 나왔다.

이때 변성의식상태에서 내면으로부터 올라온 목소리는 현재 의식을 가지고 있는 나 자신도 또렷이 인식하고 기억할 수 있었다. 이러한 변이 의식에서는 이성적 판단이나 사회의식이 걸러진 상태로 볼 수 있는데 순수한 자각에 가까운 현존의 상태라 할 수 있다. 내 자신의 깊은 내면에서 신성 의식과 맞닿아 흘러나왔다고 확신하는 그 음성은 신을 향한 끊임없는 지혜의 구애에서 비롯된 노력과 연습의 산물이었다. 무려 6개월이라는 기간을 공들인 끝에 얻어낸 소득이었다.

나를 통해 내면에서 나온 신성의 메시지가 전하고 있는 또 다른 요지는 모든 영언은 특별히 가슴을 깨우고 확장하는 도구이자 수단으로 역할을 한다는 것이다. 대표적으로 미까, 이까, 수까, 유까, 도까라는 압축된 파동음이 있는데, 이 소리들은 다양한 감정을 들어 올리는 효과가 있다는 내용이었다. 이렇게 내면의 소리에 대한 이해는 물론, 흔들림 없는 믿음과 확신이 자리 잡게 됐다.

제일 처음 내 입을 통해 나온 영언은 '미까'였다. 뒤를 이어 하나의 감정이 어느 정도 마무리되면 다른 영언이 나의 감정을 정화해 나갔다.

천부경 수행을 하며 정리된 영언은 약 60여 종이지만, 모두 5종의 영언에서 자연적으로 파생된 것들이다. 이 5가지 영언은 인간의 대표적인 5기(氣), 즉 오감을 다스린다. 미까는 노여움과 관련된 감정체를 끌어올리고, 그 감정 에너지에서 비롯되어 쌓인 고통체를 배출시키는 효과가 있다. 마찬가지로 이까는 두려움, 수까는 부러움, 도까는 서러움, 유까는 소유욕적인 사랑과 각각 대응된다. 이러한 감정이 해소되지 못하면 인간은 생물과도 같은 감정체에 휘둘리며 거듭되는 생을 힘겹게 살아갈 수밖에 없다.

누구에게 필요한 수행인가?

영언 수행은 단순한 반면, 효과가 뛰어나기 때문에 자각선원에서 매우 폭넓게 사용되는 방편이다. 수많은 생을 살아온 인간에게 고통체와 감정체는 그야말로 한도 끝도 없이 뿌리가 깊기 때문에 일정 수준에 도달하기 전까지 여러 수행단계에서 약방의 감초와 같이 조합되어 활용된다. 그렇지만 가장 초점을 두고 있는 대상은 가슴의 진동이 낮은, 가슴이 열리지 않은 사람이다. 가슴이 열리거나 깨어 틈이 있는 사람은 내가 운용하는 빛이나 음성 파동에 공명이 잘 일어나 쉽게 에너지장을 들어 올리고 고통체를 배출해 낼 수 있다. 그러나 많은 수의 현대인들은 상대적으로 머리와 생각이 발달하면서 가슴이 굳어 있고 반응의 민감도가 낮은 편이다. 특히, 한과 집착이 강하고 자신이 상처받았다는 피해의식이 큰 경우 매우 폐쇄적이기 때문에 치유 자체를 거부하며 에너지 방어막 뒤에 꽁꽁 숨어있다. 방어막을 치고 있으면 나를 통해 흘러가는 빛이나 말의 파동은 튕겨 나오게 되고 효과를 기대하기 어렵다.

이러한 에너지막을 해제할 수 있는 좋은 방법은 말이라는 수단을 이용해 스스로를 표현하게 하는 것이다. 자신의 주변에 강한 방어막을 치고 있는 사람들은 외부의 에너지가 무의식적으로 감지되면 공격적으로 받아들이면서 방어적으로 반응한다. 그렇기 때문에 외부적인 기운을 쓰기보다는 먼저 자신을 해제할 방법으로 접근하는 것이 좋다. 말을 표현함으로써 감정을 조절하거나 감정의 에너지장을 다소 약화시킬 수는 있지만, 고착화되어 있는 강력한 감정체들을 통제하기에는 한계가 있다. 따라서 감정체와 고통체에 특별한 기능성을 발휘하는 영언은 꽁꽁 걸어 잠근 마음의 문을 열고 감정체를 끌어올려 배출 시키는데 금상첨화인 것이다.

가슴이 막힌 정도가 심한 사람들에게는 반복적인 방식으로 영언 수행을 유도한다. 한 번의 세션에서 보통 적게는 3회, 많게는 6회~7회의 영언을 반복시킨다. 이 정도의 반복에도 반응이 없으면 30분에서 1시간가량 가슴을 마사지한 후 반복한다. 마사지와 영언을 반복하면 가슴이 열리며 감정체가 터지는 경우를 자주 경험했다. 영언을 수행하게 되면 처음에는 울음을 크게 터트리는 경우가 많다. 이때는 울음이 그칠 때까지, 감정적 에너지가 해소될 때까지 기다리는 것이 좋은데 짧으면 30분 길게는 3시간까지 계속되기도 한다. 울음을 그치고는 대부분 가슴에서 무엇인가 쑥 빠져나가는 느낌이었다는 반응이 일반적이다. 그런데 특이한 점은 영언으로 울음을 한 번 터트리고 나면 그다음부터는 저항이나 반발력이 약해져 너무나 쉽게 다가온다는 사실이다. 이런 사람들에게서는 '내가 변화됐습니다. 나를 치유해 주세요. 나는 당신의 우주 에너지장을 받아서 교감하고 싶습니다'와 같은 무언의 목소리와 느낌이 전달된다.

영언의 훌륭한 점은 효과와 기대치가 매우 높다는 사실이다. 그럼에도 불구하고 실패한 경우도 종종 생긴다. 일반적으로 머리에 의심이 많은 법조 계통, 논리적이며 근거가 있어야 믿는 박사들, 자아가 강한 사람들, 기존의 철두철미한 종교 관념에 사로잡힌 사람들은 대개 가슴이 굳게 닫혀서 영언을 써도 효과가 없는 경우가 많다. 현재까지 통계상으로 약 15%는 영언을 활용해서도 가슴을 열고 감정체를 끌어낼 수 없었다. 그러나 역으로 생각하면 약 85% 정도는 영언 수행을 통해 가슴을 열기 시작하고 감정체와 고통체를 덜어낼 수 있는 것이다. 특히 85% 중 60%는 그 자리에서 효과가 나타나기 시작한다.

시간이 걸리는 사람들은 그만큼 맺힌 한이나 부정적인 감정의 적체가 심한 것이다. 그러나 기다려 주면 누구나 가능하다, 다만 그만큼의 시간을 허락하지 못하기 때문에 중도에 서로 포기하고 마는 것이다. 지식이 많거나 논리적인 사람들, 의심이 강한 사람들은 시간이 필요하다. 사회의식이 발달하고 자기주장이 강한 사람은 특히, 신피질이 활성화되어 있어 외부의 에너지장이 들어와도 튕기거나 믿지를 않기 때문에 변형이 되어 반응이 일어나지 않는다. 우주에 편재한 에너지장을 마음으로 받으라고 하면 순수한 사람들은 그대로 수용하기 때문에 바로 에너지가 느껴진다. 그러나 백회가 굳어 닫힌 사람은 우주의 에너지장 이야기를 들으면 눈만 껌뻑껌뻑한다. 이런 유형의 사람들은 우주의 에너지장을 자신의 변이의식이나 사회의식으로 가로막음으로써 효과를 기대하기 어려운 타입이다.

영언을 포함해 자각선원의 여러 수행 방법을 동원했어도 오랜 시간 동안 가슴의 확장에 진전이 없었지만, 한순간 마음을 고쳐먹으며 반전을 이룬 경우도 있다. 이 회원은 빛의 힐링이나 영언을 조합해 3개월이나 수행을 시켜도 마음의 문이 열리지 않았다. 가슴은 미동도 하지 않은 채 꽁꽁 잠겨있었다. 더 이상의 노력은 나 자신과 다른 회원들을 위해서도 바람직하지 않다고 판단하여 중단을 선언했다.

나중에 알게 된 사실이지만 3개월 동안 이 여인은 내가 자신을 치유해 줄 수 있는지에 대해 신뢰가 없어 의심만 하고 있었다. 그런데 병을 치유하고자 하는 마음이 얼마나 간절했으면 3일 만에 다시 찾아와 한 번만 더 시도해 달라고 부탁하는 것이었다. 이때는 마음 자세가 확연히 달라져 있었다. 지푸라기라도 잡아야 하는 상황에서 마음의 틈을 스스로 열자 30분 만에 울음보가 터지며 가슴이 열리는 긍정적 반응이 나타났다. 이 회원은 서러운 감정을 다스리기 위해 '도까' 영언 수련과 함께 명치와 단중 마사지를 병행했다. 그녀는 남편에 대한 배신감과 여자로서 사랑을 받지 못한 서러움의 감정이 골수 깊이 박혀 있었다. 남자는 정력이 너무 과했고 여자는 그것을 감내할 체력이나 성적인 수용 능력이 없었다. 자연히 남편은 바람을 피웠지만 그것까지는 용서할 수 있었다. 그런데 다른 여자를 집에까지 데려와 같이 살겠다며 내쫓기는 처지에 몰리고 말았다. 자연히 결혼 생활은 파경을 맞게 되었고, 그 충격으로 7년 동안 마음의 상처를 치료하느라 우울증 약을 계속 먹고 있었다. 바로 이 우울증 약이 이 여인의 가슴을 여는데 큰 장애요인으로 작용하고 있었다. 약을 먹고 몽롱한 상태가 유지되는 경우가 많아 뇌의 의식 작용이 원활하지 않았다.

감정적 치유에 대한 확신이 생긴 그녀는 이후 나와 함께 3년 동안 수행을 계속해 나갔다. 그중 6개월은 영언 수련으로 다른 감정의 골들을 하나하나 해소해 나가는데 집중했다. 영언 수행으로 감정을 풀고 가슴이 확장되어 가는 과정에서 종종 전생 체험 현상이 나타난다. 이 회원의 경우는 서러움과 노여움의 감정을 정리하는 과정에 영언의 파동음과 함께 깊은 감정 상태에 몰입이 되면서 그 감정의 고리와 연관된 전생을 확인하게 되었다. 지금의 남편은 전생의 기생인 그녀의 기둥서방으로 지내고 있었는데 한량이었다. 투전판을 돌며 판돈이 떨어지면 돌아와 손을 벌리는 악순환이 계속되었다. 결국에는 감당이 되지 않자 심한 다툼과 몸싸움 과정에서 남자를 밀쳐 삼지창에 찔려 죽게 했다. 그녀는 관아에 끌려가 참수형을 당하게 되었고 그 악연으로 이번 생에 버림을 받게 된 사연이다.

그 짧고 단축된 형태의 파동 음절이 어떻게 요지부동의 가슴을 열고, 고통체를 배출할 수 있는지 영언 수행은 하면 할수록 오묘하다는 생각이 든다. 파동음 자체가 관련된 감정과 교감하고 공명하는 기능을 갖지만, 그 대표성을 갖는 단어는 무엇보다도 감정체를 연결시키는 촉매 역할을 한다. 특정한 영언을 반복해 나가다 보면 파동음의 변화가 일어난다. 감정체와 연결되어 교감력이 깊어지면 영언이 스스로 바뀌며 내면에서 아픔을 드러내는 자기 표현력이 나온다. 여기에는 아픔의 표현이나 눈물, 가슴 쥐어짜기 등의 반응과 알 수 없는 말이 굴러가듯 나오기도 하는데 방언이 아닌 영언이 변형된 말의 일종이다. 이러한 영언의 변형음이 계속 나오다가 나중에는 자신의 감정의 앙금이 생긴 구체적인 말이 나오게 된다.

일례로 '내 가슴이 찢어져', '엄마가 나를 버리고 갔기 때문에 나는 너무나 두려웠어', '머리가 깨질 듯 아파 미치겠어, 내 머릿속에 총알이 지나갔어'와 같은 말들이 올라오기도 한다. 이러한 구체적인 말들이 올라오기까지 몇 날 며칠 동안 영언을 반복한다. 버림받은 기억, 서러웠던 기억, 전생에 억울하게 죽은 기억, 물에 빠지고 칼에 찔린 기억 등 앙금의 뿌리가 나타난다. 영언을 반복해 가며 감정의 아픔이 어느 정도 빠지면, 보기 싫었던 감정체를 마주보게 되고 아팠던 원인을 입 밖으로 내뱉게 되는 것이다. 의식이 명확해지면 저항이 무너지고, 저항이 무너지면 내 자신이 이것 때문에 너무나 아파했다는 기억을 되찾으며 인정하게 되는 것, 이것이 곧 치유의 과정이다.

영언 수행법

자, 그러면 영언 수행을 구체적으로 어떻게 해야 원하는 효과를 기대할 수 있을까? 수행이라는 행위는 눈으로 보이는 부분과 그 이면에 언어나 다른 교감 수단을 통해 이루어지는 부분도 큰 비중을 차지한다. 또한, 수행 방법론은 아무리 일반화와 객관화를 시켜도 상대에 따라 미묘한 차이가 있을 수 있다는 것이 지금까지의 내 경험이다. 그렇기 때문에 실제 하나의 구체적인 적용 사례를 처음부터 끝까지 있는 그대로 소개하는 것도 좋은 방법 중 하나라고 생각한다.

영언 수행을 본격적으로 진행하기 위해서는 무엇보다도 자신을 둘러싼 가장 큰 감정의 기복이 무엇인가를 파악하는 것이 중요하다. 자신에게 표출되는, 자신을 가장 괴롭히는 감정의 대상이 무엇인지부터 찾아야 한다. 일단 그 지점에서부터 시작하여 그러한 감정이 극하게 나타난 경험을 떠올려 가며 감정의 이입을 유도해 본다. 내 감정의 아픔이 노여움인지, 서러움이 많아 침울한 인생인지, 또 분노와 조급함으로 공격 성향이 강한지를 먼저 스스로 판단해 보도록 한다.

우리 인간은 다양한 감정적 부정성을 모두 이면에 고이 간직하고 있는 존재이기 때문에, 자신을 가장 괴롭히는 어느 감정에서 먼저 시작해야 할지의 문제일 따름이다. 결국에는 대부분의 감정적 아픔을 마주해 해결해야 한다.

뿌리 감정이 결정되었다면 그 감정의 에너지를 잘 뽑아낼 수 있는 영언이 결정된다. 감정을 표출시키기 위해서는 감정에 충실해야 한다. 그러나 많은 경우, 솔직한 감정 표현에 문제가 많아 가슴을 확장하고 고통체 배출을 어려워하는 사람을 대상으로 영언 수행을 권고하기 때문에 일종의 준비 운동이 필요하다. 가장 좋은 방법은 물리적으로 가슴과 명치를 포함해 두 지점 사이를 왕복하며 10여분 정도 두드려 주는 것이다. 몸을 두드리면 진동이 생기며 이완은 물론, 차크라에도 영향을 주면서 감정적 표현과 반응 현상도 좋아진다.

이제 자신의 감정을 내면에서 들어 올릴 영언을 시작한다. 처음 시작은 30분을 주기로 반복한다. 30분 정도 영언을 반복하다 보면 입도 마르고 지치게 되면서 더 이상 진척에 어려움을 겪게 된다. 이때는 다시 가슴을 두드리고 횡격막을 크게 늘려줄 수 있도록 호흡을 크게 들이마시고 내 쉬기를 반복해 본다. 이런 과정으로 영언을 2, 3회 반복 도전해도 별다른 반응이 없다면 그날은 그 상태로 종료한다.

매일 이런 방식으로 영언 수련을 시도하면 보통 3, 4일에 효과가 나타나지만 늘 그렇듯 예외는 있기 마련이다. 일주일을 도전했지만 효과가 없으면 자신을 특이한 케이스로 편하게 인정하는 것이 좋다. 이때는 영언에 집착하지 말고 다르게 접근해야 한다. 나는 이 경우 가슴이 심하게 막히고 에너지의 흐름에 문제가 있다고 판단하고 먼저 가슴을 확장하기 위한 활공수련으로 유도한다.

이 방법은 손과 발, 가슴을 확장하는 동작으로 이루어져 있다. 특히, 우리 몸 중앙의 앞부분인 임맥을 자극하면서 가슴을 펴고 최대한 확장하게 만든다. 활공수련을 시키면 임맥이 열리면서 가슴을 쭉 펴다가 떨리는 현상이 발생하기도 한다. 가슴 떨림 현상은 가슴이 조금씩 확장되고 있다는 반증이다. 이때 다시 한 번 영언 수행을 시도해 보면 잘되는 경우가 많았다. 그리고 이전과는 다른 가슴의 변화를 조금씩 느끼기 시작할 것이다.

다시 시작한 영언 수행에서 눈물이 터지기 시작하면 성공한 것이나 다름없다. 얼마나 깊은 눈물을 흘리고 연결된 감정의 깊이가 어느 정도 되느냐에 따라 올라오는 고통체(감정체)가 달라진다. 계속 연습을 반복함에 따라 내면의 깊은 감정을 잘 들어 올리게 되고 땅을 치며 우는 경우도 많이 생긴다. 이 정도로 감정의 앙금이 솟아오를 때면 변성 의식이 출현하게 된다. 이때 사람에 따라서는 전생을 보거나 과거의 아픈 상처의 기억이 치유되기도 한다. 이 정도는 아니더라도 마음 아픈 고통의 원인을 이해하는 데 큰 도움이 된다.

영언 수행은 비교적 단순하다. 대상이 되는 감정을 생각한다기보다는 자기감정에 최대한 몰입해서 감정을 끌어올리는 것이 중요하다. 그러기 위해서는 항상 의식을 머리에서 가슴으로 내리는 습관이 필요하다. 그 상태에서 주어진 영언을 빠르게 발성하는 것이 핵심 포인트이다. 영언 자체의 파동음에 의미가 담겨있기 때문에 다른 생각이 필요 없이 파동음만 반복하면 된다. 특별히 리듬을 타야 한다는 생각도 필요 없다. 자신의 의지대로 파동음을 표현하는 것이 요령이다.

영언을 천천히 발성하게 되면 생각이 간섭을 일으키기 쉽다. 생각을 차단하는 것이 영언 수행의 목적 중 하나이기 때문에 더욱 속도감 있게 밀어붙여야 한다. 자기 생각을 차단시켜 머리를 셧다운 한 상태에서 가슴을 쓰라는 의미이다. 가슴을 써야만 감정이 솟아오르기 때문이다. 또 속도를 빨리하면서 영언의 발성이 바뀌고 변하는 현상이 나타나야 효과가 좋고 변성 의식을 촉진할 수 있다. 빠르게 5분에서 10분 영언을 반복하다 보면 단어가 꼬이는 듯 유사 영언을 내뱉게 된다. 희한한 단어나 당초의 영언과는 전혀 다른 형태를 갖춘 단어가 튀어나오기도 한다. 여기서 머리로 판단이나 변하는 영언을 의식하지 말고 계속 나오는 영언을 발성하게 되면 약간의 변성 의식이 감지되기도 한다.

변성 의식은 처음부터 잘 나타나지 않지만, 변성 의식에 집중하게 되면 오히려 그 의식에서 점점 멀어지게 될 수 있다. 우선은 영언에만 집중한 상태에서 빠르게 영언이 변하는 대로 허용하는 자세가 필요하다. 이렇게 인정하는 3자 관점을 유지하다 보면 내 의식의 변화를 조금씩 느낄 수 있다. 입에서 나오는 영언의 소리가 다른 언어로 바뀌는 것은 내 의식이 변하는 것이다. 그리고 자신을 해제하는 행위이다. 내 무의식의 방어기제를 풀어 놓으며, 의식이 자유롭게 방출될 기회를 위해 며칠, 혹은 일주일간 지속하며 자신을 관찰하도록 한다.

영언은 이미 언급한 대로 약 30분을 주기로 반복하기 때문에 최대한 편안한 자세가 좋다. 장시간 지속을 위해서는 편한 의자나 선 자세, 누운 상태가 주로 활용되지만 지금까지의 경험을 고려할 때 편한 의자에서 하는 수행을 추천한다. 의자에 등은 기대지 말고 최대한 척추를 바로 세운다. 의자에 엉덩이만 걸친 상태에서 영언을 빠르게 반복하고 영언이 변형되어 나오는 소리를 생각하거나 판단 없이 발성을 밀어 붙인다. 가슴에서 감정이 타고 오를 수 있도록 감정을 최대한 이입시킨다.

자신이 특정 감정, 일례로 노여움을 많이 쓴다면 노여워할 그 무엇인가가 그만큼 많이 쌓여 저장된 것이다. 세포 속에, 무의식 속에 깊게 내린 노여움의 뿌리는 무엇인가? 두려워서 나타나는 노여움인지, 내가 죽을 때 두려워서 노여움으로 변형시켰는지, 서러워 노여움을 쓰며 발전했는지 등 근본이 되는 뿌리를 보기 위해서는 감정을 최대한 느끼고 표현해야 한다. 표현을 하면 할수록 기저에 가라앉은 전생의 아픈 상처나 현생의 어린 시절 아픈 기억, 혹은 성장하지 못한 의식의 내면 아이가 떠올라 재생의 기회를 제공한다.

영언 수행을 집에서 스스로 연습할 때 더욱 효과를 보는 경우도 있다. 남을 지나치게 의식하거나 눈치를 보는 사람, 자존심 때문에 자신을 드러내기 싫어하는 유형의 사람들이다. 내가 직접 지도를 할 경우 마음의 격려는 물론, 상대의 개인적인 특성에 따라 더욱 유연하게 대응할 수 있다. 또 직접 에너지를 부여하고, 빛이나 음성 형태의 파동을 공명시키기 때문에 효과적인 측면에서 월등할 수 있다. 그렇지만 남을 의식하는 사람은 나라는 존재조차 방해와 걸림돌이 될 수 있다. 이런 유형에게는 방법론을 최대한 자세히 설명하고 나와 함께 연습방법을 익힌 후에 혼자 연습하도록 하는 것이 더욱 좋은 효과를 거둘 때가 많다. 자기감정에 몰입해 그 감정을 최대한 표출해야만 그 감정 밑바닥에 서려 있는 실체가 드러나게 되고, 그때서야 비로소 내려놓을 수 있기 때문이다.

영언 수행을 시키며 수많은 긍정적 효과를 경험하기도 했다. 인간의 육체적 정신적 질병들은 대개 감정에서 비롯되는 경우가 많다. 감정의 앙금이 풀리고 해소되는 과정에서 변화가 일어나는 것이다. 실컷 울려주고 그 과정에서 감정적 정리가 되면 인간은 멀쩡해진다. 정신이상자, 소위 미쳤다고 하는 사람들도 여러 번 치유한 경험이 있다. 이런 상태 또한 감정을 잘 풀어주면 정상으로 돌아오기도 한다. 한번은 정신병을 앓고 있는 고등학생이 영언 수행을 통해 정상으로 돌아온 경우가 있었다. 부모의 손에 이끌려 온 이 학생은 여러 차례 정신병원에 입원해 치료를 받았지만 방법이 없었다. 그날은 이미 다른 회원들을 지도한 후라서 개인 시간이 필요했지만 부모의 너무나 지극한 간청 때문에 어쩔 수 없이 상담에 임한 적이 있었다.

이 학생은 당일 8시간의 영언 수행을 통해 제정신으로 돌아왔다. 쉽지는 않았지만 3시간가량 영언을 계속하면서 울음을 터트리기 시작했는데, 그 이후 웃다 울기를 반복했다. 중단되면 시키고, 또 시켜가면서 가슴 마사지도 병행해 갔다. 이렇게 하기를 5시간 정도가 지나자 얼굴에 화색이 돌기 시작하는 것이었다. 처음 왔을 때는 눈이 푹 들어가 있었고 얼굴은 시커먼 상태였다. 울고 웃는 반복 속에 부정적인 감정과 에너지가 계속해서 빠져나갔고 7시간 정도의 시간이 지났을 때 자기 정신이 들기 시작했다. 이때 이 학생이 한 말은 '엄마 내가 왜 여기 있어?'였다.

영언 수행은 가벼운 손발 털기와 호흡으로 마무리 한다. 호흡으로는 감정을 표출하며 아직 배출되지 않은 내면의 부정적인 에너지를 방출한다. 손과 발 털기는 몸의 말초 부분과 몸 주변에 아직 정체되어 있는 잔여 에너지장을 털어내는 역할을 한다. 그리고 또 내가 직접 몸 주변의 탁한 에너지를 손으로 툭툭 털어주며 정화한다. 손발 털기는 주로 누워 편한 상태로 털어주면 된다. 심호흡은 약 5분 정도 몸속의 탁한 기운을 입으로 배출한다는 느낌으로 깊게 들이쉬고 내쉬면 좋다.

영언 수행은 아주 간편하게 누구나 할 수 있다. 고유의 한글 파동음이 특정한 감정 상태와 공명을 촉진하는 효과적인 수행법이다. 단순하지만 믿으면 대단한 효과를 발휘한다. 특히, 가슴의 압력이 빠지며 가슴이 변하는 속도가 현저하게 빨라진다.

실제 수행 지도 사례

다음은 영언 상담과 실제 수행 지도 사례를 원음에 충실하게 소개한 경우이다. 실제 현장감과 느낌을 최대한 가깝게 전달하기 위해서이다. 상담자는 지인의 소개로 방문했는데, 유튜브를 통해 영언 수행에 대해 깊은 관심이 있었고, 자신 또한 평소 가슴을 여는데 어려움을 느꼈다고 했다. 매우 이성적이고 직업 또한 과학계에 종사한 만큼 주로 머리로 판단하고 생각하는 부류였다.

(자각선사) 영언 수련이라는 것을 해 본 적이 있나요?

(상담자) 아니, 없습니다. 지인을 통해 듣고 또 본 적은 있습니다.

(자각선사) 선생님은 직업상으로도 그렇고 본인 스스로 머리형 인간이라고 하셨으니, 논리적이고 분석적이시지 않나요?

(상담자) 네, 그리고 생각도 무척 많습니다.

(자각선사) 들으신 대로, 영언이라는 한글 파동 수련이 있습니다. 마음의 감정을 들어 올리고 상처를 치유하는데 매우 독특하고 효과적인 방법입니다. 한번 의지를 내어서 해 보시겠습니까? 그런데 모든 수련이 그렇듯 믿음과 확신 또한 중요합니다. 혹시 말을 통해 표현이나, 성격적으로 자기감정에 솔직하신가요?

(상담자) 그렇지 않습니다. 남에게 자기감정 표현을 잘 하지 않는 스타일 입니다.

(자각선사) 표현을 잘 하지 않는 사람은 자신의 감정을 억압하는 경우가 많습니다. 표현을 하더라도 감정을 억압하면 저항하는 마음 때문에 가슴에 전부 주워 담습니다. 이렇게 담긴 감정은 확실하게 표현을 하지 않으면 빠져나가지 않습니다. 그대로 저장되고 차곡차곡 쌓여 나중에는 감정적으로 파생된 문제를 일으키게 됩니다. 표현하기가 처음부터 쉬운 사람은 아무도 없습니다. 그렇기 때문에 연습이 필요합니다. 연습을 해 보시겠습니까? 제가 두 가지 방법을 알려드리겠습니다.

(자각선사) 첫째는 가슴을 물리적으로 두드려서 확장에 도움을 주는 것입니다. 명치부터 가슴 위까지 매일 같이, 특히 단중이라는 이 젖꼭지 사이를 지속적으로 자극해 주는 겁니다. 감정은 내가 표현하지 않으면 가슴에서 썩습니다. 이곳을 계속 두드리면 나중에는 시퍼런 멍이 올라옵니다. 멍이 올라올 때까지 한번 두드려 보세요.

(상담자) 한 번에 멍이 올라올 정도로 두드리라는 의미입니까?

(자각선사) 아닙니다. 몇 날 며칠을 해보시라는 의미입니다. 효과를 느낄 때까지 말입니다. 저 같은 경우는 정말 죽어라 하고 두들겼습니다. 심한 멍이 들고 나중에는 꽈리처럼 부풀어 오르기까지 했습니다.

(자각선사) 두드려서 가슴이 조금 편안해졌다 싶으면, 명상 음악이나 본인에게 편안함을 주는 음악을 들으면서 긴장을 해소할 수 있게끔 20분 정도 음악을 충분히 들어주세요.

(자각선사) 긴장을 푼 다음에는 가장 편안한 의자를 고르셔서 엉덩이는 바짝 붙이고 척추는 띄워 앉습니다. 그리고 제가 드리는 영언을 반복하시는데 머리를 비우셔야 합니다. 생각이 많으면 절대 변형 의식이 생기지 않습니다.

(자각선사) 단순히 반복하시면서 머리에서는 생각을 끊고 입에서 나오는 소리에 집중합니다. 그러다 보면 영언을 따라 자동적으로 자기만의 희한한 내면의 소리가 올라오는 것을 알게 됩니다. 이 소리를 판단하지 말고 무심히 방출하다 보면 감정체라는 것이 들고 일어납니다. 이때 참고 참았던 억압된 감정이 올라오면서 눈물이 찔끔 나거나 어떤 사람은 엉엉 울기도 하지만, 사람마다 차이가 크기 때문에 일단 감정이

올라오면 성공한 것입니다.

　(자각선사) 감정이 올라오면 감정의 종류별로 심장이 아픈지 어떤지 느껴 보셔야 합니다. 대부분 감정이 크게 올라오면 그동안 내가 졸였던 아픔이 동반되기 때문에 심장이 아리고 아파옵니다. 따끔따끔하고 전기가 통하는 찌릿찌릿한 느낌이 들기도 합니다. 이럴 때는 내가 치유되고 있다라는 것을 확신하셔도 됩니다.

　(자각선사) 감정이 깊어지면서 동반하고 있는 아픔 때문에 큰 울음이 짧게는 30분 길게는 1시간 지속될 수 있습니다. 계속 울다 보면 내 고통의 근본이 드러나게 됩니다. 전생의 경험이나 현생의 어린 시절 상처, 부모 형제로부터의 가해, 사회나 친구로부터 비롯된 따돌림 등 내가 부여잡고 있는 감정과 부정적으로 느꼈던 경험 정보가 가슴에서 올라오게 됩니다.

　(자각선사) 계속 반복적으로 이러한 느낌에 귀 기울이면서 내가 지금 느꼈던 성격 구조가 개선되는지를 잘 살펴봐야 합니다. 노여움과 관련된 감정에 울음을 크게 터트렸는데, 다음에 노여움의 상황에서 감정의 표출이 짧다던가, 아니면 노여움을 표현하는데 머뭇거리거나 약해지는 등 추이를 점검해 보면 자신이 변하고 있는지 여부를 알 수 있습니다.

(자각선사) 좀 더 진전되면 뇌의 느낌도 달라집니다. 심장이 개방되면 뇌의 시냅스 구조가 바뀌게 됩니다. 머리가 찌릿찌릿하거나 두통이 오기도 하며 머리를 짓누르는 느낌, 뇌가 벌어지는 느낌 등 다양한 반응이 나타나기도 합니다.

(자각선사) 뇌가 더욱 활성화되면 뇌에서 흐릿한 빛이 왔다 갔다 하면서 전기 신호나 소리가 나는 등 사람마다 기적인 에너지 현상이 다르게 일어나기도 합니다. 심장과 뇌가 연동되기 시작하면서 내 심장에서 느꼈던 아픔이 충분히 느껴지게 되면 저항이 무너지면서 기억이 바뀌는 현상이 일어납니다. 그러나 저항이 무너지고 내 아픔이 부분부분 계속 바뀌면서 치유가 이뤄지면, 저변에 있는 또 다른 느낌이 상처로 드러나게 됩니다. 이런 식으로 내면의 상처들은 층층이 쌓여 있는 구조입니다.

(자각선사) 이해를 돕기 위해 중간에 설명이 조금 길어졌습니다. 자 이제 다시 가슴을 충분히 두드려 봅니다. 가슴에서 명치 사이를 계속 반복해 자극해 보세요. 자 계속 반복합니다. 가슴이 좀 안정되고 편안해 졌습니까?

(상담자) 충분히 두드린 것 같습니다. 가슴도 좀 편한 것 같습니다.

(자각선사) 그러면 눈을 감으시고 손을 편안하게 내리세요. 그 상태

에서 횡격막을 크게 펴고 가슴으로 깊이 숨을 들이쉬고 내쉽니다. 들이쉬고, 내쉬고. 대여섯 번을 충분히 반복해 봅니다.

(자각선사) 제가 보기에 성격 구조상 자신이 참고 참았던, 내 마음대로 내 뜻대로 되지 않았을 때 느꼈던 노여움이 많으실 것 같습니다. 이 노여움을 이끌어 내는 '미까'라는 영언을 드릴 테니 머리로 계산하지 마시고 입으로 빨리 내뱉어 보십시오. 눈을 감으시고 혀에 집중합니다. 혀에 집중하고 가슴으로 충분히 느끼십시오.

(상담자) 혀 바닥의 혀 말입니까? 그리고 가슴으로는 뭘 느껴야 되죠?

(자각선사) 가슴으로는 내가 감정을 잘 표현하겠다는 느낌입니다. 혀는 심장과 관련이 있습니다. 심장을 마음의 눈으로 바라보세요. 이제 미까를 빠르게 표현해 보십시오.

(상담자) 미까 미까 미까 (…)

(자각선사) 더 빠르게 내뱉어야 합니다. 나오는 대로 내뱉으세요.

(상담자) 미까 미까 미까 미까 미까 (…)

(상담자) 의식은 다른 데 두지 말고 발성만 하라는 거죠?

(자각선사) 그렇죠, 나오는 대로 나오는 대로.

(상담자) 미까 미까 미까 미까 (⋯)
까까까 깨깨깨 맘맘마 (⋯)
미끼미끼 밈미미 (⋯)
까까까까 깨깨깨 (⋯)
미깨깨 미깨깨 맴맴매 (⋯)
미미미 요로요로 로로로 (⋯)

(자각선사) 나오는 대로 그렇죠, 그렇죠! 나오는 대로 그렇게 밀어붙입니다! 발성 되는 대로. 올라옵니다. 그렇죠. 올라옵니다.

(자각선사) 아, 아파라. 아 야야, 아이고 아파라. 발성 되는 대로 계속하세요.

(상담자) 미까 미까 미까 미까 (⋯)
까미까미까미
⋯
(중략)

(자각선사) 네, 계속 그렇게 표현 합니다, 빠르게 합니다, 빠르게! 나오는 대로, 올라오는 대로 표현합니다. 발음되는 대로 계속합니다 (…)

(자각선사) 자, 말이 막 바뀌죠?

(상담자) 그냥 막 섞이기도 하고, 의미 없는 말들이 쏟아져 나오네요.

(자각선사) 이것은 자연스럽게 영언에서 파생되는, 일종의 자기만의 내면의 영언이 올라오는 것입니다. 그러면서 선생님과 딱 연결이 되니까 압력이 올라오면서 제가 트림이 나오고 있습니다. 그리고 심장이 아파와요. 이렇게 계속하시면 더 깊이 들어가게 되고 그러면 사람에 따라 틀리지만, 눈물이 줄줄 흐르는 사람 통곡하는 사람, 별의별 사람이 다 있습니다. 이 변성 의식에 이르면 심장을 싸고 있는 나의 고통 에너지장을 두드려 주는 것과 같습니다. 혀와 심장이 연결돼서 내가 말을 하면 할수록 심장 속에서 억압돼 있는 에너지체가 들고 일어나서 나를 해방시켜 주는 겁니다.

(자각선사) 한번 집에 가서 계속해 보세요. 그리고 어떤 말이 나오나 써 보세요. 계속하다 보면 발음이 나중에 명확해지면서 한글로 번역돼서 나오게 됩니다. 그것이 감정의 앙금을 푸는 힌트입니다. 그 힌트를 타고 들어가는 겁니다. 그렇게 해 보세요.

(자각선사) 시간은 좀 걸릴 수 있습니다. 한가지 감정적 문제를 푸는 데 짧으면 며칠이나 몇 주 만에 되는 사람도 있지만, 일반적으로 앙금을 푸는 데는 3개월 정도면 해소되는 것 같습니다. 그 3개월 동안 반복을 하면서 자기 내면의 소리가 한국말로 명확히 표현되고 기억이 되면 그 부분이 해소된다고 생각하면 됩니다.

(자각선사) 이런 과정에 고통체가 드러나게 되는데 기침, 가래, 담음, 방귀, 어떤 사람은 대변이나 설사를 하기도 하고, 토를 하는 등 다양한 반응을 보입니다. 선생님은 반응이 어쨌나요?

(상담자) 저는 트림이 좀 나왔고, 가스 방출도 약간 있었던 것 같습니다. 발쪽으로 약간의 찌릿한 감도 있는 것 같았지만 그렇게 명확하지는 않은 것 같습니다.

(자각선사) 지금 당장의 아픔이나 고통을 치유하고 싶다면 3개월 정도 반복하면 좋을 것 같습니다. 그러나 좀 더 깊이 있게 내 가슴을 활짝 개방시켜 스스로 내 마음의 에너지장을 찾으려면 대략 3년 정도의 시간이 필요합니다. 이 정도가 되면 운명이 바뀔 수 있죠, 운명이. 이 과정은 다른 수행과 접목이 됩니다.

(상담자) 저는 노여움을 끌어내는 미까라는 영언 수행을 했는데, 다

른 감정체는 어떻게 해야 하나요?

　(자각선사) 노여움이 어느 정도 해소되면 다른 영언 수련을 하면 됩니다. 그 상태까지 가려면 좀 전 이야기처럼 시간이 필요합니다. 여유와 기다림이라는 미덕 말입니다. 대부분 사람들은 자신의 당면 문제만 해결되면 그것으로 끝입니다. 영언 수행은 가슴 열기에 문제가 있는 사람 위주로 초점을 맞춘 것이기 때문에, 가슴이 열려 받아들이기 시작하면 빛의 힐링이나, 또 다른 고급 수행을 통해 자기 내면의 완성을 향해 나가게 됩니다. 그것은 나중의 일이고, 일단 영언에 집중해 가슴에 접근해 보시기 바랍니다.

13장 문자 밖의 진리 천부경 수행

천부경, 현대적 해석

어린 시절 단군 할아버지 하부스를 조우한 이래 천부경은 나를 영적으로 잉태한 어머니와 같은 존재다. 이와 함께 나를 영적으로 더욱 알차게 성장시켜 신성의 열매로 키워낸 아버지와 같은 존재는 신나이라고 할 수 있다. 신나이 '하늘'과 천부경 '땅'이라는 음양의 합작품으로 빛의 친구이자 깨어남의 존재인 '사람' 광우- 자각이 영적으로 다시 태어났다. 하나님의 빛을 전달하는 존재인 자각은 천지인의 합작으로 거듭 태어난 후천적 결실과 같다.

천부경은 내가 영적으로 기본 틀을 갖추고 숙성되어 신성의 존재로 거듭나기까지 나를 이끈 북극성과 같은 존재다. 신성과 불이(不二)라는 흔들림 없는 상태에 도달하기까지 큰 비중을 차지해 왔다. 그런 천부경은 나의 영적인 여정 속에서 나름의 위상과 역할을 차지해왔다. 궁극의 신성으로 깨어나기 전 단계까지 나를 충실하게 준비시켰던 역할이 그것이다. 이러한 이유로 나는 천부경 수행을 '내면의 신 깨우기' 단계에 들어가기 위한 필수 전제 조건으로 생각하고 있을 정도다.

그렇지만 천부경의 에너지장은 보편적이기도 하고, 또 매우 특별하기도 해서 초·중급 단계의 수행은 물론, 고급 과정에 이르기 까지 폭넓게 적용이 가능하다. 나의 개인적인 경험과 통찰을 전제로 할 때, 천부경 수행은 잠들어 있는 영혼을 깨우는데 매우 효과적일 뿐 아니라 차크라를 열어주고 치유에도 남다른 기능성을 발휘한다. 이후 깨어난 영혼을 온전히 드러나게 하고 7개의 차크라가 모두 제 역할을 하도록 확장시키는 것은 15장에서 소개할 내면의 신 깨우기 수행의 몫이다.

우리나라에서 정신세계에 대한 관심과 수행에 대한 붐이 한창 일었던 90년대 중반에서 2000년 중반까지 약 10여 년 동안 천부경은 그 핵심에 있었다 해도 과언이 아니었던 것 같다. 단전호흡 수련 단체는 물론, 명상과 전통 수행을 표방하는 단체에 이르기까지 천부경을 주요 수련 방편으로 내세우는 곳이 많았다. 읽고 외우고 쓰고, 행공에 응용하는 등 다양하게 활용되었던 시절이 있었다. 그러나 지금에 와서 결과론적으로 되돌아보면 핵심과 주요한 키가 빠져 있었던 것 같다는 것이 나의 생각이다. 그것은 바로 암송을 하던 행공을 하던 명상을 하던, 내가 이 책에서 가장 중요시 강조하는 가슴에 대한 초점이 간과되어 있었다.

대한민국에서 마음공부를 하는 사람들은 몸담고 있는 종교나 소속 수행 단체를 떠나 천부경의 에너지장을 영성체 안에 이미 담고 태어났다고 생각한다. DNA를 통해 조상의 에너지장을 물려받듯이 한국인으로 태어난 이상 단군의 DNA가 직간접적으로 연결되어 있는 것이다.

특히, 천부경 수련을 하며 영적인 힘을 발휘하는 사람들을 심심치 않게 보아 왔다. 그러나 천부경의 힘을 빌려 영적인 능력이 개발되는 것과 자신의 에고와 카르마, 원죄, 고정관념, 사회의식이 정화되는 것과는 다른 차원이다.

내가 천부경 수련을 처음 접했을 때, 일주일 만에 사람들 가슴에 손을 얹고 천부경을 암송하면 상대방의 심장에서 큰 반작용이 생기는 것을 수없이 경험했다. 심장의 수축과 팽창, 떨림, 감정의 폭발 등 부정성이 드러나며 몸의 진동과 오열, 빙의된 영가의 천도 등 당시에는 온갖 희귀한 현상을 겪기도 했다. 천부경의 에너지장이 연결되면서 영혼을 깨우고 치유를 해주는 과정이었지만, 나는 신기한 현상에만 도취된 상태에서 이면의 깊은 의미나 이치를 보지 못하고 있었다. 시간이 지나 시행착오를 거치면서 그때서야 천부경의 함축된 힘이 사람의 에너지장을 흔들어 깨운다는 사실을 점점 알게 되었다. 온갖 에고의 저항이나 고정관념의 저항이 반작용 현상으로 나타나기도 했는데, 이는 과거에 부정적으로 경험한 누적 정보들이 정화되는 과정에서 일어나는 현상이라는 것을 경험적으로 알게 되었다.

그런데 일부 수행자들은 자신들이 무슨 큰 능력이라도 터득한 듯 대단한 착각을 하며 힘을 오용하기도 한다. 그러나 이러한 무지는 성령을 남용하는 것과 다를 바 없는 것이다. 수행 세계에서 사람을 치유하거나 영적 능력이 발현된 것처럼 보이면 자신에게 무엇인가 큰 권능이 생겼다는 오만함에 자아도취에 빠지기 쉽다. 유혹을 구분할 수 있는 지혜를 갖춰 바르게 이해하고 내려놓지 않으면 사이비 교주 노릇 하기 십상인 것이 천부경 수련이 갖는 함정 중 하나라고 할 수 있다. 천부경 수련을 하면서 사이비 교주로 전락하는 사람들이 심심치 않게 생기는 이유는 자신의 에고나 카르마를 제대로 닦지 않았기 때문이다. 그 상태에서 우월감과 교만을 합성한 채 사람들을 치유하고 신비 능력을 보이면서 에고를 더욱 키워나가는 길을 걷는 것이다.

그러나 바른 지도를 받으며 천부경 공부를 제대로 한다면 무의식과 한, 집착으로 쌓인 고통체를 조금씩 덜어낼 수 있다. 우리의 심장 주변에는 수많은 삶과 과거의 경험을 거치며 부정적인 에너지장들이 쌓이고 수축된 상태에 있다. 천부경 수련을 통해 물질화된 고통체가 분해되면서는 한껏 움츠러들였던 심장의 에너지장이 확장되어 두려움을 내려놓을 수 있는 여지가 생긴다. 이때 가슴은 확장되고 두려움으로 경험했던 감정의 아픔이 떨어져 나가며 자기 참회와 자신을 돌아볼 수 있는 근원적인 힘이 발현되기도 한다. 또, 마음이 넓어지면 수용성과 개방 능력도 비례해 커지게 된다.

우리 인간은 가슴이 제대로 열리기 전까지는 아무리 고급 정보와 에너지가 백회를 통해 흘러 들어와도 자만심과 우월감, 교만과 아집으로 나타나는 에고적인 특성을 가지고 있다. 천부경의 에너지가 머리로만 들어오면 자만심과 우월감으로 편향되기 쉽지만, 가슴으로 내려오면 자신을 정화하는 능력으로 탈바꿈된다. 가슴의 수용성은 내가 살아오면서 쌓아놓은 한과 집착의 고통체를 해체함으로써 세포의 수준까지 부정적 의식을 정화해 주는 효과가 있다.

천부경 수행을 몇 년 이상 지속하고 깊이가 점점 깊어질수록 자신을 객관적으로 볼 수 있는 내면 의식이 크게 개발되는 단계에 들어서게 된다. 이 정도에 이르면 개인차가 있기는 하지만, 천부경의 빛 에너지장이 아주 밝은 황금빛을 띠며 연결되어 보일 때가 많다. 이것은 우리가 신성한 우주 의식에 눈을 뜨기 시작했다는 것을 의미한다.

천부경 81자를 천천히 음률을 타며 발성을 해 나가다 보면 노래나 시조 비슷한 리듬을 보이며 흘러가는 경우가 많다. 이러한 리듬이 계속되면서는 미세한 율려 동작이 나오기도 한다. 이것은 자신의 내적 마음 상태를 반영한 에너지의 흐름이 몸동작으로 표현되는 것이다. 율려 동작은 우리 몸의 세포 단위에서부터 점점 진동수를 높여 우주심을 수용할 수 있는 오라장을 공명시키면서 차크라를 깨우는 작용을 한다.

차크라가 깨어나면서부터는 중추 신경계를 통하여 우리의 말단 하부 조직인 1차크라의 신경계까지 천부경의 파동에너지가 전달되기 시작한다. 이때 인간은 물질계에서 살고자 하는 의지력(1차크라, 땅)과 마음을 평화스럽게 쓰고자 하는 자비심(4차크라, 사람)이 더욱 발현 된다. 또, 너와 나라는 분리 의식(7차크라, 하늘)이 깨지면서 내면의 우주 의식은 그만큼 성장 발전하는 것이다. 천부경은 우리 내면에서 분리된 하늘과 땅과 사람을 하나로 연결해 주는 우주의 생명 에너지장이며, 나 자신을 통해 실현된다.

문자 밖의 진리 천부경 81자

　천부경이 한국 수행 계에서 한창 뜨거운 논란과 관심의 중심에 있었을 당시, 너도나도 81글자 자체의 뜻풀이에 열을 올리며 자신의 주장을 펴던 때가 있었다. 그러나 천부경은 글자 자체에 정수가 담겨 있는 것이 아니다. 문자는 단지 천부경의 본질이 시대를 거쳐 오며 어느 순간 글자로 표현된 수단에 불과 할 수 있기 때문이다. 천부경이 환웅시대에 하늘로부터 전해지던 그 순간부터 빛이라는 파동 자체로 의미를 갖게 된 것이라 생각한다.

　아득한 과거 시대 하늘의 사명을 받은 성인은 그 빛의 파동을 심법으로 담아 인간들에게 말로, 몸으로, 삶 그 자체로 전달했으리라. 그 시대에는 글자도 없었고, 언어의 소통 수단 또한 지금과같이 다양한 형태로 존재하지 않았을 것이다. 삶과 생활의 한 방식으로 하늘과 소통하는 천재를 빌어 제사장인 환웅-단군이 몸소 천부경이라는 빛의 파동을 공명했을 것이다. 이때 제사장의 언어적·행위적 교감 수단이 면면히 이어지며, 어느 때 신지라는 인물이 녹도 문자로 표현했을지 모를 일이다. 우리의 전해지는 역사에 의하면 환웅시대 현인 신지께서 사슴의 발자국을 보고 글의 형태(녹도문자)로 천부경을 기록했다는 설이 있다. 그러나 일부에서는 신지는 한 개인의 이름이 아닌 직책이라는 주장도 있다.

　나의 관점에서 기록과 자취가 확실치는 않지만, 고운 최치원 선생께서 묘향산 신지 석비를 보고 천부경을 한자로 번역했다는 기록에 무게를 둔다. 물론 우리의 정사에서는 다루지도 인정하지도 않지만 말이다. 한국만큼 자신의 뿌리나 신화에 대해 연구에 배타적이고 하찮게 여기는 나라와 민족도 없는 것 같아 개탄스러울 때가 많다. 최치원 선생의 이 천부경 81자 한문 석벽본을 환단고기의 저자 계연수 선생이 묘향산에서 발견하고 그 탁본을 단군교당에 전달해 세상에 알려졌다는 것이 정식으로 인정받지 못한 대략적인 역사적 발자취이다.

지금 설명한 다소 상상적인 역사적 발자취를 감안해 볼 때, 천부경을 글자로만 해석하려는 시도가 광대한 우주를 향한 바늘 끝 정도의 시각에 불과하지는 않을지 우려스러울 뿐이다. 그러나 신지라는 현인, 최치원이라는 선인의 손을 거쳤다면 문자 이면에 커다란 진실의 그림자가 감추어져 있을 것이라는 충분한 기대를 해볼 수 있다. 그것이 천부경을 활구, 즉 문자 밖의 뜻을 참구함으로써 그 본질에 조금이나마 접근하고 해석해 보려는 시도에 명분이 될 수 있다.

천부경은 누구나 인정하듯이 우주의 근본 이치와 순환 논리를 담고 있기에 우리가 생각하는 크기의 우주를 담는 그릇이자 푸대(옷)가 될 수 있다. 어떤 종교와 사상과 이치, 논리와 생각, 과학이든 다 담길 수 있고 그 푸대라는 옷에 맞추어 들어갈 수 있다. 그 옷은 크기에 차이가 있을지언정 누구에게나 맞는 것이다. 이러한 측면에서 보면 모든 천부경의 해석은 나름 그 수준과 틀, 관점에서 맞기도 하고 의미가 있다고 역설적으로 생각해 볼 수 있다.

내가 이 책의 신비체험 과정에서 이야기했듯이 나는 과거 고대 제사장으로 하늘과 소통하고 공명하기 위해 천부경 천제를 지냈던 전생을 기억하고 있다. 물론, 모두가 일방적으로 생각하듯 그때 당시의 언어나 구체적인 천부경을 재생할 수 있는 것은 아니다. 다만, 신과 영혼의 교감 수단인 느낌으로 그것이 천부경의 천재이었다는 사실만을 주관적으로 확신했을 뿐이다.

나는 지금까지 설명한, 천부경이 빛의 파동이라는 확신 때문에 주로 이 빛과 공명을 위한 방식으로 수행을 해 왔다. 한 자, 한 자 빛의 파동을 느끼며 음률에 따라 암송하는 방식이다. 그렇지만 천부경 수행의 핵심은 되풀이하여 말하듯이 가슴으로 그 빛의 파동과 공명하는 것이다. 그럼으로써 내 안의 차크라를 깨워 내면의 천지인 통합을 위한 틀을 만드는 것이다. 그렇기 때문에 음률의 수행이든, 아니면 행공 방식이든, 이치적인 접근이든, 혹은 명상으로든 접근 방식은 다를 수 있다는 견해를 갖는다.

요즘 현대인들은 가슴에 비해 머리가 많이 발달해 있기 때문에 이치적인 접근 방법이 수월할 수도 있다. 좀 더 활동적이고 실행 적인 사람들은 행공방식이 적합할 수도 있다. 물론 어느 정도 경지에 이른 수행자는 명상이나 에너지의 흐름을 타며 천부경의 빛과 공명해 나갈 수 있다. 그렇지만 핵심은 가슴으로, 느낌으로 다가가야 한다는 것이다.

수많은 한국의 수행자들이 천부경의 자구(字句) 해석 자체에 초점을 맞추어 온 것이 사실이다. 그러나 이치적인 접근 방식으로 천부경 수행에 초점을 맞춘다면 어떤 해석이 나올 수 있을까? 나는 천부경 수행을 하면 할수록, 신나이를 읽으면 읽을수록, 이 고대의 진리의 정수와 현대판 경전 신나이가 무척이나 닮았다는 생각을 지울 수 없다.

천부경의 난해한 하늘의 부호를 신나이의 신 관점에서 현대적으로 친절히 설명해 놓은 것이 신나이라는 생각이다. 신나이는 인간이 개체화된 신이라는 사실을 입이 닳도록 각인시키고 있다. 그러면서 존재의 경험을 위해 이 상대 우주를 끝도 없이 순환하며 무한 반복해 나간다고 강조하고 있다.

가슴으로 다가가는 천부경 이치 수행법

천부경의 핵심은 하나에서 셋이 출현하고, 이것에서 우주 현상계가 무한히 분열하고 뻗어나가 종국에는 다시 하나로 수렴하지만, 이조차도 끝이 아닌 또 다른 순환 반복의 시작이라고 어필하고 있다. 핵심 부호는 하나와 셋, 그리고 무한 반복의 순환이다.

천부경을 이치라는 방편으로 수행에 접목하기 위해서는 머리에서 시작할망정, 그 빛의 파동을 가슴과 온 존재로 느끼며 참구해 나가야 한다. 물론 그 헤아릴 수 없이 큰 그릇과 푸대인 옷에 어떻게 맞추어야 할지는 주관적인 부분이다. 나는 신나이의 관점에서 그 무량한 옷을 입어 볼 뿐이다.

영혼의 통로인 가슴으로 천부경을 느껴보려 한다면, 의도적인 자구 분할과 해석에만 매달릴 필요가 없다. 입으려고 하는 옷을 느낌으로 간직한 채, 내면에서 글자 하나하나를 파동음으로 되뇌며 그 빛의 파동을 느껴본다. 머리에서 시작하여 가슴으로 느껴 보고, 이윽고 온몸, 온 존재로 다가오는 느낌을 최대한 느껴본다. 세상의 단순한 진리 중 하나는 노력과 연습 없이는 결실이 맺히지 않는다는 것이다. 계속되는 시도와 노력, 연습이 이어지다 보면 말로는 형용하기 어려운 어떤 어렴풋한 느낌이 아주 실낱같이 의미상으로 다가오는 그러한 기분과 직감이 들 때가 있다. 이것을 구태여 문자라는 방식으로 표현하자면 파동의 전달을 의미적으로 느끼는 것이다. 천부경 이치 수행의 팁은 바로 이 느낌을 언어로, 글로 최대한 변환해 보는 접근 방식이다.

이러한 방식으로 천부경의 본질과 접속-공명을 시도 하다 보면 가슴이 점차 열리며 어떤 희열과 감사, 뿌듯함이 올라온다. 몸 전체에 전율이 일기도 한다. 이것은 하늘의 부호라는 이치가 조금씩 풀리며 받게 되는 온몸 찌릿한 진실의 전율이다. 이 전율 또한 고통체의 분해와 정화에 큰 역할을 분명히 한다. 이와 같은 방식으로 천부경을 언어로 최대한 변환해 나가는 과정이 천부경 이치 수행 방편이라고 할 수 있다.

천부경(天符經)

일시 무시(一始 無始)

하나에서 시작되지만 그 끝이 없기에 그 시작이 없다.

이 세상, 우주, 존재계는 하나에서 시작되지만 시작이라고 할 것이 없는 하나이다. 시작도 끝도 없는 하나에서 비롯된 것이다. 신의 천지

창조, 우주 빅뱅은 무량한 한 점, 하나에서 시작됐지만 무한히, 영원히 순환 반복하기 때문에 시작 또한 없다.

일석삼극무진본(一析三極無盡本)
하나가 세 개의 극으로 나뉘지만 그 하나의 근본은 다함이 없다.

이 하나에서 셋이 갈라져 분화되지만 그 근본은 다함이 없다. 하나라는 근본은 항상 그대로 존재한다. 불교의 공의 자리나 주역의 태극에서, 창조의 근본 자리에서 상대계가 분화되어 나오지만 그 근본 자리는 변함이 없이 그대로인 것이다. 또한 여기서의 셋은 그 상대계(현상계)의 속성이 본래 삼원성임을 의미한다.

천일일 지일이 인일삼(天一一 地一二 人一三)
하늘이라는 하나가 셋 중 첫 번째 극이요, 땅이라는 하나가 그 두 번째 극이요, 사람이라는 하나가 세 번째 극이다.

하나라는 근원, 근본의 자리에서 삼원성의 현상계가 출현하기 시작한다. 하나의 자리는 음과 양을 하나로 품은 일종의 태극이다. 그 음양의 조화로 천지인이라는 초기 물질계의 파동이 움튼 것, 싹튼 것이다. 그 삼극은 천이라는 하나와 땅이라는 하나, 그리고 사람이라는 하나로 셋을 이룬다. 하나에서 비롯된 천지인 각각의 하나 또한, 원래의 하나라는 동일한 속성을 가지고 있다. 무형의 근본 자리에 존재하는 빛인가 아니면, 물질 유형의 파동인가가 차이일 뿐이다.

일적십거 무궤화삼(一積十鉅 無?化三)
하나가 계속 쌓여 십으로 커가며 셋으로의 분화가 끝이 없다

그 전체의 하나와 각각의 하나들이 계속 끝없이 분화, 확장되는 과정 속에서 셋으로의 변화가 끝이 없이 일어난다. 다함이 없는 것이다. 천지인 또한, 3원성으로 끝없이 확장함을 의미한다. 여기서의 3원성은 물질의 형태를 갖추기 전 단계라 할 수 있다. 물질의 원형이 파동 상태로 변화를 일으키고 있는 상태로 볼 수 있다. 그리고 여기에서 십은 다시 시작으로 순환되는 한계치, 끝의 자락에 있는 전환점이다. 천지인의 삼원성 분화는 다음 구절에서 부연되고 있다.

천이삼 지이삼 인이삼(天二三 地二三 人二三)
하늘이라는 하나의 음양성이 셋으로, 땅이라는 음양성이 또 셋으로, 사람이라는 음양성도 셋으로 분화된다. 하나에서 천지인 셋이 나왔듯이, 하나의 속성을 가지고 있는 천지인 각각의 하나에서 셋이 또한 나투어 나온다.

하늘 또한 하나라는 근본에서 나왔기에 하나의 속성을 가지고 있다. 하나라는 속성은 음양의 이원성을 가지고 있는데, 그 이원성에서 삼원성이 탄생한다. 하늘 또한 음양의 이치에 따라 무한히 팽창하며 확장하

는 것이다. 사람의 이치에 적용해 본다면, 남녀라는 음양이 또 다른 사람, 즉 자식을 잉태해 셋으로 확장 분화해 나가는 이치와 마찬가지이다. 하늘은 하나인 것 같지만, 음양의 속성을 가지고 행성 항성 위성 등이 생기며 우주가 팽창, 확장하는 이치이다. 땅 또한 음양의 속성에 따라 분화하며 셋을 이뤄 만물이 생겨난다.

대삼합 육생칠팔구(大三合 六生七八九)
천지인이 삼합해 생겨난 육이 칠팔구라는 새로운 질서를 낳는다.

지금까지는 천지인이 물질 파동 형태로 진화되어 왔다면, 이제부터는 천지인 삼합이 작용을 일으켜 현상과 조화가 출현하는 단계이다. 실제 물질 형태를 갖추고 현상적 작용이 일어나기 시작하는 것이다. 여기서 육은 동양에서 이야기하는 후천수, 성수의 시작이다. 한문의 육칠팔구는 물질의 파동 현상을 암시한다. 육은 물질 파동이 땅에 뿌리를 내리고, 칠은 땅으로 싹을 내밀고, 팔은 물질이 점점 벌어지는 모습으로, 그리고 구는 다채롭게 뻗어나가고 펼쳐낸 모습이다.

운삼사성 환오칠(運三四成 環五七)
셋이 운행해 넷의 파동(일 예로 파동의 결과물인 사계)을 이루고 오와 칠의 순환 체계를 생성한다.

이제는 구체적인 움직임으로 자연의 섭리, 우주 천체의 작용이 출현하기 시작한다. 천지인이 운행하면서 사계나 계절이 생기고, 오행과 북두칠성 에너지파동의 순환이라는 질서가 조화를 부리기 시작한다. 우리 지구와 태양계는 북두칠성의 파동에너지 영향을 크게 받는 것으로 알려져 있다. 예부터 우리 조상들은 7주기, 즉 북두칠성의 기운을 중요하게 여겼다. 우리의 생체 리듬과 주기도 7일을 기준으로 변화를 일으킨다고 이야기 하고 있다.

일묘연 만왕만래 용변부동본(一妙衍 萬往萬來 用變不動本)
하나는 아주 신묘하게 파동치고(흐르고 퍼져나가) 있어 쓰임은 변화무쌍하지만 그 근본은 변함이 없다.

하나는 창조의 근본 자리로 끊임없이 파동 치며 퍼져나가고 있다. 3원성이라는 기본적인 물질의 원형 파동이 작용과 조화 속에 자연의 섭리와 우주의 질서를 초래하면서 파동치고 있다. 파동과 파동은 작용과 반작용을 일으키며 변화무쌍하다. 현상적으로는 다양한 양상이지만, 근본에서는 하나의 빛, 파동에서 나온 것이다.

본심본태양앙명(本心本太陽昂明)
본래 마음(가슴, 본성, 불성, 신성)의 근본은 태양(신성의 빛)과 같이 비교할 수 없는 밝음이니.

인간의 본성은 근본적으로, 과거에 상상할 수 있는 가장 밝은 천체인 태양만큼 빛나는 존재임을 강조하는 것이다. 여기서 마음은 에고의 마음이 아니라 신성의 본체를 의미한다. 이미 우리의 선조들은 우리의 본심이 신, 부처임을 알고 그 뜻을 잃지 않도록 이렇게 천부경이라는 심오한 진리로 밝혀 놓으신 것이다.

인중천지일(人中天地一)
사람 가운데 천지가 하나로 녹아 있다. 셋으로 나뉘어진 하나가 사람 속에 모두 들어 있고, 사람 속에서 통합되어 있다. 그 만큼 사람은 무엇보다도 귀한 존재인 만물의 근원, 창조의 근원이다.

'본심본태양앙명'에서 인간이 태양과 같은 밝은 존재, 빛의 존재임을 강조하며 하나의 자리와 같은 근원임을 암시했다. 그렇기 때문에 여기서는 하나의 근본 자리에서 3극인 천지인이 파생되어 나왔으니, 하나와 같은 반열에 있는 인간에게 천지인이 하나로 녹아 들어 있다고 역설하고 있다. 사람이라는 하나에는 천의 파동과 지의 파동, 그리고 인의 파동이 녹아 들어 있는 것이다.

일종 무종일(一終 無終一)
하나가 끝을 맺지만, 그 끝이 없는 하나이다. 그 근본(공, 창조의 근원)은 다함이 없기에 현상적으로는 끝처럼 보이지만 끝이 없는 또 다른 시작일 뿐이다.

자각선사의 천부경 활구 수행법

　가슴을 통해 이치적으로 접근하는 천부경 수련법에 대해 간략히 살펴보았지만, 내가 선호하는 방식은 운율을 타며 천부경을 암송하는 활구 수행법이다. 천부경을 알기 시작한 이후 일관성 있게 해온 이 방법은 천부경을 한 자 한 자 천천히 암송하면서 가슴으로 빛의 파동과 공명하는 것이다.

　천부경의 운율과 리듬을 타게 되면 나의 경우는 치유의 녹색 빛이 연결된다. '일시 무시 일석 삼극 무진본' 첫 구절 암송과 함께 백회가 쭉 벌어지고 전전두엽이 갈라지는 느낌이 든다. 빛 에너지가 더욱 깊게 들어갈수록 무엇인가가 위에서 당기듯 머리가 위로 솟는 느낌이 든다. 실제로 영적인 에너지장이 나를 들어 올린다고 볼 수 있는데, 이때 저절로 허리가 쭉 펴지는 현상이 나타난다.

　처음에는 녹색 빛의 에너지가 묵직하게 백회로 흘러 들어오지만, 시간이 지나면서 황금빛으로 탈바꿈된다. 이때는 빛 에너지가 뇌 속에 더욱 깊이 작용하면서 뇌간을 깊숙이 자극하고 전전두엽이 더욱 크게 벌어지는 느낌을 받는다. 또 한편으로는 약간의 아픔이라고 표현하기는 어렵지만, 뇌가 조여들고 뭔가 팽창이 되는 느낌도 받는다. 그러면서 머리부터 아래로 중추신경계를 통해 손과 발까지 찌릿한 전류감이 온몸을 훑고 지나간다.

　녹색 빛이 황금빛으로 변하는 이유는 치유력과 관련이 있다. 경험과 관찰에 의하면 처음의 치유의 빛은 내 몸의 오라장과 전자기장을 조정하고 변화시키는 작용을 한다. 치유의 에너지장이 온 몸을 먼저 순환하며 오라장이 조정되면 빛의 색이 바뀌는 것이다. 황금빛은 창조의식, 신의 에너지장과 관련이 있다. 내 몸의 빛의 파동이 조정되고 진동이 높아지면서 신성의 빛, 창조성과 자연스럽게 연결이 이루어진 상태이다. 그렇지만 황금빛 자체도 나의 진동과 의식 상태에 따라 다른 색으로 바뀌기도 한다.

천부경 수행을 하다 보면 차크라를 열어주는 자발 수인공 현상이 자주 나타난다. 이때는 손이 저절로 심장 쪽으로 향하며 에너지의 흐름을 연결해 주고 보충해 준다. 천부경 수행 중 나타나는 수인공은 일종의 율려동작이다. 율려 동작은 우리 몸의 세포 단위에서부터 점점 진동수를 높여 차크라를 깨우는 작용을 한다. 대개 천부경의 수행 단계에서는 차크라가 막혀있기 때문에 자연스러운 수인공이 유도되면서 차크라의 에너지를 보충하고 깨우는 것이다.

초기 단계에서 수인공은 가슴을 깨워주면서 에너지장을 전달하는 역할을한다. 빛의 에너지장이 가슴에 충전되면 기운이 민감한 사람은 가슴이 뒤로 꺾이는 현상이 종종 생긴다. 그러면 횡격막이 쫙 벌어져 가슴을 크게 펴게 되고, 이는 적체되어 있는 에너지장을 끌어당겨서 분해하는 효과를 낳는다. 차크라가 점점 활성화되면서부터는 아주 미세한 차크라의 움직임이 포착된다. 일곱 개의 에너지센터에서 톱니바퀴가 맞물려 돌아가는 것처럼 미세 전류가 회전하는 느낌이 들기도 한다. 이럴 때는 빛이 방사되는 모습이 보이는데, 에너지가 점점 확장되면서 1차크라부터 7차크라까지 빨주노초파남보의 진동 수준에 맞는 빛이 방사된다. 차크라에 맞는 빛의 활성화는 차크라 내에 잠재된 낮은 차원의 의식을 정화해 주는 작용을 한다. 이것이 바로 천부경 활구 수련의 장점이다.

천부경 수련은 초급자부터 중급 정도의 수준까지 폭넓게 적용이 가능하다. 천부경 수행 초보자는 효과를 보기에 적합한 서서 하는 입식 자세를 추천한다. 천부경을 암송할 때는 천천히 간절한 마음으로 의식을 집중하며 백회에서 빛의 기둥이 서는 것을 느껴야 한다. 백회에서 찍어 누르는 압력감이나 눈을 감았을 때 초록빛이 펼쳐지면서 인당이 벌어지는 느낌이 들면 백회의 천문이 열리기 시작하는 상태로 볼 수 있다. 천문을 더욱 키우려면 믿음이 커져야 한다. 하늘의 에너지장과 공명해 나를 변화시키고 내면의 힘과 영혼을 깨우겠다는 의식을 갖고 접근 했을 때 빛의 수용 용량이 비례해 커지게 된다. 그랬을 때 빛의 에너지장이 가슴으로 내려오는 현상이 생긴다.

초보자의 입식 자세는 짧게는 1개월에서 대략 6개월까지를 목표로 한다. 시간은 하루 1시간부터 시작해서 자신의 근기와 노력에 따라 3시간까지 늘려 나간다. 천천히 운율과 진동을 타면서 81자가 자기도 모르게 흘러나올 정도로 무의식적인 수준까지 계속 반복 연습해야 한다.

입식 수련을 반복하는 과정에서 빛의 에너지가 가슴까지 내려오기까지는 사람마다 천차만별이다. 근기가 뛰어나고 준비가 잘된 사람들은 1개월에서 3개월, 더딘 경우는 6개월에서 1년까지 걸리기도 한다. 에너지장이 가슴까지 내려오면 뇌와 심장이 연결되는 느낌이 들게 된다. 이때는 에너지의 유입이 커지며 심장이 확장되는 느낌을 받기도 한다. 심장의 파동과 뇌의 파동이 연동되면서 공명이 일어나면 시각화가 수월해지고 의식의 확장이 일어난다.

이 상태에 도달해야 좌식으로 수행법을 바꿀 수 있다. 좌식에서는 자연스럽게 손바닥의 노궁혈이 하늘을 향하도록 한다. 가부좌나 반가부좌의 편한 자세로 천부경을 읊다 보면 노궁혈에 엄청난 무게감의 에너지장이 들어오는 느낌을 받는다. 에너지의 유입이 점점 커질 때 인당에서 찌걱찌걱 소리가 난다고 호소하는 사람도 있다. 뇌가 벌어지는 것 같은 느낌과 함께 그러한 소리가 난다는 것이다. 이때의 뇌는 시냅스가 확장되고 전자기장으로 충만해진다. 동시에 심장과는 연동 상태를 유지하면서 우리의 몸을 감싸는 오라장이 크게 확장되는 현상이 나타난다.

때로는 노궁혈을 통해 전류 같은 찌릿한 에너지가 흘러들어 전류의 흐름을 타고 손이 움직이는 것과 같은 현상이 생기기도 한다. 이때는 움직임을 가만히 두면서 느낌에 집중하면 된다. 이 에너지장이 우리 몸의 전자기장을 활성화하면서 심장과 뇌가 하나 되는 느낌이 점점 강화된다. 이때 상태를 잘 지켜보면 인당이 조였다 풀어졌다 하는 압박감과 전류감 방출을 느낄 수 있다. 이것은 천부경의 빛 에너지가 심장으로 점차 내려오고 있다는 긍정적인 신호이다.

천부경 암송 활구 수행은 하늘과 땅과 사람을 하나로 이어주는 에너지장이 내 몸에서 조화롭게 융합되는 현상을 만들어준다. 수행을 입식과 좌식과 명상 3단계로 진행하지만, 어느 단계에 이르면 말이 없이 속으로 암송하게 된다. 말이 필요 없기 때문이다. 내 경우에는 그런 상태에서 입정에 들면 빛만을 보고 가만히 명상에 머무른다. 이때는 전자기장이 매우 활성화되어 있어 맥놀이와 유사한 현상을 보이는데 금빛이 내 몸에서 너울거리며 퍼지는 듯한 움직임을 지켜보는 가운데 머물며 수행을 한다. 이 정도의 단계에 이르면 이제 그 사람은 마음의 중심을 확고히 잡은 상태로 흔들림이 없이 마음을 운용할 수 있다고 보면 된다.

수행 단계에 따라 마무리 타이밍도 달라진다. 물론 초창기에는 시간을 기준으로 삼지만, 단계별로 특정 상태에 이르면 수행을 종료할 수 있다. 깊은 명상 수준에 이르는 최종 단계에서는 나를 중심으로 하늘과 땅이 하나로 통합될 때, 즉 에너지장이 하늘에서 나를 관통해 지구 중심과 하나로 이어지는 상태에 이를 때 마무리한다. 이 단계가 바로 인중천지일(人中天地一)인, 사람 가운데 천지가 하나로 녹아드는 그런 상태인 것이다. 이때는 손을 합장한 상태로 가슴에 대고 "하늘과 땅과 사람이 하나 되는 이치를 알게 하심을 감사드립니다. 하늘과 땅과 사람에 감사드립니다"를 세 번 반복하고 수행을 종료한다.

입식 단계에서는 백회가 열려 머리에 팽창감이 느껴질 때 감사함과 함께 마무리하면 된다. 그러나 이와 같은 초기 수행 단계에서는 시간을 기준으로 삼을 것을 권고한다. 좌식 수행에서는 천부경의 빛 에너지가 가슴으로 내려와 뇌와 심장이 통합된 느낌이 들 때가 타이밍이다.

초심자들에게는 어느 시간대에 수행하는지도 중요한 포인트 중 하나이다. 최적의 효과를 이끌어 내면 좋기 때문이다. 천부경 수행은 인시(새벽 3시~5시 사이)를 추천한다. 가장 고요함으로 가득 차 있고 만물이 깨어나는 시간이다. 내면에 집중은 물론, 우리 자신도 깨어나기에 좋은 시간대이다. 그러나 추후 어느 정도 습관이 되면 시간에 구애받지 않아도 된다. 시간적 여유가 있거나 천부경의 빛 에너지와 연결이 필요하다고 느낄 때 다만 중심 잡는 마음으로, 감사한 마음으로 하면 좋다.

    끝으로, 운율에 따라 암송할 때 유의해야 할 점이 있다. 자연스럽게 깊은 입정의 명상 상태를 제외하고, 입식과 좌식에서는 리듬에 따라 천천히 천부경을 암송한다. 대부분 초심자들은 암송 자체에 지나치게 의식을 집중하는 우를 범하게 되면서 자연스러운 천부경과의 연결에 어려움을 겪는다. 천부경 수행 또한 의식을 머리에 두고 암송하는 방식이 아니다. 입에서는 자연스럽게 운율과 발성이 나오도록 연습하면서 몸에서도 자연스럽게 리듬을 타도록 하는 것이 중요한 팁이다. 이때 내어 맡기는 듯한 자세로 머리는 쉬고, 가슴을 여는 것도 늘 염두에 두어야 한다. 이 상태에서 시간이 흐르면 변이의식, 무의식이 발현되는 순간이 찾아온다. 변성 의식에 들어야만 내 몸에 변화가 생긴다. 일반 의식으로는 깊은 상태에 들어갈 수 없다. 에고의 저항력이 버티고 있어 사리 분별이 생기면 에너지의 수용은 이루어기 힘들다.

14장 빛의 힐링

　이번 장은 빛의 치유, 즉 빛을 이용한 치유를 소개하는 부분이다. 물론 여기에서 빛은 우리가 흔히 알고 있는 보이는 빛인 물질적 빛을 의미하지 않는다. Part 2 7장에서 언급한 의식의 빛, 근원의 빛에 속하는 영역이다. 빛의 치유를 위해서는 근원의 빛과 공명을 할 수 있어야 한다. 그러기 위해서는 우리 뇌의 송과체와 뇌하수체가 발달하고 활성화되어야 한다. 이들을 깨우기 위해서는 또한 고통체를 분해하고 가슴을 확장시켜야 한다. 누구나 근원의 빛과 공명할 수 있지만, 자신의 뇌의 발달 정도와 상태만큼만 공명이 가능하다. 누구는 되고, 다른 이는 완성도가 떨어지는 이유이다. 그렇기에 나와 같이 빛에 공명할 수 있는 매개자가 나서는 것이다.

　근원의 빛은 우리가 생각하고 상상할 수 있는 모두를 포함해 전체를 담고 있다. 물질로 존재하는 모든 것, 상상으로 존재하는 모든 것의 원천이다. 당연히 치유를 위한 빛이 존재한다. 마찬가지로 풍요를 위한 빛도, 관계를 위한 빛도 존재한다. 우리가 원하는 것과 공명하면 그 빛과 연결이 이루어지는 것이다.

빛의 치유는 일반적으로 가슴을 확장하는 치유와 고통체가 깊이 자리 잡고 있어 병증을 호소하는 부위를 직접 치유하는 방식으로 이루어진다. 인류의 대부분은 영혼의 통로인 가슴을 통해 큰 고통을 경험하고 짊어지고 있다. 그렇기 때문에 가슴 확장 치유를 중요시 다루고 다른 무엇보다 선행된다. 또한 가슴으로부터 응어리진 에너지장은 임계점을 넘기면 육체의 다른 기관이나 장기 영역으로 흘러 들어가기 때문에 가슴을 먼저 치유하고 확장하는 주된 이유이다. 빛의 치유에는 멘트나 내레이션이라 불리는 파동음이 말로서 병행된다. 이는 상대와의 교감력을 향상 시켜주기도 하지만, 또한 빛을 연결하는 주요 수단으로 작용하기 때문이기도 하다.

원하는 빛과의 공명을 위해서는 사랑이 중요한 원인자로 작용한다. 사랑은 신의 속성이자 원천이기 때문이다. 인간이라는 존재에게 사랑의 자리는 가슴이다. 이 가슴은 또한 영혼의 통로이기도 하다. 계속 언급해 왔듯이 가슴의 언어는 느낌이다. 이러한 관계식에 따라 빛과 함께 하기 위해서는 가슴을 통한 사랑의 느낌이 매우 중요하다. 이 특정 상태의 느낌이 뇌의 송과체, 그리고 뇌하수체와 작용하며 빛과의 교감을 이루어 낸다. 상대를 치유하고자 하는 진정한 마음과 존재 상태는 치유의 빛을 불러 공명하게 한다.

치유의 과정에서 빛의 신비는 끊임없는 경외심을 불러일으킨다.

치유에 있어 나에게 가장 일반적인 빛은 밝은 녹색이다. 주로 가슴의 확장과 치유, 영겁의 세월 동안 가슴에 누적되고 뿌리박힌 감정의 근본 응어리를 힐링하기 위해 사용된다. 또, 육체의 특정 기관이나 장기의 회복을 도울 때면 그에 맞춰진 빛의 파동이 작용한다. 이때 나를 통해 이어진 빛은 상대의 가슴에서 변조되어 자신에게 맞는 파동으로 변환되기도 한다. 때에 따라서는 찾아오는 내방자의 의식 수준이나 필요성에 빛이 동조되기도 한다. 이 경우는 영적 성장을 추구하거나 영적 탐구심이 강한 사람들에게 주로 나타나는 경향이 있다.

빛- 가슴 치유와 확장

내 세속 명은 한자로 빛 광-벗 우 즉, 빛의 친구라는 의미를 담고 있다. 빛을 매개로 치유와 사람들을 깨우라는 사명이 일찍이 이름을 통해서도 주어졌다고 생각한다. 내가 현대판 바이블이라고 의심할 여지없이 강조하는 책, 신과 나눈 이야기를 읽다 보면 빛을 가져오는 자가 되라고 한다. 의식의 빛, 비물질의 빛, 근원의 빛은 자신의 신성을 깨우기 위한 도구이기도 하지만, 힐링을 위한 중요한 도구이기도 하다. 치유는 내가 하는 것이 아니다. 빛이라는 사랑의 근원을 통해 상대 스스로 이루어지는 것이다. 나는 빛을 청해 이어주는 중간 매개자 역할이다. 그리고 상대가 스스로 치유를 불러오고, 믿음과 함께 가슴을 열도록 에너지의 장과 유대감을 조성하는 것도 나에게 주어진 중요한 절차 중 하나다.

치유를 위해 내가 제일 먼저 해야 할 일은 창조의 근원에게 간절히 빛을 청하는 것이다. '제게 신성의 힘과 도움이 필요합니다. 높은 진동 에너지를 저에게 내려주십시오'와 같이 신성의 존재에게 진심을 담아 내면의 간청을 한다. 그리고 이어 "온 우주를 창조하시고 관찰하시는 창조주 한 하나님과 도움 되는 깊은 우정을 나눔을 감사드립니다"라는 빛을 청하는 기도문을 7~10회 반복하면 연두빛의 녹색 에너지가 내려오며 눈앞에 밝은 빛의 장이 펼쳐진다.

내가 매 순간 사람들을 치유하고, 또한 나 자신을 치유하면서 경험하고 느꼈던 빛은 녹색의 에너지장이 주를 이룬다. 이전에도 잠시 언급한 것처럼, 내가 한참 진리를 찾아 헤매던 당시, 눈을 감으나 뜨나 온통 세상이 녹색으로 펼쳐질 때가 있었다. 당시에는 이 연두빛의 정체가 너무도 궁금했었다. 의문에 대한 답을 찾고 또, 깊이 궁구하고 있을 때 기적의 손 치유라는 책이 내 손에 들어왔고 녹색 에너지장에 대해 조금이나마 실마리를 찾을 수 있었다. 책에서는 밝은 녹색 빛은 영혼의 치유사이자, 치유자를 양성하는 존재로 풀이되어 있었다.

나와 녹색의 빛이 공명이 되면 먼저, 이 에너지장을 치유 상대와 가슴과 가슴으로 연결시키겠다는 의지가 발현된다. 그러면 실제로 그 빛이 이어져 빛의 통로가 형성되기 시작한다. 이때 간절한 치유의 의도를 담고 있는 파동음을 지속적으로 반복해 나가는데, 사람에게 목 주위의 5차크라가 깨어나면 말에 권능이 담기기 시작한다. 태초의 하나님의 말씀은 바로 창조의 권능 자체이다.

'사랑의 빛 이시어, 이분의 가슴을 사랑의 빛으로 확장하여 주심을 감사드립니다'라는 진심이 담긴 기도가 계속되면 빛의 너울성 파동은 치유 상대자의 가슴을 지속적으로 자극한다. 시간이 흐름에 따라 가슴에서는 서서히 공명 현상이 일어나면서 가슴 차크라가 확장되기 시작한다. 에너지에 대한 민감성이 높은 사람은 눈물을 흘린다든지 가슴 활성화에 따른 여러 반응이 나타나기도 한다. 팔다리가 진동하거나, 차크라 확장과 함께 횡격막이 반복적으로 들썩이는 현상, 심장이나 오장육부의 진동, 그리고 물리적인 가슴 부위가 뒤로 꺾이듯 젖혀지는 현상도 나타난다.

  비물질의 빛은 우주 생명 에너지장의 일종이다. 그 빛으로 상대의 에너지장과 교감할 때 빛의 파동은 일종의 맥놀이 현상을 일으키며 강약의 리듬과 함께 볼텍스라는 빛의 소용돌이 현상을 보인다. 볼텍스가 상대의 에너지장을 통해 전해지면서는 육체적으로 가슴 흉곽과 심장, 근육, 신경계가 벌어지는 느낌을 받는다. 이때, 내재된 감정의 에너지들인 서러움이나, 슬픔, 좌절, 실망, 절망, 근심, 걱정, 우울, 수치심, 열등감 등 자신이 저항하고 애써 회피했던 느낌들이 파동의 자극으로 올라오면서 눈물을 쏟아내는 경우를 많이 목격한다. 그리고 빛의 진동수가 높아짐에 따라 상대의 에너지장도 공명 작용이 더욱 활발해진다. 그러면서는 더욱 깊은 자극과 반응을 유도해 감에 따라 기침, 가래, 담음이라는 우리가 부정적으로 쌓아온 물질화된 고통체를 쏟아내기 시작한다.

  이런 상황에서 오라장을 영시해 보면, 심장에 두려움이나 감정적인 앙금의 에너지가 많이 쌓인 사람들은 그 색이 분노의 에너지장을 많이 담고 있다. 그러나 녹색 치유의 빛이 작용해 심장의 근육과 근조직, 신경계의 부정성을 들어 올리게 되면 외면하고 저항했던 느낌(이것은 일종의 아주 미묘한 에너지의 흐름이다)을 분출하기 시작한다. 그러면 화산이 폭발하듯이 아주 검붉은 핏빛 에너지가 톡톡 터지듯 올라온다. 이것은 분노나 노여움, 좌절감으로 내 안에서 참고 참았던 검붉은 감정의 앙금이 폭발하는 현상이다.

여기서 공통적인 반응이 많이 나타나는데, 그것은 바로 목이 뒤로 젖혀지면서 4차크라와 5차크라를 자극하고 쭉 펴지는 현상이다. 목이 젖혀지는 것은 몸속에 있는 담음과 같은 이물질을 배출해 내기 위한 몸의 자연스러운 사전 동작이다. 그러면서 4차크라에 누적되었던 부정성의 검붉은 에너지가 가래 형태로 목으로 딸려 나오는 모습을 볼 수 있는데, 이 경우 담음에서 약간의 핏빛이 섞여 있는 것처럼 보인다. 이와 같이 빛의 소용돌이 볼텍스가 깊이 침착화 된 감정의 에너지장을 진동시켜 고통체를 외부로 배출시키는 현상은 신비하게 보일 수 있지만, 이런 과정을 통해 가슴이 점점 열려간다는 것이다.

빛은 닫힌 가슴을 열어주는 신비의 열쇠와 같다. 그러나 빛의 치유력을 높이고 상승효과를 위해서는 치유 상대자와 치유자 간 친밀감과 신뢰성이 무엇보다도 중요하다. 비물질의 빛은 의식의 빛, 공명의 빛, 살아 움직이는 에너지의 속성을 갖기 때문이다. 반드시 치유자와 상대자는 서로 신뢰할 수 있는 믿음의 도약이 필요하다. 서로에 대한 인정과 수용의 에너지장이 강하게 결속될수록 치유 효과가 높아지지만, 인간은 수많은 생과 삶을 반복하면서 고통과 상처, 아픔의 세월을 경험해 왔기 때문에 자신을 개방하지 못하고 두려워하며 움츠러든다. 자신을 개방하고 인정하지 않는 사람은 가슴을 열기 어렵다는 특성이 있다. 따라서 두려워하는 마음, 남을 믿지 못하는 마음, 그리고 자신을 인정하지 않고 거부하는 마음으로 닫힌 출입구를 열어주는 핵심 키가 녹색 빛의 역할이다.

나는 개인적으로 녹색의 치유 에너지장을 운용하는 가장 큰 목적은 가슴의 개방과 확장이라고 생각한다. 이는 좁은 의미의 육체적인 가슴이 아닌 영혼의 가슴을 의미한다. 이 육신을 감싸고 있는 영혼의 가슴이 우선 개방되면 물리적 가슴은 자연히 활성화된다. 영혼의 가슴을 연다는 것은 내면의 하나님과의 연결 통로를 확보하는 것이다. 우리가 신성, 불성, 본성, 그리스도 의식 등 인간이 알고 있는 모든 지혜의 핵심은 내면의 하나님을 표현하는 다른 수단들이다. 인간이 내면의 하나님과 교감할 때 육체적으로는 심장, 상위 수준에서는 가슴이 반응한다. 이러한 이유로 나는 처음 상대와의 교감에서 심장이나 가슴의 느낌을 묻는다. 이들을 느끼는 사람은 치유하기가 수월하기 때문이다.

이런 부류의 상대는 영혼의 수준에서 나에게 도움을 요청하는 것이다. 자신을 깨워 제발 집으로 돌아가는 길을 안내해 달라는 메시지를 전해오는 것이다. 다만, 상대의 현재 의식이 인지하지 못하고 있을 뿐이다. 치유 상대로부터 심장과 가슴의 반응이 느껴질 때, 이 영혼의 간절한 요청에 부응해야 한다. 심장, 심장, 영혼의 심장을 반복적으로 부르며, "내면의 신성 이시어, 마음의 상처를 치유하시고 부디 영혼의 심장을 열어서 깨어나십시오"라는 멘트를 계속 반복하면 상대의 가슴으로 녹색 빛이 파동 치며 흘러 들어가는 모습을 볼 수 있다. 녹색 빛이 심장을 마사지한다는 느낌을 받으면 심장에서 공명 현상이 일어난다. 이때 상대와 내 심장은 연결된 느낌이 들며 신성의 일체감으로 치유에 임하게 된다.

　서로 일체감 속에 심장과 가슴이 공명을 하면 이유 없는 눈물을 때로는 몇 시간을 흘리는 경우를 심심치 않게 목격한다. 이러한 현상은 영혼의 초의식이 잠시 드러난 상태로, 초의식이 열리면 영혼의 목적의식이 쉽게 드러난다. 나의 경우도 처음 가슴을 크게 확장하면서 '참다운 진리를 깨닫고 싶다'는 영혼의 목적의식이 말문으로 터져 나왔다. 당시는 참다운 진리가 무엇인지도 몰랐지만, 그 진리를 찾아 헤매는 과정에서 만난 신과 나눈 이야기는 그때나 지금, 그리고 앞으로도 영원히 나에게 길을 안내해 주는 등불이 되고 있다.

빛의 변조와 고통체 치유

　우리가 병이라고 인정하는 것들은 대부분 고통체가 응어리진 결과라고 볼 수 있다. 특히, 병증이 심하면 심할수록 고통체는 뚜렷한 에너지장 형태를 보이고 물질화된 구조로 배출된다. 고통체는 그것이 자리 잡고 있는 기관이나 장기뿐만 아니라, 정도에 따라 오라장 전체에 영향을 미치기도 한다. 가슴을 확장하고 치유하는 과정에서도 수많은 삶의 부정적인 감정 덩어리인 고통체가 분해되고 배출되지만, 그 왜곡된 감정이 누적되고 한계를 초과하게 되면 에너지장이 장기나 기관에도 전이되며 그곳에 고통체가 자리 잡게 된다.

많은 경우 가슴을 확장하고 치유하는 과정에서 신체 기관이나 장기의 증상들이 치유되고 호전된다. 그러나 중증으로 발전한 경우에는 그 뿌리가 되는 가슴의 감정적 고통체들을 먼저 분해한 후, 각 병증의 고통체와 직접 마주해야 한다.

개개의 병증을 힐링하기 위한 방법과 절차도 가슴 깨우기와 유사하다. 상황에 따라 다르지만 차이는 가슴에서 파동의 1차 변조가 일어나고, 이어 변조된 치유의 빛이 해당 부위로 집중된다는 것이다. 이때도 역시, 말의 파동이 중요하게 작용한다. 인간은 눈과 귀가 감각적으로 많은 부분을 차지하고 있기 때문에 그만큼 청각을 통해 마음을 여는 동조 효과가 생긴다. 물론 말의 파동은 치유의 빛을 더욱 가속화하는 역할을 한다. 말에 신성의 권능이 작용하기 때문이다.

경험과 사례를 종합해 보면, 특별한 경우를 제외하고는 고통체 부위의 치유를 위해 필요로 되는 빛이 바로 연결되지 않는다는 것이다. 오히려 내게 있어 치유의 대명사라고 할 수 있는 밝은 녹색 빛이 나를 통해 상대의 가슴에 연결되어 흘러 들어간 후, 가슴에서 빛의 파동이 고통체의 치유에 적합한 형태로 변형을 일으킨다. 즉 그 장기나 조직의 치유에 필요한 빛의 색으로 변조된다. 나는 이러한 빛의 특성을 가슴의 굴절 현상이라고 이야기한다. 영혼의 중심이자 신과의 연결 통로인 가슴에서 아주 적절하고 정교한 변환 작용이 이루어진다고 볼 수 있다.

고통체의 힐링 절차는 일반적으로 다음과 같은 순서로 진행되면서 작용과 반작용을 일으킨다.

Step1) 온전히 내맡기며 청한다

"창조의 근원, 창조주 하나님 이시어! 당신께 모든 것을 내맡깁니다. 당신의 권능과 힘을 청합니다. 저에게 ㅇㅇㅇ를 온전하게 감쌀, 사랑과 치유의 빛과 함께하게 하소서"

내가 누군가를 치유하겠다는 자만심을 경계하고 스스로를 근원의 존재에게 내 맡겨야 한다. 힐링과 치유는 내가 하는 것이 아니기 때문이다. 창조의 근원으로부터 나를 매개로 상대가 수용하며 치유의 창조를 일으키게 하는 메커니즘을 이해해야 한다.

Step2) 치유의 빛 연결하기 파동음

"온 우주를 창조하시고 관찰하시는 창조주 한 하나님과 도움 되는 깊은 우정을 나눔을 감사드립니다. ㅇㅇㅇ라는 이름의 개별화된 영혼이 △△△의 고통으로 아파하며 저를 찾아왔습니다. 우주의 신성한 마음이시어, 이 영혼을 위해 빛을 청합니다. 이제 신성한 빛을 통해 이 영혼을 온전히 치유할 수 있는 빛을 내려 주심에 감사드립니다"

이렇게 상대의 온전함과 완전함을 위해 사랑의 마음으로 치유의 빛을 청하는 파동음 형태의 기도를 7~10회 반복하다 보면 밝은 녹색의 빛기둥이 백회를 통해 펼쳐진다. 그러나 이 과정에서 유의해야 할 중요한 포인트가 있다.

치유의 빛을 진심으로 청하는 행위는 일종의 창조의 기도 과정이다. 기도는 가슴으로, 느낌으로, 온 존재가 하나 되어 하는 것이다. 우리들이 기도를 하며 흔히 빠지기 쉬운 오류 중 하나는 머리와 생각으로 신에게 다가가는 것이다. 가슴과 머리가 통합되어 느낌으로 일체화 되지 않은 기도는 온전한 기도가 아니다. 머리로 하는 기도는 생각일 뿐이다. 생각으로 이끄는 기도는 그 생각의 주파수에 공명하는 수준의 빛만을 끌어들일 뿐이다. 이는 영혼과 연결된 신성의 주파수가 아닌 것이다. 이점을 늘 자각해야 한다.

Step3) 음성 파동으로 빛을 증폭한다

빛기둥이 볼텍스 형태로 펼쳐지기 시작하면 먼저 힐링 상대를 깊은 호흡과 함께 이완시킨다. 상대가 준비되면 가슴과 가슴으로 빛의 통로를 연결한다. 힐링 대상자에게는 가슴의 느낌과 함께 음성 파동을 따라하도록 주문한다.

"사랑의 빛으로, 신성의 빛으로 제 가슴을 확장하고 치유하여 주심을 감사드립니다"를 천천히 반복하며 따라 하도록 한다. 상대의 가슴 반응을 주시하며 가슴과의 공명이 일어나면 본격적으로 고통체의 치유와 온전함을 위한 파동음을 지속적으로 반복해 나간다.

"(간의 고통체일 경우) 간, 간, 간장, 간장에 의식을 집중합니다. 간, 간, 간, 신성의 빛이시어 간의 온전함을 빛으로 치유하소서…" (반복)

나와 치유 대상자의 파동음이 반복됨에 따라 어느 순간 공명이 일어나 반응이 느껴지기 시작한다. 오라의 변화가 목격되기도 한다. 이때 상대의 가슴을 통해 고통체에 전해지는 빛은 1차 변조가 일어난 상태로 고통체의 치유에 적합한 빛으로 작용하게 된다. 일반적으로 빛의 변조는 해당 기관이나 장기와 관련된 차크라에 대응하는 경우가 많다. 음성 파동의 예로든 간의 경우는 4차크라(가슴 차크라)와 관련이 있는 녹색이기 때문에 빛의 변조는 일어나지 않는다. 그러나 해당 장기가 위장이라면 치유의 녹색 빛은 노란색으로 변조를 일으킬 수 있다.

계속해서 파동음을 반복하게 되면 빛의 진동수는 더욱 높아지고 이에 따라 반응 또한 더욱 증폭된다. 간의 공명은 고통체의 배출을 서서히 가속시키는 효과를 가져온다. 초기에는 주로 전류의 찌릿함이나 가스 등 가벼운 고통체로 배출되는 경향이 있다. 이후 치유 세션이 늘어남에 따라 가벼운 고통체가 배출되어 해당 부위의 에너지장의 결합 구조가 충분히 느슨해지면, 담음과 같은 고통체가 본격적으로 배출되기 시작한다.

파동음은 빛의 증폭과 함께 권능의 힘을 담고 있다. 잠시 언급한 바와 같이 목 차크라를 비롯한 모든 차크라가 깨어나고 내면의 신성을 회복한 영적 각성자들에게 해당되는 현상이다. 이러한 존재로부터 나오는 말의 파동음은 또 다른 신의 창조 권능이자 치유의 위상을 갖는다. 이때의 말은 가슴과 느낌과 일체화된 영혼의 울림이다

Step4) 수용과 인정, 받아들이기

고통체가 배출되기 시작한다는 것은 스스로 가슴을 열고 빛을 받아들여 치유가 이루어지고 있음을 의미한다. 아무리 신성의 빛, 창조주의

빛이라도 자신이 수용하고 받아들이지 않으면 소용이 없다. 선택과 창조는 각 개별 영혼, 개체화된 신성의 몫이다.

고통체가 완전히 분해되기 위해서는 수용과 인정의 폭이 커지고 깊어져야 한다. 초기 단계의 고통체 배출 이후, 수용성의 수준을 극복하지 못하면 한계의 벽에 부딪힐 수 있다. 이때 필요한 단계가 '수용과 인정, 받아들이기' 심화 과정이다. 말로 읊조리고 머리로 생각하는 수준이 아니라, 진심으로 느끼고 참회의 감정이 동화되어 올라와야 한다. 자신의 고통체의 원인이 된 생각이나 감정, 행위(의지)에 대해 자각과 수용으로 승화되어야 한다는 의미이다.

그러나 인정과 수용의 단계는 상대에 따라 양상이 다를 수밖에 없다. 삶의 과정과 수많은 생, 가계의 DNA 등에 따라 고통체의 노출 환경이 차이를 보이기 때문이다. 이러한 상대의 포괄적인 배경을 바탕으로 수용과 인정의 파동 멘트가 달라져야 한다. 따라서 다음은 간의 고통체를 일반화한 예로서 참고하면 된다.

"나는 내 장기, 간의 분노와 노여움의 아픔을 수용합니다.

이제 나는 무지와 습으로 내 간장에 고통체를 자초했음을 인정합니다.

나는 노여움과 분노, 조급한 마음이 나 자신을 스트레스로 공격하고 고통체의 뿌리임을 인정합니다.

조상으로부터 전해져온 부정성의 파동 또한 인정합니다. 그것을 인식하지 못했던 자신을 인정합니다. 이 씨앗이 내 감정을 이루고 그 감정이 부정의 감정을 키워 나의 간에 스트레스와 고통을 주었음을 인정합니다.

화와 분노의 감정을 나 자신으로 착각하였음을 인정합니다. 그로 인해 고통받은 간에 미안함을 느낌을 인정합니다. …"

Step3, 4) 과정을 반복한다

고통체가 충분히 배출되어 농도와 색 등이 타액에 가까워졌을 때까지 고통체 빛치유 세션을 계속해 나가면서 Step3, 4) 과정을 반복한다.

Step5) 감사 마무리

내가 진행하는 모든 종류의 힐링이나 수행의 마무리는 항상 감사로 종료된다. 감사는 스포츠의 준비운동, 마무리 운동과 같다. 감사의 수준과 상태에 따라 빛의 수용이나 치유에 매우 큰 영향을 준다.

"내면의 하나님께, 창조주 하나님께, 신성의 근원께 진심으로 감사드립니다. 이 O O O의 영혼을 치유의 빛을 통해 완전함과 온전함으로 거듭나게 하심에 감사드립니다" (반복)

감사 단계는 반복의 횟수보다는 전체 과정을 반복하며 자신이 자연스러운 감사의 상태에 도달 했는지 또, 도달할 수 있는지의 여부를 목표로 해야 한다.

끝으로, 숨을 깊게 들이마시고, 내쉰다. 3회 정도 반복한다.

실제 빛치유 진행 사례

　빛의 치유 과정을 일반화하여 설명을 했지만 이는 어디까지나 개념에 불과하다. 실제로 치유 상대를 마주하게 되면 과정에 있어서는 기본 틀을 유지하지만, 상대에 따라 미묘한 차이를 보이는 경우가 거의 대부분이다. 존재로서 인간은 감정과 모습, 느낌, 배경, 체험 등등에서 어느 누구와도 동일하지 않다. 빛치유 또한 대충 맞춰 입힐 수 있는 기성복 방식이 아니라 개인 맞춤형으로 접근해야 하는 것이다.

　또, 자신의 영혼이 안내하는 길을 따라 필요에 의해 내 앞에 서있는 소중한 존재라는 인식에 눈떠야 한다. 그러면서 가슴을 열고 충분한 대화를 이어가다 보면 그 상대를 위한 빛치유 과정이 자연스럽게 유도된다. 지금껏 힐링을 진행하며 유사하기는 했지만, 판에 박힌 듯 정형화 된 형태로 진행된 경우는 거의 없다. 같은 상대라 해도 그 날 전해져 오는 미세한 차이의 느낌과 상태 변화에 따라 다르게 전개된다. 이러한 점을 감안해 실제 사례를 참고할 수 있도록 전 과정을 있는 그대로 소개한다.

　내방자는 30대 중반 남성으로 정신 질환을 앓아왔다. 지난 17년간 2차례 정신 병원에 입원한 이력을 가지고 있다. 2022년 11월 기준 4회째 방문 사례로 가슴을 확장하기 위한 빛치유에 초점이 맞춰져있다.

　처음 방문했을 당시 슬픔으로 가득 찬 어두운 회색의 오라장이 주 특성으로 나타났다. 언뜻 보기에는 정서적으로나 심리적으로 전혀 문제가 없어 보였다. 상대의 질문에 아주 적극적인 대응과 수용의 자세를 보이고 있었다. 그러나 이렇게 표면상 나타나는 과도한 긍정적인 양상과 태도는 자신의 단점을 적극적으로 보완하려는 무의식적인 반작용으로 비쳐졌다.

몇 차례 방문을 통해 나타나는 오라장의 특성은 무의식 층에 노여움이 억눌려 있었다. 아주 심한 옹고집의 오라장도 주요한 특징 중 하나였다. 자신의 말로는 가족 특히, 아버지의 고집 또한 속된 말로 장난이 아니라고 했다. 또 가슴보다는 머리로 분석과 생각을 많이 하는 성향이었다. 그리고 아직 밝혀지지는 않았지만, 어떤 특정 상황과 조건(자신의 전생과 크게 관련된 인자)에 이르면 부정적인 생각이 부정을 증폭시켜 감정을 키웠다. 그러면서 스스로 통제할 수 없는 분노가 폭발하는 단계로 이어진다. 이때 자신은 기억이 없으며 깨어 정신을 차려보면 정신병원에 입원한 상태였다.

(자각선사) 지난 2주간 방문을 하지 않으셨던 관계로 우선 오라장을 살펴보겠습니다.

처음 방문 당시 당신의 오라장의 특성은 두려움으로 살아온 마음과 슬픈 감정이 두드러져 나타나 있었습니다. 몇 차례 빛 수행을 통해 가슴을 깨운 결과 오라장의 변화가 보이고 있습니다. 오늘은 노란색의 에너지장이 많이 보입니다. 이것은 머리로 생각과 분석을 많이 하고 있다는 의미입니다.

(상담자) 오늘 긴장과 잡생각이 많이 드는데 그대로 나타나는 것 같

네요.

(자각선사) 머리로 생각과 분석을 하면서, 특히 머리를 굴리는 생각 에너지가 증폭이 되고 있습니다. 이곳 붉은 색 부분은 나 스스로 노여워하는 기질을 보이는 것입니다. 이것은 부정적인 생각이 올라오면 무의식적으로 내 안의 노여움이 조금씩 올라오는 특성을 이야기하고 있는 것입니다. 노여움 속에는 분노와 조급함이 함께 섞여있습니다.

당신에게는 억압되어 있는 노여움을 표현하지 못한 서러움, 불만이 너무 크게 무의식적으로 억눌려 있습니다. 이렇게 노여움이 많은 이유는 내 마음대로 내 뜻대로 되지 않는 것을 계속해서 머리를 써서 내 뜻대로 하려는데, 되는 것이 하나도 없다 보니 스스로 가해하는 마음을 쓰고 있습니다. 내가 내 스스로 스트레스를 주는 것 입니다.

(상담자) 네, 맞아요!

(자각선사) 이것이 나를 공격하는 마음입니다. 이럴 때는 의식적으로 인정을 해야 합니다. 이러한 상황, 즉 감정의 극단적 표출은 나 자신을 봐 달라는, 주의를 끌려는 내면의 외침입니다. 그런데 외면당하고 있으니 그 목소리가 계속 커져가고 있을 뿐입니다.

이때는 내가 나를 왜 이렇게 공격하고 있을까? 하고 되물어 봐야 합니다. 내가 왜 내 자신에게 그렇게 스트레스를 줄까? 라는 자신을 돌아볼 힘과 계기가 생겨야 합니다. 이를 위한 좋은 방법은 의식적으로 그리고 반복적으로 '이 마음이 내 마음임을 인정하고 솔직히 표현하는 것'입니다. 이것은 자각에 씨앗을 뿌리는 것과 같습니다.

자, 그러면 스스로 인정하고, 수용하고, 표현하는 빛 수행을 하며 내 마음 파동이 어떻게 변화되는지 보도록 하겠습니다. 나와 함께 하는 수용과 표현의 수행에는 당신에게 보이지 않지만 저를 매개로 치유의 빛이 함께 작용하며 당신에게 흘러 들어가게 됩니다.

호흡을 크게 들이쉬고 내 쉽니다. 다시 한번 깊게 들이쉬고 내 쉬십시오. 한 번 숨을 크게 들이쉬고 내 쉽니다.

자! 내 무의식 속에서 자신도 모르게 올라오는 스트레스 주는 마음이 있음을 인정하는 훈련입니다. 머리가 아닌 최대한 가슴으로 느끼며 나를 따라 발성을 반복해 나갑니다.

나 자신을 공격하는, 스트레스 주는 마음이 내 마음임을 인정합니다.

노여워하는 마음, 분노하는 마음, 조급한 마음이 스스로 스트레스를 주고 있습니다. 이 마음을 알아차리지 못했습니다. 지금 이 순간, 나는 생각 뒤에 반응하는 노여움과 분노와 조급한 마음이 내 자신을 공격하고 스트레스 주는 마음임을 인정합니다.

이 스트레스 주는 마음이 내 마음입니다. 내 무의식 속에서 일어나는, 삶의 무게에서 느껴지는 자동화된 반응입니다. 나는 이 반응에 무의식적으로 길들여져 이것을 알아채지 못했습니다. 나는 지금 이 순간 깨어 있는 의식을 통해 내 생각과 내 감정과 내 의지를 자각하는 깨어 있는 삶을 살기 위해, 나 자신을 공격하는 마음 파동을 인정합니다.

내 스스로를 공격하는 이 마음 파동을 인정하지 못했습니다. 인지하기 못했습니다. 알아차리지 못했습니다. 이 마음이 내 마음임을 인정하지 못했습니다.

가슴이 너무 아파, 이 아픈 마음을 가슴으로 받아들일 수 없었습니다. 이 아픈 마음이 내 마음임을 인정하지 못했습니다. 이 아픈 마음이 내 마음임을 인정합니다. 내 마음속 상처를 인정하고 받아들임으로써 저의 가슴을 사랑하고 치유하여 주심을 감사드립니다.

(자각선사) 심장의 아픈 마음이 느껴지시죠?

(상담자) 네, 아파요!

(자각선사) 나에게서 당신의 심장의 아픔이 느껴집니다. 심장을 무엇인가 쥐고 있는 것 같아요. 이것이 내가 인정하지 않고 도망 다녔던 느낌 파동입니다. 두려움으로부터, 분노로부터, 조급함으로부터 이 아픈 마음이 내 마음임을 인정해 보도록 합니다.

노여워했던 마음이 내 마음입니다. 분노했던 마음이 내 마음입니다. 조급하게 나를 달달 볶았던 마음이 내 마음입니다. 노여워했던 마음이 내 마음입니다. 내 마음에 스스로 수치를 주고, 열등한 존재로 자신을 무시하면서, 나를 학대하면서 아프게 느꼈던 이 마음이 내 마음임을 인정합니다. 이 아픈 마음이 내 마음임을 인정합니다.

　이 아픈 마음을 표현할 길이 없어 가슴속에 묻어두었습니다. 너무나 아팠습니다. 이 아픈 마음을 표현할 길이 없어 내 마음이 너무 아팠습니다.

　내면의 하늘이시어, 저의 아픈 마음을 치유하소서. 사랑으로 이 아픈 마음을 들어 올려주십시오. 이 아픈 마음을 느끼고, 이 아픈 마음이 내 마음임을 인정하고 받아들여, 이 아픈 마음이 나의 가슴속에서 녹아내릴 수 있도록 이 아픈 마음이 내 마음임을 인정합니다.

　내 마음이 힘들고 고통스러울 때 표현할 길이 없었던 이 마음을 하나님께, 내면의 하나님께 표현합니다. 저의 가슴을 사랑으로 치유하여 주심을 감사드립니다. 이 아픈 마음을 사랑으로 치유하여 주심을 감사합니다. 이 아픈 마음을 사랑으로 치유하여 주심을 감사드립니다.

　많은 세월 동안 상처받은 이 마음을 사랑의 빛으로 치유하여 주심을 감사드립니다. 내면의 하나님이시어, 이 상처받은 마음을 하나님께 맡깁니다. 내 마음에 부정이 들 때마다 내면의 하나님께서 선한 빛으로 내 안의 부정성을 바라볼 수 있도록 제 마음의 눈을 띄워 주심을 감사드립니다.

　이 아픈 마음이 내 마음임을 인정합니다. 이 아픈 마음이 내 마음임을 인정합니다. 이 아픈 노여움, 분노, 조급한 마음이 내 마음입니다. 노여움과 분노와 조급한 마음이 내 마음입니다.

　(자각선사) 머리에 두통이 느껴지나요? 뭔가 신호가 오나요?

(*상담자*) 네!

(*자각선사*) 이것은 그동안 노여움과 분노, 조급함 때문에 내 심장에서 감정화된 에너지들이 뇌에 영향을 주고, 시냅스에 얽힌 기억 정보가 활성화되면서 나타나는 현상입니다. 그동안 이렇게 스스로 쓰고 있던 부정적 감정을 거부하거나 인정하지 않았다는 말입니다. 인정을 하지 않으면 않을수록, 심장과 뇌의 시냅스에는 이러한 부정적 에너지장이 쌓이게 됩니다. 누적만 될 뿐, 분해와 청소가 되지 않기 때문에 당신이 결혼을 해서 아이를 낳으면 그 정보 에너지장이 그대로 자식에게 복제될 수 있습니다. 현대 생물학적으로 유전이 되는 것입니다. 이것이 기독교에서 말하는 원죄가 유전적으로 전해지는 이치입니다.

자! 다시 발성을 반복해 표현하고 따라 합니다.

분노와 조급함이 내 마음입니다. 저항했던 내 마음입니다. 노여움과 분노와 조급함으로 저항했던 내 마음입니다.

내면의 하늘 이시어, 내면의 하늘 이시어. 나의 노여움과 분노와 조급함을 마음의 눈으로 볼 수 있도록 저의 가슴을 확장해 주십시오. 마음의 눈으로 가슴을 확장할 수 있도록 저의 가슴을 사랑으로 인도하여 주십시오.

노여움과 분노와 조급함의 에너지장을 가슴으로 내려놓을 수 있도록 저의 가슴을 확장하여 주심을 감사드립니다. 저의 가슴을 사랑의 빛으로 확장하여 주심을 감사드립니다. 저의 가슴을 사랑의 빛으로 확장하여 주심을 감사드립니다. 저의 가슴을 사랑의 빛으로 확장하여 주심을 감사드립니다. (상대의 느낌이 전해올 때까지 반복)

저의 가슴을 두려움으로부터 사랑으로 보호하소서. 삶의 무게로 고통받은 저의 가슴을 사랑으로 인도하소서. 삶의 무게로 고통 받은 저의 가슴을 사랑으로 치유하소서. 관계로부터 상처받은 이 아픈 마음을 사랑으로 치유하소서.

사랑의 빛으로 제 가슴을 확장하여 주심을 감사드립니다. 사랑의 빛으로 제 가슴을 확장하여 주심을 감사드립니다. 사랑의 빛으로 제 가슴을 확장하여 주심을 감사드립니다. (상대의 느낌이 전해올 때까지 반복)

내면의 하나님이시어, 이 육신에 거하는 개별화된 영혼이 망각의 늪에서 깨어나 나 자신이 누구인지, 내 참된 영혼의 길을 찾을 수 있도록 저의 가슴을 치유하여 주십시오. 망각에서 이 아픈 마음을 일깨워, 자각으로 마음의 눈을 뜰 수 있도록 이 닫힌 마음을 열린 마음으로 가슴을 열 수 있도록, 이 닫힌 가슴을 활짝 열어 하나님의 품에 안길 수 있도록 닫힌 마음을 열어 주심을 감사드립니다.

사랑의 빛으로 저의 닫힌 마음을 치유하여 주심을 감사드립니다. 사랑의 빛으로 저의 닫힌 마음을 치유하여 주심을 감사드립니다. 사랑의 빛으로 저의 닫힌 마음을 치유하여 주심을 감사드립니다. (상대의 느낌이 전해올 때까지 반복)

하나님의 무한한 사랑으로 이 가슴을 열어 내면의 신성한 마음을 깨울 수 있도록 이 가슴을 사랑으로 치유하심을 감사드립니다.

　이 아픈 가슴을 사랑으로 치유하심을 감사드립니다. 이 아픈 마음을 사랑으로 치유하심을 감사드립니다. 이 아픈 마음을 사랑으로 치유하심을 감사드립니다. (상대의 느낌이 전해올 때까지 반복)

　내면의 하나님께 감사드립니다. 내면의 하나님께 감사드립니다. 내면의 하나님께 감사드립니다.

　코로 숨을 길게 들이쉬고, 다시 한번 호흡을 깊게 하시고, 한번 더 반복합니다. 이제 다시 한번 오라장을 확인해 보겠습니다.

　(자각선사) 좀 전과는 달리 오라장에 빨간색이 없어졌습니다. 파동 상태가 바뀌었기 때문입니다. 자율신경계와 중추신경계를 나타내는 부분이 녹색의 띠를 이루고 있습니다. 이 녹색 영역은 자기 자신을 바꾸고 치유의 힘이 개발될 때, 그리고 내면의 힘이 드러날 때 주로 나타납니다.

　또 하나 주목해야 할 점은 주황색 부분입니다. 한마디로 자신의 고집을 죽어도 내려놓지 못하는 똥고집을 의미합니다. 뜻대로 할 수 없으면 마음에서 투쟁이 일어납니다. 이로 인해 우울증이 오고, 문제의 발단은 주변을 통해서 일어나지만 자신이 그것을 소화하지 못하면서 끊임없이 자기가 스스로를 괴롭히는 양상입니다.

　그러면 좀 더 인정과 수용의 빛 수행을 통해 오라장이 어떻게 변화하는지 보도록 하죠. 자! 다시 한 번, 치유의 빛을 가슴으로 받아들인다는 느낌으로 발성을 따라 해 봅니다.

(자각선사) 고집부리는 마음이 내 마음임을 인정합니다.
고집부리는 마음이 내 마음임을 인정합니다.
고집부리는 마음이 내 마음임을 인정합니다.

자기 마음속을 들여다보면서 큰 소리로 따라 하시기 바랍니다. 전전두엽으로부터 나오는 파동에너지에서 내가 옳다는 주관성이 너무 강합니다. 고집 부리는 마음이 내 마음임을 진심을 다해 인정해 봅니다

(상담자) 고집부리는 내 마음이 내 마음임을 인정합니다.
고집부리는 내 마음이 내 마음임을 인정합니다.
고집부리는 내 마음이 내 마음임을 인정합니다.
고집부리는 내 마음이 내 마음임을 인정합니다.

(자각선사) 이제 당신의 인정하는 수용성이 가슴에서 느껴집니다. 다시 한 번 오라장을 측정해 보겠습니다.

자! 오라장이 이제까지 한 번도 나타난 적이 없는 녹색으로 변했습니다. 내가 고집을 인정하며 생각을 살짝 바꾸었을 뿐인데 이러한 오라장으로 변신했습니다. 인정하는 것이 얼마나 중요한지 생생하게 증명해 주는 사례입니다. 진정 인정할 때 가슴을 변화시키고, 가슴이 변

하면 뇌도 바뀌게 됩니다. 그러면서 전체적인 오라장이 다른 모습을 보입니다.

(상담자) *열심히 가르쳐 주신대로 집에서도 훈련을 하는데, 왜 계속 부정적인 오라장이 반복적으로 모습을 보일까요?*

(자각선사) 그만큼 내 안에 감정의 부정성, 고통체들이 누적되어 드러나는 것뿐입니다. 그것들이 올라오고 모습을 드러내야 놓을 수 있습니다. 정체가 탄로 나는 것이지요. 이전에는 인식 못했기에 볼 수 없었죠. 부모든, 종교에서든 그 누구도 이러한 실체와 대응법에 대해 설명해 주지 않았습니다. 모르기 때문입니다. 부모는 단지 살아온 방식대로 자신이 듣고 배웠던 대로 생각과 감정, 의지를 사용하여 자식에게 그대로 물려줄 뿐입니다.

내가 훈련에 따른 변화를 현대적인 장비를 동원해 보여주는 이유가 있습니다. 사람이 생각과 감정, 의지를 조절하는 능력에 따라 우리의 에너지 파동이 계속 바뀐다는 사실을 확신시키는 것입니다. 스스로 확신하게 되면 그 믿음이 훈련과 수행에 큰 진전을 가져다주게 됩니다.

인간의 에너지 파동은 계속 널뛰기를 하며 항상성을 유지하기 어렵습니다. 편한 마음으로 달라지는 내 모습을 인정해야 합니다. 에너지는 요동치는 실체임을 인정하는 것입니다. 생각과 감정, 의지는 에너지 입니다. 그러나 그것을 조율하는 것은 내 기분입니다. 기분이 나쁜 것 또한 인정해야 합니다.

모든 마음의 병은 내 자신을 인정하지 못해서 생기는 것입니다. 나 자신을 부정적으로 대하고, 스스로를 아파하는 존재로 인식하고, 스트레스를 가하고 피해의식을 만드는 장본인이 나라는 사실을 인정하는 것은 정말로 중요합니다.

진심으로 인정하고 수용하면 감정 에너지와 고통체가 설자리를 잃습니다. 내 마음임을 인정하게 될 때 나는 달라집니다, 그러나 인정하지 못하면 고통으로 사는 것입니다.

빛의 치유에서는 내면으로는 수용과 인정을 하고 외면적으로는 녹색 치유의 빛이 결합되어 치유를 배가 시켜 나갑니다. 자! 이제 내면의 하나님을 인정하고 진심으로 감사할 때 오라장에 어떤 변화를 일으키는지 확인해 보도록 합시다. 다시 한번 따라 해 보시기 바랍니다.

(자각선사) 사랑의 빛이시어, 제 가슴을 사랑으로 사랑으로 확장하여 주심을 감사드립니다.

사랑의 빛이시어, 제 가슴을 사랑의 빛으로 확장하여 주심을 감사드립니다.

내면의 하나님이시어, 제 가슴을 사랑의 빛으로 치유하여 주심을 감사드립니다.

사랑의 빛이시어, 사랑의 빛이시어 제 가슴을 사랑으로 치유하여 주심을 감사드립니다.

(자각선사) 신의 속성인 사랑과 빛의 본질인 하나님을 깊이 받아들

이고 감사할 때 이렇게 오라장이 변했습니다. 당신을 나타낸 고집의 상징 주황색이 하나님의 은총인 골드빛으로 탈바꿈했습니다. 그리고 치유의 상징인 밝은 녹색이 출현했습니다.

'내면의 하나님이시어, 사랑의 빛으로 저의 가슴을 치유하여 주심을 감사합니다'라는 이 한마디가 에너지장을 이렇게 바꾸어 놓았습니다. 이 짧고 단순한 발성 멘트가 사람을 살리고 자신의 인생도 바꾸어 놓을 수 있습니다. 어떤 말과 생각을 운용하느냐에 따라 빛의 공명이 달라짐을 명확히 보여주는 사례입니다.

15장 내면의 신성 깨우기

 이제 우리는 종교 지도자나 수행자, 영성인 등에 이르기까지 자신의 영적 진화와 완성을 위해 헌신해 온 사람들이 궁극적으로 도달하기를 원하는 주제에까지 이르렀다. 신성이나 불성, 본성 등 우리 안에 존재한다고 믿고 있는 이러한 궁극의 자리에 인간은 과연 어떻게 접근하고 그 문을 열 수 있을 것인가?
 이 책의 여러 파트들에서 다룬 자각과 빛, 고통체 해체를 위한 여러 수행 방편 등은 결국 자신의 신성을 찾기 위한 전제 조건이라 할 수 있다. 일련의 이러한 준비 과정을 통하여 충분한 조건을 갖추고 자신을 충실히 숙성시켜 나갔을 때라야 비로소 그 문을 두드릴 수 있다. 그만큼 녹녹치 않지만 그렇다고 도달할 수 없는 난공불락의 불가능한 대상 또한 아니다. 누구에게나 길은 열려있다, 다만 제대로 된 길을 모를 뿐이다. 현대라는 시대적인 환경에 맞는 또, 나에게 적합한 방편을 찾지 못했기 때문이다.

나를 찾아오는 사람들은 대략 두 부류로 나뉜다. 치유를 위한 힐링을 목적으로 오는 사람들이나, 오롯이 영적인 목마름에 이곳저곳을 찾아 헤매다 시절의 때를 만나 나와 인연을 맺은 그런 분들이다. 그러나 요즘의 각박한 시대를 반영하듯이 7:3 정도의 비율로 힐링을 위해 이곳을 찾는 사람들이 더 많은 현실이다. 주로 몸을 치유하고 다양한 난치성 질환을 개선하기 위해서이다.

그러나 한가지 긍정적인 측면은 힐링을 위해 이곳과 인연을 맺었던 사람 중 20~30% 정도가 진정한 자신을 찾기 위해 수행의 길로 접어든다는 사실이다. 현재 자각선원에는 치유의 목적 외에 전국적으로 약 100명에 가까운 회원들이 진실한 영적 진화와 성장을 위해 수행에 전념하고 있다. 이들의 특징은 수행과 삶이 별개가 아닌 불이(不二)의 생활 속 수행, 현존의 수행을 하고 있다는 점이다. 그리고 이 장에서 설명할 내면의 신을 깨우기 위한 수행에 본격적으로 전념하고 있는 규모는 10명 내외 정도에 이른다.

이곳에 치유를 목적으로 온 사람 중 증상이 개선되고 가슴까지 열려 수용성이 높아진 일부는 자신이 안고 있던 고통을 더 이상 고통이 아닌 삶에서 성장을 위한 촉매제로 바라보기 시작한다는 점이다. 반면, 많은 경우는 자신의 고통이 개선되면 그 상태에 머무르려는 성향과 관성이 강하다. 내 아픈 몸이 개선되고 지금 당장의 어려운 문제가 어느 정도 해결되면 안주하기를 원한다. 이러한 분들의 특징은 가슴의 개방성이나 확장에 어려움과 한계를 겪는다. 그러나 이 또한 자신의 영혼이 선택한 영적 수준의 여정일 뿐이다.

그렇다면 영혼의 선택은 고정불변으로 불가항력적일까? 아니다, 신은 우리에게 신성을 부여하고 자유의지를 선물했다. 영혼이 선택한 이 물질세계의 다양한 경험 대상은 그 경험을 통해 승화를 이루라는 의미가 숨어있다. 경험을 경험으로 끝내는 것이 아닌, 그 경험이 가져다주는 진정한 의미를 간파해서 넘어서라는 안내인 것이다. 영혼이 선택한 이번 삶에서의 설계도인 경험이나 체험 또한 선택 사항이고 우리가 마주해야 할 소중한 대상이다

이번 장의 주제인 내 안의 신 깨우기 수행에 참여하고 있는 현재의 회원들은 곧 설명할 4단계의 수행 과정 중 2단계인 중간 수준 정도에 도달해 있다. 생각 뒤의 생각을 알아차리며 자각을 자각하는 상태이다. 이 과정에서 선명한 내면의 빛을 관조하고 집중도는 매우 깊어지게 된다.

인간의 메커니즘은 생각 뒤에 반응을 일으킨다. 주로 부정적인 생각과 그에 따른 감정이 수반된다. 하나의 생각이 연이은 생각과 감정을 이끌어낸다. 그러나 생각 뒤의 반응은 과거 습의 관성을 따르기 때문에, 생각 뒤에 이르는 반응을 지켜보고 관찰할 수 있는 능력을 개발하는 것은 깊은 수행으로 들어가는 절대적 명제라고 할 수 있다.

생각 뒤에 일어나는 생각과 감정을 알아차리게 되면 분리와 통제가 가능해진다. 찰나의 순간에 그 생각 뒤의 반응을 지켜보기 때문에 부정적 감정의 발현이 힘을 잃게 된다. 생각에 이어 부정적인 생각을 떠올리면서 부정적인 감정이 결합된 인간의 노여움과 서러움, 두려움 등은

동력을 점차 상실하게 된다. 그렇게 되면 감정의 노예로부터 벗어나 더 이상의 고통체를 쌓을 일도 적어지고 감정으로 인한 합성과 공명 작용으로부터 자유로워질 수 있다.

그러나 생각 뒤의 찰나적 반응과 분리를 지켜보고 인식하는 수준의 회원들이라 할지라도, 내면의 신성 깨우기 4단계를 거치며 그 반응하는 주체가 사라지는 정도로까지 발전을 해야 한다.

대부분의 사람들은 부정적인 감정과 생각이 자기도 모르게 공명 반응을 하기 때문에 이러한 부정적인 에너지를 계속 공유하며 합성해 나간다. 나의 부정성이 상대방의 부정성인 노여움과 근심, 걱정, 불안, 초조, 우울, 좌절, 절망과 같은 에너지를 함께 나누며 공유하는 것이다. 소위 불가에서 말하는 업장의 에너지가 쌓이기만 할 뿐 해소나 분해될 틈이 없이 눈덩이 굴러가듯 커져만 갈 뿐이다.

우리가 그토록 만나고자 하는 내면의 신, 내 안의 신성을 깨우기 위한 수행법은 크게 4단계로 나누어진다. 아직도 자신의 존재를 끊임없이 주장하는 에고 내려놓기를 첫 시작으로, 내면 관찰을 통해 자각을 깊이 하면서 영혼의 빛을 강화하는 2단계 수행. 3단계에서는 뇌와 심장을 통합하여 고귀한 인식구조로 재편하게 되며, 마지막으로 4단계에서는 상단전 중단전 하단전을 정렬해 하나로 통합하게 된다. 영언 수련이나 가슴열기, 빛치유 등을 통해 자신이 준비되고 수행이 깊어지면 서서히 내 안의 신을 찾는 수행으로 전환된다.

1단계: 준비 단계, 에고의 부정적 파동 내려놓기

1단계는 마음에서 에고와 집착을 내려놓는 수행이다. 인간에게 가장 크게 작용하는 5가지의 감정 에너지와 생각 에너지를 내려놓는 것을 주안점으로 둔다. 우리의 세포 깊숙이 뿌리를 내리고 있는 노여움, 부러움, 서러움, 두려움, 사랑으로부터 파생된 일종의 백팔번뇌라는 업식을 내려놓는 과정이다. 좀 더 구체적으로는 일반 불가에서 하는 절을 108배 하면서 자신이 쌓아온 감정의 에너지를 내려놓는 방법이다.

먼저 소리를 내어 '나는 내 마음에서 노여움을 내려놓습니다' 하며 1배를 한다. 2배와 함께, 나는 내 마음에서 서러움을 내려놓습니다'를 반복한다. 이렇게 5배를 한 주기로 노여움과 서러움, 두려움, 부러움, 소유욕 적인 사랑 등 대표적인 왜곡된 감정들을 내려놓는다.

속으로 암송하는 방법도 있지만 각성의 효과를 위해서는 발성을 하는 것이 좋다. 특히, 잡념을 줄일 수 있고 파동을 통해 느낌을 가슴 깊이 새길 수 있다. 다만, 발성과 절을 동시에 할 경우 자연스럽게 둘 간의 리듬을 맞추기가 쉽지 않다. 그 때문에 먼저 발성 후 절을 하는 순서를 추천한다. 가장 중요한 포인트는 말과 절을 함에 있어 그 감정을 진심으로 내려놓는다는 가슴의 느낌으로 실천해야 한다.

절 수행은 하심은 물론, 자기 마음속에 축적된 감정적 에너지를 의도적으로 발산시키는 효과가 있다. 동시에 육체적으로는 온몸의 에너지가 순조롭게 유통될 수 있도록 개혈을 촉진한다. 개혈과 가슴으로 공명하는 부정적 감정의 발산은 경락과 차크라를 활성화 시킨다. 이는 우리의 진동 주파수를 높여주면서 우주의 에너지장이나 근원의 빛의 수용성을 확장시켜 준다.

이렇게 몸을 굴신하면서 말로는 진실한 고백을 실행하는 108배를 천천히 하게 되면 약 30~40분 정도가 소요된다. 이후 절을 마치고는 잠시 호흡을 고른 후에 편안하게 좌정을 시켜 2단계 수행을 준비한다. 1단계는 준비운동과 같은 성격으로 내면의 신 깨우기 수행 시 도입 부분에 시작하여 항상 반복된다.

2단계: 자각과 함께 영혼의 빛 강화하기- 자각의 심화

2단계는 말이 갖는 파동력의 일종인 반복 주문(呪文)을 알아차림 관찰 수행과 결합한 형태라고 할 수 있다. 음성 파동의 에너지가 뇌로 전달이 되고 자각이 깊어지게 되면, 잠재 에너지가 증폭되면서 서서히 내면의 빛이 드러나게 된다. 이와 함께 생각과 감정, 의지의 분리 현상이 나타난다.

좌정 상태에서 우선 척추를 바로 세우고 편안한 마음을 갖도록 한다. 척추의 중추 신경계가 바로 서 있는 것을 의식적으로 관찰하면서 상단전과 중단전, 하단전을 내면으로 동시에 가볍게 응시한다. 이번 단계의 수련은 생각과 감정, 의지를 섬세하게 자각하는 과정이기 때문에 생각과 감정, 의지의 발현과 밀접한 상-중-하 단전을 의식하며 시동을 거는 것이다.

이제 본격적으로 말의 파동을 의식하면서 "나는 생각 뒤에 반응하는 부정적인 생각과 감정을 자각합니다"를 반복한다. 천천히 만트라와 같은 주문을 반복하는 중에 무슨 생각이 떠오르고 생각을 얼마나 잘 바꾸는지를 자각해 나간다. "나는 생각 뒤에 반응하는 부정적인 생각과 감정을 자각합니다. 나는 생각 뒤에 반응하는 부정적인 생각과 감정을 자각합니다"를 계속 반복하며 자각의 깊이와 세밀함을 키워간다. 발성의 효과는 자신이 무슨 생각을 하는지를 더욱더 깊고 심도 있게 관찰할 수 있다는 장점이 있다.

우리는 생각 뒤에 늘 반응한다. 그러나 부정적인 생각인지, 긍정적인 생각인지 판단할 겨를도 없이 생각은 순식간에 흘러간다. 부정적인 생각이 한 번 생하게 되면, 뒤를 이어 부정적인 생각들이 계속 꼬리를 물고 끌려오게 된다. 이것은 부정적인 생각이 유사한 에너지와 공명하는 것으로 부정성이 일종의 관심과 주의를 끌면서 합성되는 현상이다.

그렇지만 계속되는 연습을 통해 생각 뒤의 반응을 인식하다 보면, 생각과 감정의 흐름이 윤곽을 서서히 드러내기 시작한다. 찰나의 생각들을 명확히 볼 수 있으면 부정성이 관심과 주의를 끄는 현상이 사라진다. 자신이 얼마나 노여움이나 서러움, 근심 걱정, 불안과 초조, 우울, 좌절, 실망, 절망 등과 같은 감정의 파노라마 속에서 파동 치며 살아왔는지 그 민낯을 드러내게 된다. 그럼으로써 오욕칠정이라는 인간의 자연스러운 본능과 감정을 지나치게 억누르거나 과도하게 표출해 왔는지를 살피고 스스로 컨트롤할 수 있는 능력을 배양할 수 있게 된다. 그러면 이 순간 깨어 있게 된다.

2단계 수행법은 이런 방법으로 생각과 감정을 분리하는 능력을 정성스럽게 100일 동안 하면서 계속 반복한다. 이 수행의 목적은 생각 뒤에 반응하는 생각과 감정을 분리하여, 자신의 관찰자라는 내면의식에 하나님의 성스러운 관찰자의 눈을 뜨게 함으로써 제3의 영적인 눈을 각성시키는 것을 목적으로 수행한다고 할 수 있다.

'나는 생각 뒤에 반응하는 부정적인 생각과 감정을 자각합니다. 나는 생각 뒤에 반응하는 부정적인 생각과 감정을 자각합니다' 이 만트라 주문을 계속하면 음성과 상념의 파동이 인당과 송과체를 자극하면서 태양혈이 찡 울린다든지, 압력감이 가중된다. 이마 안쪽으로는 손오공의 띠처럼 에너지장이 강하게 형성되고 제3의 눈이 자극되는 효과가 아주 강하게 나타난다. 이렇게 되면 내면의 힘이 커지면서 눈앞에 파란빛이 보이는 것을 시각화할 수 있고 실제로 자기 눈에 파란빛이 보이게 된다. 대부분 처음에는 엷은 빛이 보였다 사라지기를 반복 한다. 계속 나타나 있는 경우는 드물다. 이때 내 마음의 집중도와 내 내면의 하나님이 활성화되는 정도에 따라서, 신성이 드러나는 강도에 따라서 인당이 아주 강하게 조여 오면서 제3의 눈에서 숨 쉬는 것처럼 맥박이 뛰는 것과 같은 현상도 나타난다.

이런 현상은 송과체와 중추 신경계가 자극되면서 나타나는 증상과 특징이라고 할 수 있다. '나는 생각 뒤에 반응하는 부정적인 생각과 감정을 자각한다'는 만트라에서는 내 안의 신성을 보겠다는 나에게서 비롯된 의지를 자각하는 것이 가장 중요하다. 자유 의지를 가지고 내가 스스로 신 앞에 다가간다는 내면의 신성한 의지가 잘 드러내는 멘트이기 때문에 자의지적인 자각인 것이다.

2단계 수행이 점차 익숙해지면 20~30분, 길게는 40분 정도 지나 서서히 빛을 보기 시작한다. 처음에는 희미하던 것이 시간이 지남에 따라 명확함과 지속 시간이 길어지게 된다. 빛은 주로 파랑색과 남색에 이르는 파장대를 갖는다. 빛의 지속성이 유지되면 빛에 빠져들게 되고 집중력 또한 높아진다. 집중을 통한 빛과의 동조는 또 송과체의 각성을 유도하고, 가슴(심장)과의 연결성이 감지되면서 점차 강화되기 시작함을 느낄 수 있다. 남방의 한 유명한 근본불교 수행센터에서는 알아차림과 관찰 수행 도중 빛에 집중하지 말 것을 권고한다. 알아차림의 힘이 분산되면서 집중력 저하를 우려해서이다. 그러나 자각선원 수행에서는 자각을 통해 빛을 강화하고, 빛을 통해 집중력의 힘을 길러 가슴과의 연결을 촉진시킨다.

자각과 느낌과의 관계에 대한 이해를 좀 더 돕기 위해, 바나나라는 과일을 생각해 보자. 지금은 누구나 바나나를 잘 알고 맛 또한 생생하게 느낄 수 있다. 그러나 불과 몇십 년 전까지만 해도 바나나라는 과일은 부유한 일부 계층만이 맛볼 수 있는 희귀한 과일이었다. 바나나 맛을 보지 못한 사람에게 그 맛을 상세하게 설명을 해준다 해도, 머리로 이해하고 생각으로 상상해 볼 수 있을 뿐이다. 그러나 비로소 바나나 맛을 체험해 본다면 온몸과 감각, 존재로 그 느낌을 기억하며 자각이 완성된 것이다.

2단계의 수행 목표에만 도달해도 심신이라는 측면에서 가시적인 효과들을 기대할 수 있다. 몸의 불필요한 긴장 상태나 에너지 고갈의 원인이 되는 지나친 활성도는 떨어지게 되고 반면, 마음의 안정도는 높아진다. 평정심이 발현되면서 뇌파는 알파파나 더욱 깊은 세타파 형태를 보이기도 한다. 이런 상태는 상대적으로 내면 영혼이 활성화되기 쉬운 조건이라고 할 수 있다. 또, 생각과 감정, 의지라는 인간의 특성이 조화롭게 통일성을 유지하기 시작한다.

이 단계의 수련을 계속하면서 자신의 변화에 스스로 놀라움을 표현하는 회원들이 많다. 차분해지고 감정 제어가 잘되어 이전과 같이 쉽게 흥분하지 않는다는 아주 사소한 사례에서부터, 성욕과 수면욕이 현저하게 띄게 줄어들고 생각이 단순 명료해지면서 번뇌 망상으로부터 자유로워졌다고 이야기하기도 한다.

지방의 한 회원은 수십 년간 자신을 지배해 온 부정적인 감정으로부터 어느 순간 거짓과도 같은 해방을 맞보기도 했다. 그녀는 평소 노여움이 매우 심해 분노 조절이 어려운 상태였다. 자각선원과 인연을 맺기 전에는 절에 다니며 불교 수행을 주로 하던 분이었는데, 급작스런 분노의 감정 때문에 스님과는 물론, 여성 신도들과도 트러블이 많았다. 입으로는 상스런 욕과 험한 말이 스스럼없이 튀어나오는 노여움의 결정체라고 할 수 있었다.

그녀가 2단계 수행을 6개월 정도 꾸준히 해오던 무렵이었다. 한번은 수행 도중 갑자기 엄청난 울음을 터트리며 가슴을 쥐어짜는 고통을 호소했다. 자각을 통해 빛을 심화시키는 수련을 하는 도중, 그 회원은 심장에서 불같은 노여움과 분노의 원인이 되었던 과거 전생의 느낌을 생생하게 경험했다. 그녀는 그 감정에 동화되어 30~40분간을 대성통곡하면서 가슴 안에서 불덩이 같은 무엇인가가 쑥 빠져나가는 체험을 했다. 이때 눈을 감고 있었는데 보라색 에너지가 인당에서 가슴으로 쑥 내려왔다고 증언했다. 그러고 나서는 그날 집에서 꿈을 꾸었는데, 여물을 먹이던 소가 황금 소로 변하는 그런 선몽 이었다. 기분도 무엇이라고 표현하기 어렵지만 묘한 느낌이 들며 매우 좋았다고 한다.

그날 이후 그녀는 자신도 모르게 감정적 변화가 일어나 있었다. 가끔씩 다니던 절에 가곤 했는데, 평소 같으면 싸우고 욕할 상황이 벌어졌는데도 아무렇지도 않게 태연히 넘어가더라는 것이 함께 수행하는 남편의 증언이었다. 분명히 뭔가 감정적인 한마디가 튀어나오고, 불편한 상황이 연출되었어야 했는데 감정의 분출 없이 불안한 상황이 종료되었다. 신기하게도 분노나 극적인 감정 표출이 없어졌다는 것이다.

예로든 사례는 2단계 수행과 함께 빛이라는 지혜의 동력이 드러나 감정을 바라보는 내면의 힘이 커지면서 자기 감정을 컨트롤하는 능력이 증대된 경우이다. 부정적으로 증폭된 감정의 에너지가 해소되고 내면에 대한 통찰력, 성찰 능력이 개발되었기 때문에 그러한 부수적인 효과가 생길 수 있는 것이다. 수련의 깊이가 깊어질수록, 자신의 생각 뒤에 반응하는 감정을 컨트롤하는 힘이 커진다. 감정 통제를 잘한다는 것은 생각을 잘 본다는 간접증거다. 그 틈의 생각을 보지 못하면 온갖 감정이 쏜살같이 올라올 수밖에 없다. 그러면 인간은 분노를 쓰고 두려움, 서러움, 집착 등 감정의 노예가 될 수밖에 없다.

그러나 내 안의 신을 깨우는 과정에 있는 수련생들이나 회원들에게 고통체가 모두 분해되었거나 더 이상 배출하지 않는다는 의미는 아니다. 간혹 방문자나 초기 수행 단계에 있는 회원들로부터 질문을 받곤 한다. 그동안 빛의 치유나 여러 사전 단계의 수련 통해 심한 고통체들을 많이 배출했는데, 또 무슨 고통체들을 쏟아낼 여지가 있느냐는 의문이다. 그렇지만 우리가 그토록 많은 삶을 반복하며 의식적, 무의식적으로 쌓아온 고통체의 뿌리와 환경들을 생각한다면 조금은 이해가 될 듯싶다. 양파의 껍질을 벗기듯 새롭게 나타나는 고통체들을 마주하며 나 또한 신에게 그 끝이 어디인지를 절실하게 묻곤 했다. 분명한 것은 빛의 치유 과정과 또 다른 방편을 통해 회원들은 현재 자신에게 가장 큰 짐을 안겨주었던 고통체의 많은 부분을 덜어냈다는 사실은 변함이 없다. 우리는 언제 어떤 순간, 어떤 수행을 통해 또 다른 고통체를 마주할지 모른다. 이는 또 다른 축복이다. 드러나야 해소할 수 있고, 고통체를 정화할수록 인간은 더욱 진화하게 되기 때문이다.

3단계: 심장과 뇌 연동- 내면의 빛으로 시냅스 정화

2단계 수행에 제대로 도달했는지의 여부는 자각의 깊이와 명료한 빛의 출현이다. 2단계 수행에 들어가 10분~20분 만에 이 상태에 쉽게 진입할 수 있어야 한다. 집중력이 깊어지며 찰나의 순간에 바뀌는 생각을 알아차리는 것은 기본이다. 또 한 생각을 이어 나타나는 생각과 그 생각에서 비롯된 감정을 분리함으로써 생각에 이끌려 가지 않는 통찰력과 지혜의 힘이 생겨야 한다. 이는 비단 수행 중일 때만이 아니라, 일상 생활에서도 수월하게 현존의 상태를 유지하고 그 상태로 되돌아와야 한다. 이와 함께 자각하는 주시자와 관찰자 수준을 넘어 자각을 자각하는 제2의 관찰자가 드러나 있어야 한다. 자각이 더욱 깊어지고 발전하면 3의 관찰자, 4의 관찰자가 나타난다.

내면의 빛은 명료한 파란색이나 남색으로 나타났다 사라지기를 반복하다 어느 순간에는 시야에서 사라지지 않고 일정 시간 동안 빛을 유지하게 된다. 이 현상은 에너지가 고양되어 송과체를 활성화함으로써 비물질적인 빛을 보는 힘이 강화된 것이다. 신성의 빛의 일종인 자신의 내면의 빛을 본 상태라고 할 수 있다. 이 수준에서는 심장과의 연결을 느끼는 것이 중요하다. 심장과 뇌가 연동되어 자신에 대한 명료함과 확신 즉, 영혼의 목적의식과 내가 누구인지에 대한 인식이 깊어지면 다음 단계로 전환될 준비가 된 것이다.

수행 중 이러한 조건이 갖추어지면 동일한 시공간에서 수련생과 내가 함께 에너지장을 공유하고 있기 때문에 내가 먼저 상대의 상태를 인지할 수 있게 된다. 그러면 수련생들의 확인 과정을 거쳐 다음 단계 수행으로 유도한다. 이때는 물론 선원에서 회원들과 수행 할 경우이고, 개인 각자가 수행할 때는 스스로 판단해 다음 단계로 나아가게 된다.

보통 함께 모여 수행을 할 때는 다른 회원의 방해를 받지 않도록, 내면의 시야에서 뚜렷한 파란빛이나 남색 빛과 가슴과 뇌가 연동된 느낌을 유지한 사람은 고개를 좌우로 흔들도록 한다. 그리고 내면의 시야를 응시한 상태에서 천천히 일어나 선 자세를 유지하게 함으로써 3단계 수행으로 전환한다.

3단계 수행은 가슴을 더욱 확장하고 뇌와 가슴을 통합하는 방편들로 구성된다. 가슴과 뇌가 통합되면 내면의 중심이 잡혀 조화로움이 발현된다. 또 가슴을 깨우면 깨울수록 영혼 의식이 명확하게 드러나게 된다. 이 영혼이야말로 내 안의 개체화된 신성이다.

3단계 수행의 시작은 입식 자세에서 시작된다. 자신을 중심으로 백회 7 차크라는 우주의 에너지장을, 회음 1 차크라는 대지의 에너지장을 일직선으로 연결해 삼위일체의 에너지 순환구조를 형성한다. 1, 2 단계와 마찬가지로 3단계에서도 말의 파동을 도입한다.

이때 내가 가장 애용하는 '사랑의 빛으로 제 가슴을 확장하여 주심을 감사드립니다'라는 파동 멘트를 통해 우주의 사랑의 빛을 내 가슴과 연결하도록 한다. 그리고 그 사랑의 에너지를 내면에서 밖으로 아낌없이 펼쳐내도록 하면 몸에서 저절로 에너지의 흐름을 타고 아주 미세한 율려 동작이 나오게 된다.

1, 2단계의 상태를 완성한 수행자는 천인지 삼합의 에너지 정렬 단계에서 자연스럽게 몸에서 율려 반응이 나타난다. 율려 반응은 기공 수련에서 이야기하는 자발공과는 분명한 차이가 있다. 자발공은 경락계의 막힌 에너지의 통로를 뚫으며 나타나는 치유 성격의 몸동작이라 할 수 있다. 반면, 율려는 천지인의 에너지장이 조화롭게 일체화된 상태에서 에너지의 흐름이 자연스럽게 나타나며 춤을 추듯 천천히 미세한 몸의 움직임이 나타난다. 섬세한 춤 동작과 같은 흐름이 이어지며 여러 수인법들이 자연스럽게 발현된다. 수인법은 그 자체로 에너지장을 형성하며 주로 차크라를 조율하고 확장시키는 효과가 있다. 사람마다

차이가 있지만 하나의 수인 동작으로 1~3분가량을 유지하면서 차크라를 오가는 경우가 많다.

　하늘과 사람과 땅의 에너지가 조화를 이루며 율려 동작이 나오는 수련생은 자연스럽게 그 흐름에 자신을 맡기면서 차크라의 에너지장을 느껴본다. 간혹 자신의 차크라에서 정체 현상을 느끼거나 활성화가 부족한 상태라고 판단되면, 의식을 제1차크라에서 시작해 상위 차크라까지 이동해 가며 율려 수인을 유도한다. 그러나 보통 3단계에 이른 수행자들은 가슴 확장을 유도하는 파동 멘트에 따라 4차크라가 반응하고 때론, 가슴이 활처럼 점점 확장되면서 젖혀지는 동작을 하게 된다. '가슴, 가슴, 가슴을 사랑의 빛으로 확장함을 감사드립니다. 가슴을 사랑의 빛으로 확장함을 감사드립니다. 가슴을 사랑의 빛으로 확장함을 감사드립니다'. 이 파동음에 반응하는 4차크라, 사랑 차크라의 확장을 내면의 느낌을 깨워 바라본다.

　파동 멘트의 장점은 의식의 수준을 반영하여 의식의 질량에 따른 파동을 공명시킨다는 것이다. 이는 상태의 전이와 함께 비물질의 빛을 끌어오는 효과를 발휘한다. "내면의 신성이시여! 저의 가슴을 사랑의 빛으로 확장하여 주심을 감사드립니다. 이 사랑의 빛이 상단전 속으로 흘러가, 과거의 한과 집착이라는 왜곡된 마음 파동으로 시냅스에 연결된 에너지장을 풀어주십시오"라고 유도하는 파동음은 상대방의 에너지장과 내 에너지장을 아주 깊숙이 결속시킴과 동시에, 비물질의 빛이 발현되어 의도한 효과를 가져오게 된다.

　우리의 뇌 속에는 수많은 과거로부터 축적된 기억의 시냅스 연결망이 촘촘히 형성되어 있다. 이는 뇌의 의식이 형성한 정보 에너지장의 일종이다. 이 정보장은 두려움으로 대표되는 사랑의 이원성에 민감하게 반응한다. 이 두려움에 길들여진 시냅스의 에너지장을 사랑으로 가슴과 긴밀히 연결시켜야 한다. 우리 뇌에 자리 잡은 왜곡된 부정성의 에너지장을 가슴과 연결해 사랑의 파동을 공명시켜야만 부정성이 정화될 수 있다.

이를 위해 뇌(상단전 6차크라)와 가슴(4차크라)을 깊이 연결해 느껴본다. 가슴으로부터 파동치는 사랑의 에너지장을 느낌과 함께 뇌와 연결하여 세포 하나하나를 비물질적인 사랑의 빛 에너지로 정화해 나간다. 세포 하나하나가 빛의 축복을 받아 정화되어 가는 것을 생생한 느낌으로 받아들여야 한다. 느낌의 정도가 창조의 수준이기 때문이다. 그러면서는 가슴과 뇌를 하나로 통합해 더욱 긴밀히 연결한다. 가슴과 뇌의 시냅스 에너지장을 깊이 연결하면서, 내면의 눈을 밝혀 세포 하나하나의 왜곡된 시냅스 정보장을 가슴의 본질인 사랑의 빛으로 풀어준다는 느낌으로 가시화하여 나간다. 세포 하나하나에 얽힌 시냅스를 빛으로, 빛으로 공명시켜 정화한다.

가슴과 뇌가 하나로 통합되어 연결될 때는 심장이 확장되면서 흉곽이 벌어지는 느낌이 들게 된다. 그 느낌은 머릿속 전체로 올라가 마치 숨을 쉬는 것처럼 뇌가 커졌다 작아지기를 반복하는 파동감으로 느껴지기도 한다.

뇌와 가슴의 통합은 서로 상승작용을 일으켜 가슴을 더욱 확장시키고 뇌의 부정적인 에너지장에 대한 정화를 가속화 한다. 그럼으로써 긍정적인 우주심을 불러일으키고 조화로운 생각, 고귀한 생각으로 상태 변이를 촉진한다.

3단계에서는 인식 구조의 변화도 큰 변화 중 하나라고 할 수 있다. 생과 사, 욕망과 탐욕과 같은 본능적 집착이 중심을 잡아가기 시작하는 것이다. 또, 부정적인 생각보다는 창의적이고 고귀한 생각을 하면서 자기 자신을 고귀한 존재로 인식하는 성향이 발달하게 된다.

가슴과 뇌가 통합되며 일어나는 뇌와 가슴의 반응을 지켜보면서 스스로 다음과 같은 파동음을 반복적으로 발성하여 본다. 관성적으로 왜곡하여 받아들여 온 무지를 가슴 깊이 인정하는 것이다.

"이 육신으로 살아오면서 내가 느꼈던 삶과 죽음에 대한 두려움이 내 마음임을 받아들입니다. 삶과 죽음에 대한 두려움이 내 마음입니다. 삶과 죽음에 대한 두려움이 내 마음입니다. 이제 마음에서 올라오는 이 육신으로 살아오면서 느꼈던 두려움, 생존에 대한 두려움, 육신이 사라지면서 소멸하면서 느꼈던 죽음에 대한 두려움을 내가 어떻게 무의식적으로 저항했는지를 느껴 봅니다. 삶과 죽음에 대한 두려움을 내려놓습니다. 삶과 죽음에 대한 두려움을 내려놓습니다. 삶과 죽음에 대한 두려움을 내려놓습니다. 삶과 죽음에 대한 두려움을 내려놓습니다"를 반복하며 그 느낌을 받아들여 보자.

이 과정에서 심연에 깔린 두려움이 올라오며 공명감에 흐느낄 수도 있다. 또는 과거의 쓰라린 기억이 떠올라 감정이 북받치기도 한다. 감정이 올라올 때는 저항하지 말고 충분히 열린 마음으로 감정을 느끼고 표현하면 된다.

이제 나 자신이 누구인가를 아주 깊이 반문해 본다. 나는 누구인가 자문자답해 보라! 나는 누구인가? 나의 진정한 나는 누구인가? 나 자신에게 물어보자!

"두려움에 떨고 길들여진 내가 진짜인가? 너무나 아파하며 삶의 무게로 고통받고 있는 이 모습이 진짜 나인가? 진정한 참모습을 찾고 싶어 수많은 생애 동안 두려움으로 쫓기면서도 내가 누구인지를 알기 위해 그렇게 애쓰며 깨달음을 갈망하는 그 마음이 누구인가?"를 자신에게 지속적으로 반문하여 본다.

나는 누구인가? 나는 누구인가? 반복되는 자문자답 속에 내면의 신성이 서서히 아주 깊은 잠에서 깨어나게 됨을 느끼게 된다. 깨어남의 과정에서 몸의 변화로는 중추 신경계가 깊숙이 자극되면서 빛의 기둥이 상단전, 중단전, 하단전을 오르락내리락하는 현상이 나타난다. 이것은 단지 상상이 아닌 영적으로 각성된 사람에게 내면의 시야에 나타나는 주관적 경험이다.

빛의 기둥이 상하로 왕복할 때 몸의 에너지장은 호흡에 맞춰 팽창과 수축을 반복하는 느낌을 받는다. 이때조차도 내 몸을, 내 마음을 바라보며 나는 누구인가를 속으로 계속 참구해 나간다. 자신에 대한 참구는 내면의 성찰력을 키우고, 내면세계가 커지면 커질수록 잠재된 두려움과 수많은 삶에서 상처 받았던 한과 집착의 앙금을 내려 놓기가 수월해진다. 이러한 감정적인 앙금이 해소되면서는 두려움이 뿌리를 잃게 되고, 우주적인 사랑의 핵심이 내 가슴 속에 있음을 명확히 알 수 있도록 신성의 눈이 떠지게 된다.

3단계가 점점 깊어지면서 하라선이라는 특정 동작이 자연스럽게 연출된다. 3단계 시작의 준비 자세가 우주와 나, 지구를 하나로 잇는 에너지장을 의도적으로 형성하는 것이었다면, 마무리 단계는 자연스럽게 하라선이라는 에너지장 조율 상태로 들어간다. 하라선은 내 몸의 상-중-하 단전을 통해 지구 에너지장과 우주 에너지장이 일직선으로 연결되는 상태를 말한다. 하라선에서는 특이한 수인이 나타나는데, 오른손은 영혼의 자리 가슴에 위치하고, 왼손은 단전에 수직으로 단전의 기운을 향하게 된다.

이때 천지인의 에너지장이 조화롭게 일직선을 이루고, 하라선의 영혼의 자리와 하단전이 아주 깊숙이 연결된다. 이 과정에서 내 영혼의 목적의식이 드러나기 시작한다. 나는 육신을 가지고 무엇을 하려 하는가, 이 육신을 가지고 이루어 보고 싶은 마음의 중심이 확고하게 자리 잡게 된다.

또, 내 마음속에는 '내가 누구인지'라는 존재성이 이제 명확히 그려진다. 이때는 무의식이, 표면의식이, 초의식이 내 몸을 통해서 아주 깊은 발현을 한다. 초의식이 중심이며 초의식이 자리 잡을 때 영혼의 목적 의식은 분명해진다. 이 상태에서 내 안에 영혼의 목적 의식을 아주 명확히 각인하고 느껴보도록 한다. 충분히 내 몸에서 에너지가 소용돌이치는 것을 느끼며 마음의 중심을 잡는다. 마음의 중심, 마음의 중심, 중심 잡는 마음으로 아주 깊은 명상 상태로 들어간다.

선정에 깊어진 수행자들은 이제 4단계 내면의 신성과 합일을 할 수 있도록 깊은 호흡 속으로 들어간다.

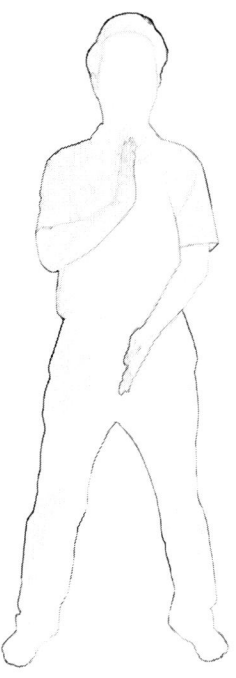

(그림 하라선 자세) 하라선은 몸의 상-중-하단전과 지구와 우주의 에너지장이 일직선으로 조율되면서 자연스럽게 나타난다. 이때 오른손은 가슴에서 위쪽을, 왼손은 단전에서 지구 에너지장을 향하게 된다.

3단계의 완성에 이르게 되면 존재의 가장 큰 두려움인 죽음과 목숨에 대한 집착심이 고귀한 변성을 일으키게 된다. 당장 죽어도 두렵지 않다는 용기가 존재의 상태를 이루며, 하나님 신성과 내가 하나 되고자 하는 열망 외 다른 생각은 끼어들기 어렵다. 아쉽게도 수련생 중 아직 이 단계를 통과한 회원은 없다. 3단계 수행에 깊어지면서 중간중간 이에 근접한 상태에 도달하기도 하지만, 그것은 수련 중의 선정력일 뿐이다. 다시 현실의 평정심으로 돌아왔을 때 두려움의 뿌리가 아직도 자신의 존재감을 드러내고 있어 아쉬움을 자아낸다.

4단계: 내면의 신성과 합일

천천히 의도적이지 않은 깊은 호흡을 자연스럽게 이어간다. 이때 백회로부터 비물질의 빛인 우주의 에너지장이 깊숙이 스며들어 오는 듯한 느낌을 받는다. 우주 에너지장이 나의 뇌, 송과체를 천천히 자극하면서 특히, 눈동자에서 모래알의 까칠까칠한 감각과 함께 눈앞에 붉은색이나 자색 등 다양한 색으로 반짝이는 빛들의 향연이 펼쳐진다. 일명 오르곤 에너지장이라 불리는 빛들을 마음의 눈으로 바라본다. 신성의 불꽃으로도 표현되는 이 오르곤 에너지장은 내면의 눈이 밝아져 우주의 원소가 나타나는 현상의 일종이라고 할 수 있다. 내면의 시야로 이 에너지장에 의식을 담아 깊은 호흡 속으로 들어간다.

숨을 들어 쉴 때마다 백회로 계속해서 우주 에너지장의 흐름이 이어진다. 이제 에너지의 흐름이 가슴을 거쳐서 단전까지 아주 깊숙이 흘러 들어오는 것을 느껴본다. 자연스럽게 좌정을 하든, 선 자세를 유지하든 에너지의 흐름에 맡기며 느낌과 직관이 이끄는 자세를 따른다.

에너지의 흐름이 단전에까지 다다르면, 상단전-중단전-하단전을 3위 일체로 에너지장의 중심을 잡아 나간다. 이 에너지장은 이제 빛의 기둥으로 작용하며 공고하게 상단전-중단전-하단전을 하나로 통합하여 연결시킨다. 호흡을 아주 깊고 깊게 천천히 들이쉬고 내쉬는 가운데, 에너지장의 밀도와 진동은 더욱 높아진다.

이때 하단전은 자신의 진동 영역에 따라 붉은색의 밝게 빛나는 에너지 구체로 공명하기 시작한다. 구체 형태의 에너지장을 응시해 본다. 밝고 붉은빛의 공이 밝은 장밋빛으로 진동 주파수를 올리면서 하단전 차크라를 더욱 조율하고 확장해 나간다. 이 밝은 빛의 에너지장이 이제 중단전으로 상승하며 중단전의 에너지장이 노란색의 에너지장으로 전이 된다. 연이어 에너지장은 상단전으로 이동하면서 내면의 시야에 파란 구슬이 밝아오게 된다. 시간이 지나며 상, 중, 하단전의 구형화된 빛의 에너지장이 상하로 왕복 운동을 한다. 움직이는 구체를 응시하면서 좀 더 자기 내면을 향해 관해 나간다.

우리에게는 분리의 환상, 음과 양의 이원성이라는 분리의 환상이 신성의 정수를 감싼 상태로 내면 깊숙이 자리하고 있다. 이제 우리의 생각과 감정, 의지를 좌우하는 의식의 진동을 높여 스스로를 조율할 수 있도록 나 자신을 개방하고 내 안에서 음과 양을 통합할 때이다. 우리는 이원성을 어찌할 수 없는 원죄로 스스로 인정하며 수많은 갈등과 혼돈을 자초하고 경험해 왔다. 이제 밖으로는 창조의 근원에게, 안으로는 내 안의 신성에게 음양 이원성을 통합해 내면의 신성이 드러나도록 기도한다.

"신성이시여, 저의 가슴 속에 신성을 드러내 주십시오. 하늘이시여, 내면의 하늘이시여 내 마음속 이원성을 통합하여 절대계의 신성 속에 내 안의 신을 드러낼 수 있도록 나 자신을 고양시켜 주십시오. 나 자신을 고귀한 신성으로 거듭나도록 이끌어 주소서. 나 자신을 끌어 올려 주십시오. 나 자신을 끌어 올려 주소서"

상단전-중단전-하단전이 통합되면 밝혀진 빛의 구체가 내면을 스스로 반조하며 이원성의 환상을 닦아내는 순간이 찾아온다. 빛나는 구체를 가슴으로 가슴으로 느끼며 관조해 본다. 가슴에서 황금 구체가, 빛나는 황금 구체가 빛을 발산하며 먼저 내 육신을, 내 육신의 세포를 황금빛으로 비추며 축복함을 느껴본다. 그러면서 우주의 마음으로 내 몸을, 창조의 근원으로 내 마음을 축복해 본다.

"우주의 마음으로 이 육신을 이루고 살며, 이 육신과 함께 영원히 경험할 수 있는 나의 개별화된 영혼을 축복합니다. 이제 몸과 마음과 영혼이 하나임을 감사드립니다. 몸과 마음과 영혼이 하나 됨을 감사드립니다. 몸과 마음과 영혼이 하나 됨을 감사드립니다"

내 몸에서 방사된 에너지는 속성상 내가 머무는 공간 전체로 빛을 방사한다. 내가 살고 있는 주변으로 퍼져 나간다. 더 나아가 나라 전체를 넘어 대륙으로, 대륙을 넘어 지구 전체로 사랑의 에너지를 방사한다. 황금빛 에너지를 방사하고 있다. 내면의 온 가슴을 통해 지구를 벗어나 우주 전체로 확장해 나가는 황금빛의 에너지를 방사한다.

이 순간에는 가슴에서 따뜻한 사랑의 감정이 용솟음친다. 사랑의, 언어의 한계를 넘어선 말로 표현할 수 없는 에너지의 축복으로 나 자신을 바라보게 된다. 내 안의 하늘에게, 내면의 하늘에게, 근원의 하늘에게 진정한 감사를 표현할 수밖에 없다.

가슴으로부터 발산되는 이러한 성스러운 사랑의 에너지장이 내 몸과 마음, 영혼과 일치되어 표현될 수 있도록 진정한 기도로 나 자신을 고양시켜 나가보자. 이것은 하루아침에 이루어지지 않는다. 나 자신을 항상 깨어있는 마음으로 내면을 관찰하면서 내면의 하나님과 내가 하나임을 의식적으로 관찰해 나가야 한다. 계속해서 생각 뒤의 생각을 관찰하면서 너와 내가 없어지는 임계점까지 나 자신을 고양시켜 나가보자. 이것은 몸에서 느껴지는 에너지적 변화를 통해 얼마만큼의 에너지 진동수가 상승되어 가는지를 관찰할 수 있다.

특히, 상단전, 중단전, 하단전의 각성 수준을 면밀히 살펴본다. 하단전은 강한 열기로, 중단전은 사랑의 느낌과 평정심, 그리고 고양된 감정의 축복 에너지로, 상단전은 빛과 송과체의 각성을 통해서 말이다. 송과체가 각성되면 엔도르핀 세라토닌 도파민의 행복 물질이 다량 분비되는 것을 스스로 감지하고 느낄 수 있다. 또한, 상단전과 중단전이 하나로 통합되면 될수록 평정심이라는 감정 에너지를 조화롭게 쓸 수 있다.

이제 4단계 수행을 마무리할 때는 모든 에너지장의 중심을 가슴속 내면의 하나님께 향하도록 한다. 이 중심 잡은 마음을 마음의 눈으로 계속 응시한다. 삶을 통해서 구현할 수 있도록, 삶에서 내가 얼마큼 고귀한 생각을 계속 유지할 수 있는지 흔들림 없는 마음을 잘 쓸 수 있는지, 이것이 습이 될 수 있도록 나 자신에 대한 관찰을 계속해 나간다. 내 생각과 감정, 의지가 고귀한 존재 상태에 머물 수 있도록 나 자신을 계속 관찰하는 습을 기른다. 일상생활에서 보림이라는 과정을 통해 깨달음을 나 자신에게 확고하게, 그리고 무의식적으로 자리 잡도록 실행해 나간다.

　이것으로부터 하늘과 땅과 사람이 하나 되는 이치, 너와 내가 하나 되는 이치, 내 몸에서 하늘과 땅과 사람이 하나 되는 이치가 나오게 된다. 특히 가슴 속에는 하늘과 땅과 사람이 하나로 융합되어 내면의 신성을 드러내는 사랑 에너지가 나온다. 사랑이 우주적인 모든 것을 표현한다. 우주적인 사랑으로 나 자신을 드러내도록 하자!

　마무리를 위해 호흡을 깊게 가다듬고 단전으로 모든 에너지를 내리도록 한다. 이제 눈을 떠 마음의 중심을 바라본다.

　4단계의 완성에 이르면 내 안의 신을 깨워 내면의 신성이 오롯이 드러나게 된다. 이후에는 자신의 소명을 내맡김으로써 스스로 드러나게 하여 소승의 삶이나 대승의 길을 뜻대로 걸어갈 뿐이다. 간혹 수행 과정 중 드러나는 체험을 착각해 온전히 자신의 신성이 드러난 것으로 오해하는 수련생들도 있다. 3단계를 마치고 4단계 접어들면서 가슴이 크게 확장되면 일시적으로 신성 체험을 겪기도 한다. 불교의 견성 체험과 유사하다. 잠시 본연의 자리에 들고 난 것을 견성 그 자체임과 혼돈한 경우이다. 내 안의 신성이 온전히 드러남은 자각의 자리이다. 감사와 사랑 그 자체로 내가 영원히 내 안에 있음을, 신성이 내 안에 있음을 완전히 자각한 되어있음이다.

차크라를 통한 내면의 신성 확인

지금까지 서술한 내면의 신 깨우기 4단계는 자각선원에서 실제로 수행하고 있는 과정이다. 준비된 수련생들은 이 4단계를 통해 온전한 자신의 내면, 신성에 도달할 수 있다고 믿는다. 현재까지 소수의 회원만이 4단계로 구성된 최종 과정을 밟고 있다. 그중 대부분은 2단계를 마무리하고 3단계 과정에 속해 있다. 그렇다면 과연 4단계 과정 후 어떤 상태에 도달해야 자신의 신성이 발현되었다고 이야기 할 수 있을 것인가?

혹자는 4단계를 완성해 내면의 신성이 드러났다면 완전한 견성의 상태나 본성의 자리를 찾은 상태인데 그 기준이 무엇인가? 라는 질문을 던진다.

이 자리는 불가의 오도송이나 선승의 인가와 같이 의례적인 절차가 있는 것은 아니다. 3자의 확인이나 판단이 아닌, 스스로가 흔들림 없이 인정하고 확신하게 된다.

나의 경우는 감사함 외에 달리 어떠한 행위나 표현 수단도 있을 수 없었다. 오로지 존재 상태에 거할 뿐, 죽음도 두려움이 될 수 없었다. 강력한 황금빛의 에너지장 속에서 감사의 눈물만 몇 시간을 흘렸을 뿐이다. 그러나 나는 내 안에 거하고 있는 그 신성이 깨어났음을 한 치의 의심도 없이 확신할 수 있었다.

현재로서는 과학적으로 객관성을 증명할 방법은 없지만, 몇 가지 공통적인 현상이 나타난다.

첫째는 모든 차크라의 크기가 10cm 이상 열린 상태를 유지한다는 것이다. 이것은 차크라의 공명과 펜듈럼을 이용해 확인할 수 있다.

둘째로는 특정 진동대의 오라장이 유지된다는 점이다. 내면의 신성이 드러나면 보랏빛이나 흰빛의 오라장이 빛의 몸으로 항상성을 갖는다. 물론 인간의 삶 속에서 외부의 반응에 따라 변화가 있을 수 있지만, 10분 정도의 명상 상태로 곧 회복 될 수 있는 힘이 있다.

나에게는 정성적인 여러 특징이 나타났다.

심정적으로는 두려움이 사라지면서 내가 죽어도 좋다, 신성이라는 근원적 존재와의 분리의 환상에서 벗어나 어떤 고통이든 기꺼이 감내하겠다는 마음이 든다. 세상으로부터 비난이나 사이비, 가짜 등 별의별 소리를 다 들을 수 있지만, 그 지탄과 고통을 기꺼이 감내하며 신의 소명을 전하는 일을 하겠다는 결심이 선다.

자기 확신 속에서 소명 의식을 깨닫게 되기도 한다. 나의 경우는 이전에는 꿈도 꾸어 본 적이 없는 하늘과 땅과 사람이 하나 되는 그런 세상을 꿈꾸며 살고 있다. 나에게 소위 영성 공부의 목적은 내게 직면한 고통을 벗어나려고 시작됐다. 그런 내가 내면의 신을 찾는 과정 속에서 마음이 변하고 영혼이 깨어나 생각지도 못한 소명 의식을 깨닫고 실천하기 시작했다. 감히 어떻게 인류를 깨우겠다는 생각을 하겠는가!

그런데 가슴을 깨우면 가슴 속에는 누구나 그런 가치와 이상이 담겨 있다. 그런 세상을 꿈꾸는 것은 일종의 선동이다. 여러분도 깨어나서 그런 세상에 합류하자는 신성의 선동이다. 그것은 사리사욕이나 치부의 수단, 명예나 권력을 키우기 위해, 여자를 탐해서 벌어지는 행위가 아니라는 것이다. 단지, 하늘과 땅과 사람이 하나 되는 세상을 하나님과 내가 동시에 하나님의 바람을 나도 꿈꾼다는 사실이다.

내면의 신성을 깨우면, 완벽한 우주의 섭리를 알고 모든 미래를 훤히 꿰뚫어 볼 수 있느냐? 그것은 다른 문제다. 당신은 깨달았는가? 라고 묻는다면, 깨달을 것이 더 많다는 것이 내 답이다. 진정 깨달을 것이 더 많다. 수없는 단계가 있지만, 나에게는 상대방의 가슴을 깨워 집으로 돌아가는 안내 과정을 밟을 수 있도록 하는 것까지가 내 깨달음이라고 할 수 있다. 그 이상은 내가 살아있는 동안 또 계속 성장과 진화를 해 나가야 한다.

예전에는 돈과 명예와 권력 등 세속적인 대상을 꿈꾸었다면 지금은 소명 의식만 남아 있다. 하나님의 뜻이 나의 뜻이 되었기 때문이다. 하나님의 마음이 내 마음이 되고, 내 뜻이 하나님의 뜻이 되어간다. 하나님을 어떻게 하면 효율적으로 전달할 수 있을까? 그 고민만이 꿈이다. 나에게 하나님의 뜻은 신과 나눈 이야기의 핵심과 메시지를 세상에 전하는 것이다.

나의 수행과 치유의 핵심은 가슴을 깨우는 것이다. 가슴 차크라를 깨우면 그 가슴 차크라를 통해 드러난 신성의 에너지가 뇌로 올라가 삶을 반복하며 쌓아온 고통체의 기억을 바꿔 준다는 사실이다. 그럼으로써 한과 집착을 내려놓을 수 있는 자기 수용과 포용의 능력이 커지는 것이다. 가슴이 막힌 사람은 수용과 포용 능력이 나올 수가 없다.

에필로그
비전과 수행 공동체

깨어남-지혜-수행으로 이어지는 큰 흐름의 틀 속에 빛과 자각이라는 키워드를 담아내며 이 책의 마무리 주제에까지 이르게 되었다. 구슬도 잘 꿰어야 보배가 되듯이 아무리 훌륭한 수행 도구와 방편이 있어도 현실에서 펼쳐지고 제대로 활용되지 못한다면 그림의 떡일 뿐이다.

그런 의미에서 수행공동체를 밑그림으로 내가 꿈꿔온 비전은 방편의 현실 구현이라는 갭을 메워줄 중요한 매개 수단이자 연결고리라고 할 수 있다.

나는 지난 30여 년 동안 수많은 시행착오를 거치는 과정에서 천부경과 신나이라는 너무나 소중한 양 날개를 얻고 펼쳐왔다. 이 두 경전 속에는 자각선원 수행 체계의 근간을 이루는 핵심 정수들이 담겨있다. 천부경은 내가 망각하고 있었던 기억을 되살려 주었을 뿐 아니라 진동하는 존재계의 근원인 빛의 세계로 안내해 주었다. 또, 신나이는 가슴과 자각을 통해 내면의 신성에 이를 수 있는 모티브 제공해 주었다. 특히,

내 수행의 핵심 중의 핵심인 가슴을 자각시켜 준 장본인이기도 하다.

내가 통독하고 있는 신나이 13권을 통틀어 나에게 가장 임팩트 있게 다가온 문장은 "세상의 그 모든 설교와 그 모든 가르침으로도 바뀌는 것은 아무것도 없을 것이다. 인간의 가슴이 바뀔 때, 오직 그럴 때만이 인간의 상황도 바뀔 수 있다"라는 구절이다. 또한 신나이 수행을 통해 처음으로 내면의 신과의 교감에서 들려온 목소리는 "두려움 없는 믿음과 용기로 나에게 오라!"이었다. 두 메시지는 모두 가슴을 공통 분모로 하고 있다. 두려움은 가슴이 열려 사랑의 파동이 작동할 때라야 모습을 감추기 때문이다.

천부경과 신나이에는 이외에도 너무나 훌륭한 사상과 진리들이 단순을 가장해 행간에 묻혀있는 경우가 많다. 두 날개를 펼치면 펼칠수록 그 안에 담긴 진리들을 공유하고 세상에 알려 함께 깨어나도록 하는 것이 나의 임무 이자 사명이라는 확신이 더욱 강해져만 간다.

초창기 신나이 가르침에 대한 감명과 이를 알리고 싶은 의욕은 자연스럽게 나를 유튜브로 이끌었지만 나의 비전을 담아내기 위해서는 시간과 노력, 함께할 사람들이 필요함을 깨닫게 되었다. 이번 이 책을 계기로 새롭게 비전을 실현할 기반을 갖추고자 하는 것이다.

내가 실현하고자 하는 비전은 수행 공동체가 중심이 되고 활동 영역과 콘텐츠 영역, 리소스 영역으로 구분된다. 이들 조합이 지향하는 바는 무지를 깨워 새로운 지혜로 무장하고 자신의 신성을 회복하게 하는 것이다. 여기에는 그동안 검증된 콘텐츠 영역을 활용하여 활동 영역에 있는 다양한 프로그램이 동원된다. 프로그램의 실행을 위해서는 많은 인적 자원이 필요할 수밖에 없다. 이를 위해서는 우선적으로 내가 중심이 되어 1차적인 역할을 할 안내자/메신저를 양성해야 한다.

각 영역에 대한 개략적인 내용은 다음과 같다.

1. 콘텐츠 영역
   . 무지 깨우기: 신나이 핵심 개념, 신이 말해준 25가지 개념, 공통 무의식 이해
   . 고통체 분해
   . 빛을 활용한 힐링: 증상별 접근
   . 두뇌 활성화
   . 가슴 확장
   . 자각을 자각하는 법
   . 집단 명상

2. 활동 프로그램 영역
   . 유튜브: 동서양의 양 축인 천부경과 신나이 핵심 사상 전파 도구 전 지구촌을 대상으로 제작함
   . 가족 중심 힐링: 미래 사회의 변화 동인인 어린이 교육을 위해 부모와 함께 하는 프로그램으로 마련. 부모의 동참과 변화 없이는 아이들 교육의 효과를 기대할 수 없음
   . 집단 명상 & 힐링 프로그램: 단체, 기업, 지역 등을 대상으로 함

지역이기주의, 집단 내 갈등 해소를 위한 힐링 중심
. 세미나, 워크숍, 포럼: 국내, 국제 규모의 행사를 점차 확대해 나감
　유사 단체나 사상을 공유하는 대상과 연대를 추진해 나가며
　전 지구적인 의식 확장을 추구함

3. 인적 자원 영역

. 역할: 수행공동체의 구성원이자, 주어진 사명과 재능에 따른
　역할을 수행
. 공동체는 스승이나 지도자가 아닌, 독립적 메신저로서 임무에 따른
　안내자 역할
. 프로그램 실행과 지도에 필요한 과정 편성
　- 차크라와 오라장의 진단과 측정
　- 의식의 빛 활용과 운용
　- 천부경 활구 수행법
　- 고통체 해체와 가슴 열기
　- 자각의 단계적 접근 등

| 신나이 독자들이 뽑은 Best 10 |

신과 나눈 이야기 1권

(p23) 가장 고귀한 생각이란 예외 없이 기쁨이 담겨 있는 생각이며, 가장 명확한 말이란 진리를 담고 있는 말이며, 가장 강렬한 느낌이란 너희가 사랑이라 부르는 바로 그 느낌이다.

The Highest Thought is always that thought which contains joy. The Clearest Words are those words which contain truth. The Grandest Feeling is that feeling which you call love. (2215번 p14)

(p32) 그러므로 올바른 기도는 간청의 기도가 아니라 감사의 기도다.

The correct prayer is therefore never a prayer of supplication, but a prayer of gratitude. (2146, p19)

(p97) 너희는 자신이 상상하는 건 무엇이든 될 수 있고 무엇이든 가질 수 있다는 게 첫 번째 법칙이다. 두 번째 법칙은 너희는 두려워하는 걸 끌어당긴다는 것이다.

The First Law is that you can be, do, and have whatever you

can imagine. The Second Law is that you attract what you fear. (1665, p53)

(p22) 너희의 가장 고귀한 생각, 가장 명확한 말, 가장 강렬한 느낌은 항상 내 것이다. 그보다 덜한 모든 건 다른 출처에서 온 것이다.

Mine is always your Highest Thought, your Clearest Word, your Grandest Feeling. Anything less is from another source. (1635, p14)

(p72) 고통은 너희가 어떤 것에 관해 내린 판단 때문에 생긴다. 그 판단을 제거해 보라. 그러면 고통이 사라진다.

Pain results from a judgment you have made about a thing. Remove the judgment and the pain disappears. (1561, p40)

(p39) 인간의 모든 생각과 행동은 사랑이나 두려움, 어느 한쪽에 뿌리를 두고 있다.

Every human thought, and every human action, is based in either love or fear. 1407, p23)

(p44) 두려움은 움츠러들고 닫아걸고 조이고 달아나고 숨고 독점하고 해치는 에너지다. 사랑은 펼치고 활짝 열고 풀어주고 머무르고 드러내고 나누고 치유하는 에너지다.

Fear is the energy which contracts, closes down, draws in, runs, hides, hoards, harms. Love is the energy which expands, opens up, sends out, stays, reveals, shares, heals. (1374, p25)

(p46) 모든 삶에는 단 하나의 목적만이 존재하는데, 그것은 너희와 살아 있는 모든 것이 충만한 영광을 체험하는 것이다.

There is only one purpose for all of life, and that is for you and all that lives to experience fullest glory. (1254, p26)

(p47) 거기에 내재된 가장 심원한 비밀은 삶이 발견의 과정이 아니라 창조의 과정이라는 데 있다. 너희는 자신을 발견하고 있는 게 아니라 자신을 새롭게 창조하고 있는 것이다. 그러므로 자신이 누구인지 찾아내려 애쓰지 말고 자신이 어떤 존재가 되고 싶은지 판단하라.

The deepest secret is that life is not a process of discovery, but a process of creation. You are not discovering yourself, but creating yourself anew. Seek, therefore, not to find out Who You Are, seek to determine Who You Want to Be. (1076, p26)

(p39) 자기네가 가장 소중히 여기는 것을 사랑하다가 파괴하고 다시 사랑하는 게 사람의 본성이기 때문이다.

For it is the nature of people to love, then destroy, then love again that which they value most. (1065, p22)

신과 나눈 이야기 2권

(p46) 영혼은 느낌으로 말한다. 네 느낌에 귀를 기울이고, 네 느낌대로 따르며, 네 느낌을 존중하라.

The soul speaks to you in feelings. Listen to your feelings. Follow your feelings. Honor your feelings. (620, p14)

(p43) 선택으로 사는 삶은 의식하는 행동으로 사는 삶이다. 우연으로 사는 삶은 의식 없는 반응으로 사는 삶이다.

A life lived by choice is a life of conscious action. A life lived by chance is a life of unconscious reaction. (420, p13)

(p43) 어떤 판단을 내릴 때는 오직 한 가지만 고려하면 된다. 이것이 '내가 누구인지Who I Am'를 진술하는지, 이것이 '내가 되고자 선택하는 존재Who I Choose to Be'를 선언하는지만.

There should be only one consideration when making any decision. Is this a statement of Who I Am? Is this an announcement of Who I Choose to Be? (414, p13)

(p39) 여기에 모든 선각자들Masters의 비밀이 있다. 그들은 항상 같은 것을 선택한다.

Yet here is a secret of all Masters: keep choosing the same

thing. (407, p10)

(p39) 의지와 체험 사이의 간격이 줄어가는 것을 볼 때, 너는 자신이 깨달음의 길로 가는 중임을 알 것이다.

You can tell you are on your way to mastery when you see the gap closing between Willing and Experiencing. (404, p10)

(p102) 누군가가 우연히 너희에게 오는 일은 없으며, 우연의 일치 따위는 절대 없다. 어떤 일도 마구잡이로 일어나지 않으니, 삶은 우연의 산물이 아니다.

No one comes to you by accident. There is no such thing as coincidence. Nothing occurs at random. Life is not a product of chance. (385, p50)

(p272) 사람이나 장소나 사물과 '신성한 관계'를 맺는 목적은 그들이 바라거나 그들에게 필요한 것을 알아내는 데 있지 않고, 성장하고 너희가 바라는 존재가 되기 위해서, 너희에게 필요하거나 바라는 것을 알아내는 데 있다.

The purpose of your Holy Relationship with every other person, place, or thing is not to figure out what they want or need, but what you require or desire now in order to grow, in order to be Who you want to Be. (374, p158) (p48) 잊지마라, 메시지를 얼마나 잘 받는가는 메시지를 얼마나 잘 보내는 가만큼 중요하지 않다.

Remember this: It is not nearly so important how well a message is received as how well it is sent. (345, p16)

(p176) 다른 사람을 배신하지 않으려고 자신을 배신하는 것 역시 배신이긴 마찬가지다. 그것은 '최고의 배신'이다.

Betrayal of yourself in order not to betray another is Betrayal nonetheless. It is the Highest Betrayal. (287, p97)

(p44) 정신이 나가면 엄청나게 시간을 절약할 수 있다. 너희 영혼은 과거의 만남들을 검토하고 분석하고 비판하는 일 없이 현재의 체험으로만 창조하기 때문에, 결정은 쉽게 이루어지고 선택은 빠르게 현실화된다.

It is a great time-saver to be out of your mind. Decisions are reached quickly, choices are activated rapidly, because your soul creates out of present experience only, without review, analysis, and criticism of past encounters. Remember this: the soul creates, the mind reacts. (190, p13)

신과 나눈 이야기 3권

(p107) 기도의 최고 형태가 생각 조절이다. 그러니 오직 좋은 것, 바른 것만을 생각하라. 부정과 어둠 속에 머물지 마라. 그리고 상황이 암울해 보이는 순간들이라도, 아니 특히 그런 순간들일수록, 오직 완벽만을 보고 오직 감사만을 표현하라. 그런 다음에는 너희가 다음번에 드러내고 싶은 완벽이 무엇일지만을 상상하라.

Thought control is the highest form of prayer. Therefore, think only on good things, and righteous. Dwell not in negativity and darkness. And even in moments when things look bleak especially in those moments see only perfection, express only gratefulness, and then imagine only what manifestation of perfection you choose next. (382, p60)

(p411) 너희는 자신이 생각하는 것을 창조하고, 너희는 자신이 창조하는 것이 되며, 너희는 자신이 되는 것을 표현한다. 그리고 너희는 자신이 표현하는 것을 체험하고, 자신이 체험하는 것이 너희인 것이며, 너희는 자신인 것을 생각한다.

What you think, you create. What you create, you become. What you become, you express. What you express, you experience. What you experience, you are. What you are, you think. (377, p257) (p573) 나는 아무것도 가질 필요가 없고, 아무것도 할 필요가 없으며, 아무것도 될 필요가 없다. 지금 이 순간 내가 되고 있는 것을 빼고는.

There's nothing I have to have, there's nothing I have to do, and there's nothing I have to be, except exactly what I'm being right now. (348, p362)

(p80) 무엇에서도, 누구에게서도 분리되지 않은 것처럼 행동해보라, 내일이면 세상이 치유되리니.

Act as if you were separate from nothing, and no one, and you will heal your world tomorrow. (332, p44)

(p38) 그런 듯이 행동하라, 그러면 너는 그것을 자신에게 끌어올 것이다. 너는 네가 그런 체하는 것이 된다.

Act as if you are, and you will draw it to you. What you act as if you are, you become. (312, p15)

(p38) 너희가 하는 모든 일을 진지하게 하라. 그렇지 않고서는 그 행위가 가져다줄 이로움을 잃고 말리니.

Everything you do, do out of sincerity, or the benefit of the action is lost. (293, p15) (p117) 하지만 너희가 자신의 관점이 생각을 창조하고 생각이 만사를 창조한다는 이 진리를 기억해 낼 수 있다면, 몸을 떠난 다음이 아니라 떠나기 전에 이것을 기억해낼 수 있다면, 너희의 삶 전체가 바뀔 것이다.

Yet if you can remember this truth your perspective creates your thoughts, and your thoughts create everything and if you can remember it before you leave the body, not after, your whole life will change. (289, p67)

(p20) 하지만 네게 말하노니, 여전히 남이 자신을 어떻게 생각할지 염려하는 한, 너는 그 사람들의 것이다. 자기 외부에서 어떤 인정도 구하지 않을 때, 그때서야 비로소 너는 너 자신의 주인일 수 있다.

Yet I tell you this: So long as you are still worried about what others think of you, you are owned by them. Only when you require no approval from outside yourself can you own yourself. (269, p4)

(p344) (나는 전에 네게 이런 조언을 했다) 남을 배신하지 않으려고 자신을 배신하는 것 역시 배신이긴 마찬가지다. 그것은 최고의 배신이다.

Betrayal of yourself in order not to betray another is betrayal nonetheless. It is the highest betrayal. (250, p214)

(p40) 자신을 위해 원하는 것이 무엇이든, 그것을 남에게 주어라. 네가 행복해지기를 원하면, 남을 행복하게 만들고, 네가 풍족해지기를 원하면, 남을 풍족하게 만들어라. 또 네가 삶에서 더 많은 사랑을 원한다면, 남들이 그들의 삶에서 더 많은 사랑을 갖게 만들어라. 진지하게 이렇게 하라. 사리사욕을 구해서가 아니라 남들이 그렇게 되기를 네가 진심으로 원해서, 그러면 네가 내주는 모든 것이 네게 되돌아오리니.

Whatever you choose for yourself, give to another. If you choose to be happy, cause another to be happy. If you choose to be prosperous, cause another to prosper. If you choose more love in your life, cause another to have more love in theirs. Do this sincerely not because you seek personal gain, but because you really want the other person to have that and all the things you give away will come to you. (201, p17)

신과 나누는 우정

(p128) 이게 나인가? 와, 사랑은 지금 무엇을 하려 하는가?이다.

Is this Who I Am? What would love do now? (220, p90)

(p152) 삶의 열쇠는 자신이 원하는 모든 걸 갖는 게 아니라, 자신이 지닌 모든 걸 원하는 것이다.

The secret of life is not to have everything you want, but to want everything you have. (185, p109)

(p126) 너희가 내리는 온갖 결정들, 그 모든 결정들은 무엇을 할지에 대한 결정이 아니다. 그것은 자신이 누군지에 대한 결정이다.

Every decision you make every decision is not a decision about what to do. It's a decision about Who You Are. (181, p88)

(p84) 첫째: 신을 안다. 둘째: 신을 믿는다. 셋째: 신을 사랑한다. 넷째: 신을 받아들인다. 다섯째: 신을 활용한다. 여섯째: 신을 돕는다. 일곱째 신에게 감사한다.

One: Know God. Two: Trust God. Three: Love God. Four: Embrace God. Five: Use God. Six: Help God. Seven: Thank God. (171, p57) (p235) 새로운 이유로 네 삶을 살아라. 삶의 목적은 너희가 삶에서 받는 것과는 전혀 관계가 없고, 너희가 삶 속에 집어넣은 것과만 관계가 있음을 이해하라. 이것이 인간관계들에서도 적용된다.

Live your life for a new reason. Understand that its purpose has nothing to do with what you get out of it, and everything to do with what you put into it. This is also true of relationships. (153, p174)

(p151) 의도를 가져라. 하지만 기대를 갖지 말고, 당연히 필요도 갖지 마라. 특정한 결과에 집착하지 말고, 한쪽을 더 좋아하지도 마라. 네 집착을 선호로 승화시키고, 네 선호를 받아들임으로 승화하라. 이것이 평화에 이르는 길이고 이것이 깨달음에 이르는 길이다.

Have intentions, but don't have expectations, and certainly don't have requirements. Do not become addicted to a particular result. Do not even prefer one. Elevate your Addictions to Preferences, and your Preferences to Acceptances. That is the way to peace. That is the way to mastery. (152, p108)

(p438) 신이시여, 이 문제가 이미 해결되었음을 제가 알게 해주셔서 고맙습니다.

Thank you, God, for helping me to understand that this problem has already been solved for me. (143, p327) (p229) 너희가 누군가를 진실로 사랑한다면, 너희는 그에게 자기 본모습대로 있을 절대 자유를 줄 것이다. 이것이 너희가 그에게 줄 수 있는 가장 큰 선물이고, 사랑은 언제나 가장 큰 선물을 주기 때문이다.

When you love someone, you grant them total freedom to be who they are, for this is the greatest gift you could give them, and love always gives the greatest gift. (142, p169)

(p231) 너희는 너희의 사랑을 내게 주는 방식으로만 내 사랑을 받아들일 수 있다.

You can only receive God's love in the way that you give God yours. (118, p171)

(p124) 그러니 너희가 생각하는 자신이 되지 말고, 너희가 원하는 자신이 되어라. 그건 큰 차이죠. 그건 너희 삶에서 가장 큰 차이다. 지금까지 너는 자신이 생각하는 자신이 되어왔다. 이제부터는 너 자신을 네 가장 고귀한 바램의 산물이 되게 하라.

Do not be who you thought you were, be who you wish you were. That's a big difference. It's the biggest difference of your life. Up to now you've been 'being' who you thought you were. From now on you are going to be a product of your highest wishes. (42, p87)

신과 집으로

(p159) 너희는 결국 자신이 희망하는 바를 믿을 것이고, 너희는 결국 자신이 믿는 바를 알 것이며, 너희는 결국 자신이 아는 바를 창조할 것이고, 너희는 결국 자신이 창조하는 바를 체험할 것이며, 너희는 결국 자신이 체험하는 바를 표현할 것이고, 너희는 결국 자신이 표현하는 바가 될 것이다. 이것이 모든 삶을 위한 공식이다.

What you hope, you will eventually believe, what you believe, you will eventually know, what you know, you will eventually create, what you create, you will eventually experience, what you experience, you will eventually express, what you express, you will eventually become. This is the formula for all of life. (656, p115)

(p158) 희망은 믿음으로 가는 길목이고, 믿음은 앎으로 가는 길목이며, 앎은 창조로 가는 길목이다. 그리고 창조는 체험으로 가는 길목이다.

Hope is the doorway to belief, belief is the doorway to knowing, knowing is the doorway to creation, and creation is the doorway to experience. (643, p115)

(P86) 그러니 네가 체험하려는 것만을 생각하고, 네가 현실로 만들

려는 것만을 말하라. 그리고 네 마음을 사용하여 네 가장 고귀한 현실로써 드러내려는 것만을 네 몸이 행하도록 의식하면서 지시하라. 이것이 너희가 의식 차원에서 창조하는 방식이다.

Therefore, think only what you choose to experience, say only what you choose to make real, and use your mind to consciously instruct your body to do only what you choose to demonstrate as your highest reality. This is how you create at the conscious level. (606, p58)

(p44) 바라건대, 너희 가슴과 너희 마음을 혼동하지 마라. 너희 마음속에 있는 것은 남들이 그곳에 가져다 놓은 것이다. 너희 가슴속에 있는 것은 너희가 지니고 다니는 나다.

Please do not confuse what is in your heart with what is in your mind. What is in your mind has been put there by others. What is in your heart is what you carry with you of me. (529, p25)

(p109) 너는 어떤 상황에서든 그것을 어떻게 보고 싶은지에 대한 마음을 바꾸는 것으로 인식을 바꿀 수 있다. 너는 자신이 보고 싶은 것을 결정할 수 있다. 그런 다음 그것을 거기에 놓으면, 너는 거기에서 그것을 발견할 것이다.

You can change your perspective in any situation by changing your mind about how you want to "look at it." You can decide what you want to see, and then, having placed it there, you will find it there. (455, p76)

(p30) 네 안에 존재하는 진리 말고 다른 진리는 없다. 그 외 다른 모든 것은 누군가가 네게 진리라고 말하는 것이다.

There is no truth except the truth that exists within you. Everything else is what someone is telling you. (410, p14)

(p244) 너희의 여행은 신을 향한 끝없는 추구가 아니라, 신에 대한 끝없는 체험이다.

Your journey is not an endless SEARCH for God, it is an endless EXPERIENCE of God. (395, p185)

(p49) 느낌은 영혼의 언어다. 자신에 대한 자각은 자신이 참으로 누구인지에 대한, 완결된 느낌을 통해 얻어진다.

Feeling is the language of the Soul. Awareness of Self is achieved through the complete feeling of your Self being Who You Really Are. (375, p29)

(p47) 너희 영혼은 자신이 아는 바를 경험하고자 한다. 너희 영혼은 너희가 신을 떠난 적이 없다는 걸 알고, 그것을 체험하고자 한다. 삶이

란, 영혼이 앎을 체험으로 바꾸는 과정이다. 너희가 알고 체험한 것이 느껴지는 현실이 될 때, 그 과정은 완결된다.

Your soul is seeking to experience what it knows. Your soul knows that you never left God, and it is seeking to experience that. Life is a process by which the soul turns Knowing into Experiencing, and when what you have known and experienced becomes a felt reality, that process is complete. (229, p27)

(p65) 관점이 인식을 만들어낸다고. 우리가 바라보는 방식이 우리가 이해하는 방식을 만든다는 거군요.

Perspective creates perception. How we look at something creates how we see it. (208, p41)

| 자각을 일깨우는 책들 |

1. 오릴리아 루이스 존스, 텔로스 5차원의 규약, 정신호 옮김, 은하문명, 2011.
2. 박문호, 우주의 탄생부터 인간 의식의 출현까지 빅 히스토리 공부, 김영사, 2022.
3. 카밀로, 시크릿을 깨닫다, 정신세계사, 2020.
4. 파드 삼바바 지음, 티벳사자의서, 류시화 옮김, 정신세계사, 1998.
5. 김민조/이준성, 자연으로 운명을 보다, 이안애출판, 2023.
6. 말로 모건, 무탄트 메시지, 류시화 옮김, 정신세계사, 2022.
7. 실버 버치, 실버 버치의 가르침, 김성진 옮김, 정신세계사, 2022.
8. 전홍진, 매우 예민한 사람을 위한 상담소, 한계레출판, 2023.
9. 김상운, 왓칭, 정신세계사, 2011.
10. 레스터 레븐슨, 깨달음그리고 지혜, 이균형 옮김, 정신세계사, 2018.
11. 스타니슬라프 그로프, 초월의식, 유기천 옮김, 정신세계사, 2018.
12. 개리 레너드, 예수와 붓다가 함께했던 시간들, 강형규 옮김, 정신세계사, 2018.
13. 마이클 싱어, 될 일은 된다, 김정은 옮김, 정신세계사, 2018.
14. 베어드 T. 스폴딩, 초인들의 삶과 가르침을 찾아서, 정진성 옮김, 정신세계사, 2018.
15. 마르키데스, 지중해의 성자 다스칼로스, 이균형 옮김, 정신세계사, 2018.
16. 실버 버치, 영계로부터의 메시지, 박금조 편저, 심령과학출판사, 1996.

17. 비벌리 엔젤, 화의 심리학, 김재홍 옮김, 용오름출판, 2007.
18. 바바라 앤 브렌넌, 기적의 손치유 상/하, 김경진 옮김, 대원출판, 2000.
19. 바바라 앤 브렌넌, 빛의 힐링, 몸과 마음의 치유 상/하, 김경진 옮김, 대원출판, 2003.
20. 데이비드 호킨스, 놓아버림, 박찬준 옮김, 판미동, 2013.
21. 닐 도날드 월쉬, 신이 말해 준 것, 황하 옮김, 연금술사, 2015.
22. 브라이언 와이즈, 나는 환생을 믿지 않았다, 김철호 옮김, 김영사, 2019.
23. 에크하르트 톨레, 삶으로 다시 떠오르기, 류시화 옮김, 연금술사, 2013.
24. 닐 도날드월쉬, 신과 나눈 이야기 1/2/3, 조경숙 옮김, 아름드리미디어, 1997.
25. 닐 도날드월쉬, 신과 집으로, 조경숙 옮김, 아름드리미디어, 2009.
26. 닐 도날드월쉬, 신과 나눈 교감, 이현정/조경숙 옮김, (주) 한문화멀티미디어, 2001.
27. 닐 도날드월쉬, 10대여 세상을 바꿔라, 조경숙 옮김, 아름드리미디어, 2002.
28. 조 디스펜자, 당신도 초자연적이 될 수 있다, 추미란 옮김, 샨티 2019.
29. 파라마한사 요가난다, 요가난다, 김정우 옮김, 정신세계사, 1992.
30. 조엘 오스틴, 긍정의 힘, 앤터스 코리아 옮김, 긍정의힘 발행, 2005.
31. 티나 루이스 스폴링, 예수 나의 자서전, 강구영 옮김, 북팟 발행, 2021.
32. 백광 최동원, 천부경 강전, 천지성지사, 1988.
33. 한동석, 우주변화의 원리, 대원출판, 2001.
34. 제이지 나이트, 람타 화이트 북, 유리타 옮김, 아이커넥, 2011.
35. 닐 도날드월쉬, 내일의신, 오인수 신업공동체 옮김, 빛 출판, 2015.
36. 문광 편저, 탄허사상특강, 도서출판 교림, 2022.
37. 마크 브래킷, 감정의 발견, 임지연 옮김, 북라이프 출판, 2019.
38. 닐 도날드월쉬, 새로운 계시록, 윤원섭 옮김, 반미디어출판, 2003.

39. 조셉머피, 잠재의식의 힘, 김미옥 옮김, 미래지식출판, 2011.
40. 미미 구아르네리, 기분 좋은 심장이 수명을 늘린다, 박윤정 옮김, 황금부엉이 출판, 2006.
41. 리사 펠드먼 배럿, '감정은 어떻게 만들어지는가? (How Emotions are Made?)', 최호영 옮김, 생각연구소, 2017.
42. 제인 로버츠, 세스 매트리얼, 서민수 역, 도솔, 2001.
43. EBS 다큐프라임 빛의물리학 제작팀, 빛의 물리학: EBS 다큐프라임, 해나무, 2014.
44. 수전그린필드, 브레인 스토리, 정병선 옮김, 지호, 2004.
45. 윌리암 안츠, 블립 일상의 현실을 바꾸는 무한한 가능성의 발견, 박인재 옮김, 지혜의나무, 2010.
46. 황농문, THINK HARD! 몰입, 랜덤 하우스 코리아, 2007.
47. 원요범, 요범사훈, 호암 옮김, 하늘북, 2016.
48. 이정훈 외, 요가총론, 그린, 1994.
49. 잭 캔필드, 내 영혼의 닭고기 수프, 류시화 옮김, 푸른숲, 1994.
50. 제임스 도티, 닥터 도티의 삶을 바꾸는 마술가게, 주민아 옮김, 판미동, 2016.
51. 이차크 벤토프, 우주심과 정신물리학, 류시화 외 번역, 정신세계사, 1987.
52. 폴 데이비스, 현대물리학이 발견한 창조주, 류시화, 정신세계사, 2000.
53. 존 맥도널드, 당신의 소원을 이루십시오, 강무성 옮김, 정신세계사, 1995.
54. 베어드 T. 스폴딩, 초인생활, 정창영 번역, 정신세계사, 1992.
55. 히말라야의 성자들 상/하, 스와미 라마, 박광수 외 번역, 정신세계사, 2000.

빛과 자각의 연금술 가슴을 깨워 내면의 신성에 이르는 길

초판 1쇄 발행 2023년 12월 10일

지은이 김광우
펴낸이 정대호

편집 SNS 타임즈 | 윤해솜
디자인/그림 Donna Jeong
기획 제작 (주) 굿잡굿피플 **인쇄·제본** 한영미디어

펴낸곳 도서출판 정신과학
출판등록 2023년 08월 18일 제2023-000033호
주소 대전광역시 유성구 대덕대로925번길 51-3 별관 1층
전자우편 editor@snstimes.kr | **전화** 042-863-6524 | **팩스** 0303-3440-7624
홈페이지 http://www.mindsciencebook.best/

copyright ⓒ 김광우, 2023, Printed in Korea
ISBN 979-11-985586-0-2

• 잘못 만들어진 책은 구입한 곳에서 교환해드립니다

• 책에 사용된 글꼴은 오픈소스 글꼴 본명조체를 사용하였습니다. This Font Software is licensed under the SIL Open Font License, Version 1.1